Building and Safeguarding the Spiritual Home
of Chinese Communists in the New Era

上海市哲学社会科学规划专项课题

"新时代建设守护好中国共产党人的精神家园研究"（2019ZJD007）

NEW ERA

罗会德 —— 著

新时代建设守护好
中国共产党人的精神家园

天津出版传媒集团

天津人民出版社

图书在版编目（CIP）数据

新时代建设守护好中国共产党人的精神家园 / 罗会德著. -- 天津：天津人民出版社，2024.7
ISBN 978-7-201-20206-8

Ⅰ. ①新… Ⅱ. ①罗… Ⅲ. ①中国共产党—思想建设—研究 Ⅳ. ①D261

中国国家版本馆 CIP 数据核字(2024)第 046672 号

新时代建设守护好中国共产党人的精神家园
XINSHIDAI JIANSHE SHOUHU HAO ZHONGGUO GONGCHANDANG REN DE JINGSHEN JIAYUAN

出　　版	天津人民出版社	
出 版 人	刘锦泉	
地　　址	天津市和平区西康路 35 号康岳大厦	
邮政编码	300051	
邮购电话	（022）23332469	
电子信箱	reader@tjrmcbs.com	

责任编辑	武建臣
装帧设计	汤　磊

印　　刷	天津新华印务有限公司
经　　销	新华书店
开　　本	710 毫米×1000 毫米　1/16
印　　张	15.5
插　　页	2
字　　数	200 千字
版次印次	2024 年 7 月第 1 版　2024 年 7 月第 1 次印刷
定　　价	78.00 元

目 录

绪　论

　　建设守护好中国共产党人的精神家园，是我们党加强自身建设的永恒课题。2017年10月，习近平在瞻仰上海中共一大会址和嘉兴南湖红船时，进一步强调要守护好党的精神家园，并向全党发出"不忘初心、牢记使命、永远奋斗"的伟大号召。这彰显了以习近平同志为核心的党中央强烈的历史担当和坚毅的革命品质，对推动中国共产党永葆活力、党和人民事业永续发展，具有重大而深远的意义。因此，深入研究中国共产党人的精神家园不仅是为了"深刻了解过去""全面把握现在"，更是"正确开辟未来"的现实所需。①

一、问题的提出

　　人无精神则不立，国无精神则不强。从哲学角度来看，人不仅是一种物质性存在，而且是一种精神性存在；因此，人不仅需要物质生活，而且需要精

---

① 习近平：《领导干部要读点历史》，《学习时报》，2013年4月30日。

神生活。人类追求自由和争取解放的过程,同时也是人的主观精神世界改
造客观物质世界的过程。政党是国家政治生活的核心力量,政党精神是构
成国家精神和民族精神的核心要件。政党要想在解决人类主观精神世界与
客观物质世界的矛盾中发挥作用,在推动社会历史进步中担当使命和责任,
就必须以既定的精神文化作为自己的思想旗帜和精神支撑。党无精神则不
振,一个政党若没有以国家民族为重的使命感,没有"敢于斗争、敢于胜利"
的激情,就会人心涣散、精神懈怠、事业衰败。诚如恩格斯所言:"一个知道
自己的目的,也知道怎样达到这个目的的政党,一个真正想达到这个目的并
且具有达到这个目的所必不可缺的顽强精神的政党——这样的政党将是不
可战胜的。"①

　　中国共产党是一个具有百年历史的大党,其自身发展与建设的过程,正
是为了自己的初心追求自己的使命,在伟大精神支撑下不懈奋斗的过程。
在一百年的非凡奋斗历程中,一代又一代中国共产党人顽强拼搏、不懈奋
斗,涌现了一大批视死如归的革命烈士、一大批顽强奋斗的英雄人物、一大
批忘我奉献的先进模范,形成了红船精神、井冈山精神、长征精神、遵义会议
精神、延安精神、西北坡精神、红岩精神、抗美援朝精神、"两弹一星"精神、特
区精神、抗洪精神、抗震救灾精神、抗疫精神等伟大精神,构建起了中国共产
党人的精神谱系。我们党之所以历经百年而风华正茂、饱经磨难而生生不
息,就是凭着那么一股革命加拼命的强大精神。习近平总书记指出:"这些
宝贵精神财富跨越时空、历久弥新,集中体现了党的坚定信念、根本宗旨、优
良作风,凝聚着中国共产党人艰苦奋斗、牺牲奉献、开拓进取的伟大品格,深
深融入我们党、国家、民族、人民的血脉之中,为我们立党兴党强党提供了丰

――――――――――
　　① 《马克思恩格斯全集》(第39卷),人民出版社,1974年,第139页。

厚滋养。"①中国共产党的伟大精神是党的宝贵精神财富和巨大政治优势,是我们进一步推进社会主义现代化建设、共创美好新生活的不竭动力。

伟大的精神家园是中国共产党人战胜困难、拒绝变质的利器,成就了中国共产党的百年辉煌与壮丽,而在物欲横流、价值多元的当下,崇高的精神显得弥足珍贵。历史告诉我们,中国共产党要跳出"其兴也勃焉,其亡也忽焉"这一周期率的支配,就必须时刻保持足够的警醒和克制。习近平总书记在指导河北省开展群众路线教育实践活动时曾说:"一个政党,如一个人一样,最宝贵的是历尽沧桑,还怀有一颗赤子之心。"②已经走过百年风雨的中国共产党,如何保持一颗赤子之心,保持初生年代的蓬勃和朝气,这是一个永恒的课题。中国共产党人没有理由躺在过去的功劳簿上,必须时时警惕、时时谨记,充实精神世界,保持初生时期的朝气和果敢,才能抵御各种风险和诱惑,兑现对人民的庄严承诺。

当今世界正处在一个大变革、大调整的时期,当代中国也进入了改革深水区,社会结构急剧变化,利益格局纷繁复杂,思想领域良莠不齐,物质诱惑席卷而来。身处其中的中国共产党人在面临新的机遇的同时,也面临着新的挑战。长期执政的考验、改革开放的考验、市场经济的考验、外部环境的考验,都冲击着每一个共产党人的认知和判断;精神懈怠的危险、能力不足的危险、脱离群众的危险、消极腐败的危险,等着每一个共产党人的回答。在这些考验和危险面前,每一个共产党人除了提高自身能力外,还必须坚守精神家园,以纯粹的精神力量去抵制诱惑与风险。

伟大事业孕育伟大精神,伟大精神引领伟大事业。建设和发展中国特色社会主义事业,是一项充满艰辛、充满创造的壮丽事业,今后还有许多"雪

---

① 习近平:《在党史学习教育动员大会上的讲话》,《求是》,2021年第7期。
② 《习近平在河北调研指导党的群众路线教育实践活动》,新华社,2013年7月12日。

山""草地"需要跨越,还有不少"娄山关""腊子口"需要征服。因此,我们必须始终重视中国共产党人精神家园的建设与研究,为实现中华民族伟大复兴的中国梦增添精神力量。

二、研究现状述评

自十七届中央纪委第七次全体会议首次提出"坚守共产党人精神家园"以来,特别是党的十九大以来,党的精神家园这一课题日益引起学术界的广泛关注。

(一)国内相关研究

中国共产党人的精神家园是党在百年辉煌历程中培育出的宝贵财富,是党的先进性之所在。长期以来,理论界对该问题的研究一直比较活跃,并逐渐成为研究热点。目前,国内学者主要从以下几个方面进行研究:

一是中国共产党人精神家园的概念界定。林培雄(2012年)认为,共产党人的精神家园是共产党人在长期奋斗过程中形成的心理、情感、精神的统一,是共产党人的世界观、人生观、价值观的体现。徐晨光(2012年)指出,理想信念是精神家园最核心、最关键的要素,纯洁的理想信念是精神家园之本。

二是中国共产党人的精神谱系研究。陈金龙(2012年)、戴立兴(2018年)认为,中国共产党的伟大精神由一个个鲜明具体的"坐标"组成,包括革命年代的精神丰碑、建设年代的精神风范和改革时期的精神创造等。徐连林(2017年)认为,这些革命精神,既有自己的独特之处,也是一脉相承、有机统一的,不能截然分开。

三是新时代建设中国共产党人精神家园的重大意义研究。曲青山(2016年)认为,精神家园是我们党凝集力量、推动事业发展的精神支柱,是我们党经受考验、保持先进性的动力源泉,是我们党迎接挑战、巩固执政地位的强大武器。杨抗抗(2018年)从个体、政党和社会三个层面分析了构建新时代党的精神世界的重大意义。

四是新时代中国共产党人精神家园面临的挑战和问题研究。周建伟(2012年)认为,中国共产党人精神家园面临的挑战主要来自后现代社会思潮的解构、文化多样带来的冲击、权力和资本的侵蚀、少数党员精神追求的弱化和异化等。黄科卫(2015年)指出,当前一些党员干部在精神家园上存在"三失"问题:"失信",不注重加强党性修养,理想信念不坚定;"失职",只求有位却不求有为;"失态",在生活中不注意细节,做出与党员身份不相符的事情。

五是新时代中国共产党人精神家园建设的实践路径研究。罗志军(2012年)认为,坚守共产党人精神家园,必须坚定理想信念、熔铸精神品格、改造主观世界、开拓知识视野。王毅(2019年)认为,必须在实践中砥砺党的精神品质。

此外,还有学者从加强党内政治文化建设、传承和弘扬红色基因等角度,提出了一些具有理论价值和实践意义的观点。

(二)国外相关研究

国外学者大多是从中国的历史、社会和文化角度出发来理解和认识包括中国共产党人精神家园在内的当代中国政治。正如费正清所说:"中国是不能仅仅用西方术语的转移来理解的,它是一种与众不同的圣灵。它的政治必须从它内部的发生和发展中去理解。"①在西方学术界，美国的费正清、史华兹、默尔·戈德曼等学者都对中国的革命运动及革命文化问题进行过大量研究，并提出了一些有影响的学术观点。如费正清在《伟大的中国革命：1800—1985 年》一书中，将中国经历的五次大的反侵略战争与中国的传统文化联系起来进行分析，对中国近现代革命斗争的历史给予了有文化内涵的评述。汉娜·阿伦特在其《论革命》一书中分析了"革命的意义""革命的传统及其失落"，阐述了"革命引导一代又一代人前仆后继"的原因。威廉·H. 布兰查德的《革命道德：关于革命者的精神分析》对 12 位革命家进行了政治心理学的分析和研究，其中就涉及孙中山和毛泽东两位中国革命家。古斯塔夫·勒庞的《革命心理学》《乌合之众》，赛奇·莫斯科维奇的《群氓的时代》等著作虽然没有直接涉及中国革命，但他们的革命心理学研究对于建设中国共产党人精神家园同样具有重要的借鉴意义。此外，英国学者罗素、格雷戈尔·本顿、施拉姆，法国学者继业马、谢诺等人也都对中国的革命文化及传统文化有过研究。②

由于西方学者存在着与中国截然不同的历史与文化背景、政治体系和政治范畴，加之他们在使用政治科学方法时所持有的价值观念往往与中国学者迥然不同，这就使得他们在对中国共产党人精神家园进行研究的时候，很难真正进入中国的历史之中，很难对中国共产党人精神家园作出客观和公正的阐释。他们一方面力求尽可能地不带任何文化上的偏见，另一方面又不得不借助西方各种理论模式作出合理的解释，然而恰恰是这些所谓的

---

① ［美］罗德里克·麦克法夸尔，费正清主编：《剑桥中华人民共和国史 1949—1965》，上海人民出版社，1990 年，第 14～15 页。

② 杨少华：《引领时代前行的永恒动力——中国共产党革命精神研究》，人民出版社，2014 年，第 9 页。

理论模式又往往带有强烈的西方中心主义等文化偏见。① 总的来看,受立场、价值观和政治目的的影响,西方学者往往缺乏对中国共产党人精神家园的集中探讨,相关评价及结论与我们也存在着不小的差异,但其多样的学科视角、踏实的逻辑分析和严谨的学术规范仍值得我们认真借鉴。

　　从整体上看,学术界关于党的精神家园的研究方兴未艾,并在一些方面取得了丰硕成果,但在研究的内容、视野和方法上仍存在一些不足之处,主要表现在:第一,在学理上缺少对中国共产党人精神家园的系统性阐述。学术界虽然对党的精神家园的概念和相关理论进行了初步阐释,但对党的精神家园的内涵、特征和功能、基本经验和生成规律、建构依据和理论架构等基本问题尚缺少系统性阐述,特别是与开展的"不忘初心、牢记使命"主题教育的结合不够紧密,缺少有针对性的理论分析。第二,在实践上缺少对中国共产党人精神家园建设的深度把握。目前,学术界多是从方法论原则和宏观层面对如何构建党的精神家园作出探讨,很少有人从坚持知行合一、突出问题导向、建立长效机制等微观视角对如何构建党的精神家园展开研究。因而如何进一步增强研究对策的针对性和实效性,理应成为今后学术界所关注的重点。第三,在研究方法上缺少对建设中国共产党人精神家园的整体性思考。学术界对建设和守护党的精神家园的研究,多局限于相关的某个问题或者某个方面,研究成果比较分散,各部分之间缺乏统一性。而且各地的实践探索也是碎片化的,难以向纵深拓展并从根本上解决问题,更难建立长效机制。因此,对新时代建设守护好中国共产党人的精神家园仍需要进一步加强系统性和整体化的研究工作。

---

　　① [英]弗莱明·克里斯香申、丝琳·雷伊:《中国政治与社会》,黄烈修、潘兆民译,台北韦伯出版社,1998年,第21~22页。

三、基本研究框架

本书围绕新时代为什么要建设守护好中国共产党人的精神家园、建设守护好中国共产党人怎样的精神家园、如何建设守护好中国共产党人的精神家园三个基本问题，依次深入探讨了中国共产党人精神家园建设的基本理论，全面分析中国共产党人精神家园的含义、特征和功能、在党的建设中的价值定位、新时代守护好中国共产党人精神家园的重大意义，并对中国共产党人精神家园建设的百年历史进程和基本经验进行回顾和总结，在此基础上，结合对当前党的精神状况的总体把握，初步构建起新时代中国共产党人精神家园建设的基本架构，具化新时代中国共产党人继承和发扬的精神财富，明确中国共产党人精神家园建设的基本原则和整体思路，试图从学习教育、认同内化、整合传播、躬行实践和制度安排等方面，创造性地提出新时代建设守护好中国共产党人精神家园的基本途径。

从逻辑结构上看，主要从三个层面分五大部分展开研究。

第一，新时代守护中国共产党人精神家园的重大意义。主要从中国共产党的初心和使命出发，探讨和阐释新时代中国共产党人精神家园的含义、特点及功能；从马克思主义党建学说体系新理念、党的精神家园建设在党的建设中的价值位阶、党的精神家园建设决定党的建设的走势等方面，分析党的精神家园建设在党的建设中的定位；从战略高度充分认识新时代建设守护好中国共产党人精神家园的价值和意义。

第二，中国共产党人精神家园建设的历史经验。中国共产党是一个具有百年历史的大党，其自身建设的过程，实际上是一个先进文化催生先进政党与先进政党选择建构先进文化的过程，是一个先进政党孕育精神家园与精神家园支撑先进政党的过程。从历史进程来看,党的精神家园建设大体经历了革命年代创造建构、建设年代曲折发展、改革时期传承创新三个不同阶段。从基本经验来看,必须坚持以马克思主义为指导,必须围绕党的政治路线来开展,必须坚持不懈地进行弘扬培育,必须勇于自行纠正错误,必须推动党的精神家园创新发展。认真总结这些经验,对于加强新时代党的思想建设具有重要教益。

第三,新时代中国共产党人精神家园面临的主要挑战。党的精神状况就是党的"灵魂",如果党的精神状态出了问题,那就是牵一发而动全身的严重问题。党的十八大以来,全面从严治党向纵深发展,党员干部的精神世界总体向好,同时也存在一些不容忽视的问题,主要表现为理想信念动摇、宗旨意识淡薄、责任意识不强、生活贪图享受、热衷权力游戏等。这些问题说到底是精神家园失守,是与我们党所处的历史方位相关联的,既有主观上的原因,也有管理制度上的原因,既包括现实的原因,也包括深层次的社会历史原因。只有正视新时代存在的形势与问题,才能更好地建设守护好中国共产党人的精神家园。

第四,新时代建设守护好中国共产党人精神家园的实践要求。在综合分析的基础上,初步构建新时代中国共产党人精神家园建设的基本架构。一是根据习近平的相关论述,特别是结合习近平在庆祝中国共产党成立100周年大会上的讲话,具化新时代中国共产党人精神家园建设的历史任务,包括坚定理想信念、坚守为民精神、坚持现实指向、树立担当精神、保持艰苦奋斗、增强法治精神、弘扬"四个自信"等。二是从宏观层面来看,新时代党的精神家园建设应遵循三条基本原则:坚持历史唯物主义立场观点方法、遵循中国共产党人精神家园的基本逻辑、坚持继承和发展相结合。三是新时代建设守护好中国共产党人精神家园的思路是:把建设守护好中国共产党人精神家园与传承和弘扬红色基因结合起来;把建设守护好中国共产党人精

神家园与开展"不忘初心、牢记使命"主题教育结合起来;把建设守护好中国
共产党人精神家园与奋力推进改革发展各项事业结合起来。

第五,新时代建设守护好中国共产党人精神家园的具体路径。一是学习教育。结合新时代特征,领会精神实质,发挥榜样力量,守护好党自身发展过程中创立和形成的独特精神资源。二是认同内化。切实增强自身的理论修养,坚定对党的精神家园的认同,并以理性引导内化的过程,实现内化。三是整合传播。通过党史传播、红色旅游资源传播、网络传播、纪念仪式等不同渠道和方式对党的精神进行整合传播,打造党的精神品牌。四是躬行实践。包括防微杜渐,筑牢思想防线;知行合一,树立精神表率;直面问题,勇于自我革命。五是制度安排。推动党员教育管理制度化、常态化、规范化,进一步疏通出口,建立有效的新陈代谢机制,保持党的肌体健康。

本书的初衷是试图运用辩证唯物主义和历史唯物主义的基本观点来研究新时代中国共产党人的精神家园。正如毛泽东所指出的:"对于马克思主义的理论,要能够精通它、应用它,精通的目的全在于应用。如果你能应用马克思列宁主义的观点,说明一个两个实际问题,那就要受到称赞,就算有了几分成绩。被你说明的东西越多,越普遍,越深刻,你的成绩就越大。"[1]客观地说,这绝不是一件容易的事情,但非常有意义。作为实践与认识循环飞跃的一个必经阶段,希望本书的尝试和探索能够成为推动相关研究的一个新起点。

---

[1] 《毛泽东选集》(第二卷),人民出版社,1991年,第815页。

第一章
新时代守护中国共产党人精神家园的重大意义

人无精神不立，党无精神不振。守护自己的精神家园，是中国共产党的庄严责任。面对党内"精神懈怠的危险"，2012 年 1 月 9 日，胡锦涛在十七届中央纪委第七次全体会议上的讲话中强调，要"坚守共产党人精神家园"，这里实际上提出了党的建设所面临的时代课题，即"精神建党"问题。对推动中国共产党永葆活力、党和人民事业永续发展，具有重大而深远的意义。

一、中国共产党人精神家园的内涵和特征

中国共产党自诞生之日起，就开始培育和造就一种独特的精神形态、精神气质、精神风范、精神传统，而且在长达百年的革命、建设和改革征程中，一脉相承、一以贯之、与时俱进，在中华民族伟大复兴的史册上，矗立起一座座不朽的精神丰碑，成为中华民族共有精神家园中不可或缺的重要组成部分。准确界定中国共产党人精神家园的内涵与外延，厘清人们对中国共产党人精神家园建设实践的认识，是本书研究的前提和基础。

（一）中国共产党人精神家园的含义

何谓精神家园？"精神家园"是一个富有诗意的形象概念，由"精神"与"家园"组合而成。

精神是什么？按照马克思主义的观点，精神是与物质相对应的范畴，是人类的意识、思维活动和一般心理状态，包括认知、情感、意志、信仰等。人类社会既包括物质生活，也包括精神生活，精神生活是人类社会的一个重要组成部分。恩格斯曾在《自然辩证法》中说："地球上的最美的花朵——思维着的精神。"[1]马克思主义视域中的"精神"与意识、思维有时是同义的概念，但三者又有所区别。思维一般是指理性认识，是人脑对客观事物间接的和概括的反映，是以概念、判断、推理等形式反映客观世界的能动过程，是人类认识活动的高级形式，是在社会实践的基础上进行的。意识是高度发展、高度完善的严密组织的特殊物质——人脑的机能，是人脑对客观世界的反映，是人区别于动物的特点。精神是指认定意识、思维活动和一般心理状态。所以说，精神一词相对而言外延最大，意识的外延次之，思维的外延相对最小。

一般而言，精神本身是一个有结构的系统，从总体上看，它是知、情、意三者的统一。"知"是指人类对世界的知识性与理性的追求，它与认识的内涵是统一的；"情"是指人类对客观事物的感受和评价，表现为热爱、仇恨、向往、遗憾、满意、不足，以及对自身喜、怒、哀、乐等的心理体验、心理活动；"意"是指意志，是人类追求某种目的和理想所表现出来的自我克制、毅力、信心和顽强不屈等精神状态。精神的外延是极其广泛的，既包括人的一切

---

① 《马克思恩格斯全集》（第20卷），人民出版社，1971年，第379页。

心理现象,如感觉、知觉、表象、情感、意志等,也包括人的高级思维活动的成果,如思想、观念、认识、理论等。从精神的类别上划分,精神既包括个体精神,也包括群体精神。群体精神是相对于个体精神而言的。主要是指被一定规模的群体(如阶级、阶层、社会集团等)所接受的思想观念和反映这个群体的利益并影响他们行为的价值取向以及精神状态。

从精神与物质的关系来看,马克思主义历来认为,物质决定精神,精神对物质有能动的反作用,两者是辩证统一的。一方面,人们的"思想、观念、意识的生产最初是直接与人们的物质活动,与人们的物质交往,与现实生活的语言交织在一起的。人们的想象、思维、精神交往在这里还是人们物质行动的直接产物。表现在某一民族的政治、法律、道德、宗教、形而上学等的语言中的精神生产也是这样。"①另一方面,精神在人们认识和改造客观世界中起着巨大的能动作用。中国共产党成立百年多的奋斗历程就充分展现了精神转化为物质的无限创造力,深刻揭示了精神对于社会实践的重要指导价值。对精神与物质的关系,邓小平就阐释得非常准确:"革命精神是非常宝贵的,没有革命精神就没有革命行动。但是,革命是在物质利益的基础上产生的,如果只讲牺牲精神,不讲物质利益,那就是唯心论。"②

所谓家园,本义是指人的居住之所及其环境,既是人的生命活动得以展开的前提,也是人的安身立命之所。一般来说,家园至少包括三个要素:一是供人居住的房屋;二是人的生存和发展必需的生产资料和生活资料;三是维系人们之间关系的文化氛围、文化条件,如价值观念、伦理道德、思维方式、风俗习惯,等等。③可见,"家园"这一概念原本就包含着精神性因素,只不过我们今天在使用"精神家园"这一概念时,是从哲学意义上对之进行了

---

① 《马克思恩格斯选集》(第一卷),人民出版社,1995年,第72页。
② 《邓小平文选》(第二卷),人民出版社,1994年,第146页。
③ 邓名瑛:《建设中华民族共有精神家园的几点思考》,《文史博览》,2011年第7期。

深化。

通过以上对"精神"与"家园"这两个研究客体的分析，我们就可以明确地回答精神家园的概念。精神家园，顾名思义，就是精神的安顿之所、栖息之地。精神家园可分为个体性精神家园和群体性精神家园两个不同的层次。个体性精神家园是指个体在自身生活经验基础上形成的价值追求、行为准则和道德规范。群体性精神家园是指群体依据自身发展需要而自觉建立的为群体成员所认同的理想信念、价值目标，以及在此基础上确立的为群体成员遵循的行为准则和道德规范。个体性精神家园和群体性精神家园是辩证的统一。一方面，个体性精神家园是群体性精神家园的条件，群体性精神家园是对个体性精神家园的总结和提升；另一方面，群体性精神家园的形成反过来对个体性精神家园起着制约作用、指导作用，为个体成员的生存和发展建构精神世界提供价值依据。[①]

由是观之，中国共产党人的精神家园，就是中国共产党在长期革命、建设和改革的实践中精心培育的，由中国共产党群体共同体现的一种对待党所开创的事业和具体工作的根本态度和精神风貌。从实质上看，中国共产党人精神家园作为群体性的精神风貌，其反映了中国共产党全体成员普遍认同和遵守奉行的共同价值观和行为倾向，表达了中国共产党人的共同理想信仰、价值追求、行为准则和道德规范。它是党的性质与宗旨的最本质、最深刻的体现，是党赖以生存和发展的文化品格和精神支撑，是共产党人整体（集体）和个体在心理特征、思想情感、精神境界、信仰追求、品格意志、行为方式等方面的综合反映，是中华民族伟大精神的集中体现和象征，是中国共产党的党魂。[②] 中国共产党人精神家园的建构与坚守，有赖于每个共产党

---

① 罗东凯主编：《中国共产党人的精神家园》，广东人民出版社，2012年，第3页。

② 肖力、邢洪儒：《中国共产党精神建设研究》，光明日报出版社，2012年，第15页。

员的努力,每个共产党员的精神世界,则折射出中国共产党人的精神家园。正是在这个意义上,我们常说的中国共产党人的精神家园,既可指中国共产党的精神家园,也可指中国共产党员个体的精神家园。

中国共产党人精神家园是一个立体的范畴,从系统的角度来看,对中国共产党人精神家园结构的界定,既应包括理想信仰的界定,也应包括价值取向的界定,同时还应包括政党作风的界定。其中,坚持马克思主义的信仰是中国共产党人精神家园的灵魂,坚持全心全意为人民服务的宗旨是中国共产党人精神家园的价值取向,坚持理论联系实际、密切联系群众、批评与自我批评、艰苦奋斗等优良作风是中国共产党人精神家园的行为外显(如下图)。

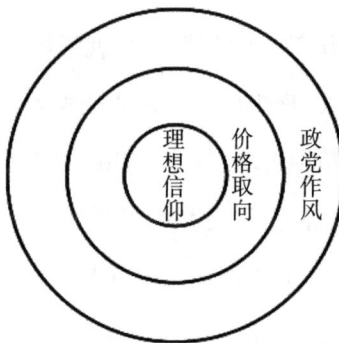

图1　中国共产党人精神家园的行为外显

1. 理想信仰

精神的实质是一种信仰。信仰是精神的灵魂。信仰作为人类精神世界的最高意识形式,是人安身立命的精神寄托之本,一个人如果没有理想信仰,就成了没有灵魂的躯壳。为此,恩格斯在谈到宗教信仰时甚至指出:"即使是最荒谬的迷信,其根基也是反映了人类本质的永恒本性。"①对政党来

---

① 《马克思恩格斯全集》(第1卷),人民出版社,1956年,第651页。

说,信仰则是前进的指南,是团结的基础。一个政党如果没有或丧失了理想信念,就如同一盘散沙,没有凝聚力,就会迷失奋斗目标和前进方向。邓小平曾指出:"我们过去几十年艰苦奋斗,就是靠用坚定的信念把人民团结起来,为人民自己的利益而奋斗。没有这样的信念,就没有凝聚力。没有这样的信念,就没有一切。"①"对马克思主义的信仰,是中国革命胜利的一种精神动力。"②精神的动力源于信仰,中国共产党人的伟大精神源自对共产主义的坚定信仰,对中华民族的忠诚责任。中国共产党的历史就是一部信仰史。

美国《时代》周刊 2000 年编辑的《人类 1000 年》一书中,评选出的过去 1000 年"影响人类文明发展进程"的 100 件事,中国有三件事入选,长征就是其一。长征是中国共产党人和工农红军坚定信仰的一个历史见证。习近平在提及陈云、邓小平等共产党人的精神时,就强调要学习他们的坚定理想信念,指出革命理想高于天,理想信念就是共产党人的精神之"钙"。"坚定理想信念,坚守共产党人精神追求,始终是共产党人安身立命的根本。"③理想信仰是中国共产党的精神基石,更是中国共产党人保持先进性的首要条件和核心所在。只有牢固树立共产主义的理想信仰,才能真正解决党员思想的问题,也才能做到始终如一地充分发挥党员的先锋模范作用。

2. 价值取向

中国共产党的精神辞典中,精神多元,形态丰富。这些精神之间具有密切相关的联系,即它们的本质内涵是一致的,都坚持了人民利益高于一切的原则。坚持人民利益高于一切是中国共产党各种崇高精神的核心,是贯穿各种崇高精神之中的根本要求,集中体现了我们党的马克思主义政党性质,

---

① 《邓小平文选》(第三卷),人民出版社,1993 年,第 190 页。
② 同上,第 63 页。
③ 习近平:《紧紧围绕坚持和发展中国特色社会主义学习宣传贯彻党的十八大精神》,《人民日报》,2012 年 11 月 19 日。

集中体现了我们党与人民同呼吸、共命运的优良作风。习近平在党的十九大报告中开宗明义，强调："中国共产党人的初心和使命，就是为中国人民谋幸福，为中华民族谋复兴。"①这一重要阐述深刻揭示了中国共产党人精神家园的本质内涵。

其一，中国共产党人的初心和使命，鲜明体现党的本原和建党初衷，是中国共产党人的根和魂。马克思主义建党学说告诉我们，政党是阶级的产物，中国共产党是中国工人阶级的先锋队，同时是中国人民和中华民族的先锋队，代表中国最广大人民的根本利益，所以初心和使命要回答的命题是"我是谁、从哪里来、为什么出发"。为中国人民谋幸福，为中华民族谋复兴的初心和使命，彰显的是中国共产党人人民至上、全心全意为人民服务的赤子之心、公仆之心。

其二，中国共产党人的初心和使命，鲜明体现党的奋斗目标和前进方向，是中国共产党人矢志不渝的政治追求。党的根本宗旨是全心全意为人民服务，党的最高理想和最终目标是实现共产主义，现阶段是要实现"两个一百年"的奋斗目标和中华民族伟大复兴的中国梦，所以初心和使命要回答的命题是"为了谁、往哪里走、为什么奋斗"。为中国人民谋幸福，为中华民族谋复兴的初心和使命，彰显的是中国共产党人的历史自觉和政治担当、科学理念和长远眼光、顽强意志和斗争精神。

其三，中国共产党人的初心和使命，既具有各自质的规定性，又呈现出初心凝聚使命、使命承载初心的关联性。中国共产党因初心而生、为使命而行，崇高的使命始终是激励一代代中国共产党人坚守初心、顽强奋斗的不竭动力。在历史长河中，党的初心和使命密切联系、相互作用、相依相随、形影

---

① 习近平：《决胜全面建成小康社会 夺取新时代中国特色社会主义伟大胜利——在中国共产党第十九次全国代表大会上的报告》，人民出版社，2017 年，第 1 页。

不离,有机统一于党的事业"永远在路上"的实践中。无论我们走得多远,无论未来形势如何变化,我们都要不忘初心、牢记使命,始终铭记"我是谁、为了谁""从哪里来、往哪里走""为什么出发、为什么奋斗"这些基本命题。正如习近平强调的,"一切向前走,都不能忘记走过的路;走得再远、走到再光辉的未来,也不能忘记走过的过去,不能忘记为什么出发"①。初心和使命是中国共产党人的政治宣言和精神标识,展示了我们党对马克思主义的坚定信仰,对赓续中华民族优秀传统文化的执着和自信;表现了一切为了人民、一切依靠人民的政治立场和政治态度,与时俱进、不懈奋斗的坚强决心和斗争精神。②

3. 政党作风

政党作风也称为党风,指的是一个政党基于阶级属性、时代特征,在现实社会和政治生活中所体现出来的自身特色和风范。"如果说风气是'表',那么一定的精神凝聚则是其'里'。"③政党作风作为政党内在的理想信仰和价值观念的外部表现,反映到党员的具体个人身上,实际上是"知"(对政党所奉行的某种价值观念的理解和接受)、"信"(对政党所追求的政治和社会理想的信仰)、"行"(按照政党集体要求和行为规范在现实生活中的活动)三者的统一。其中,"知"是基础,"信"是核心,"行"是表现。在现实生活中,政党所特有的风范最终体现在党员个体的行为方式上,而无党派人士也正是通过党员的"行"来认识该政党的。④ 在党的七大报告中,毛泽东从正面概括了中国共产党的作风,"以马克思列宁主义的理论思想武装起来的中国

① 习近平:《在庆祝中国共产党成立95周年大会上的讲话》,《光明日报》,2016年7月2日。
② 舒国增:《深入理解践行中国共产党人的初心和使命》,《人民日报》,2019年7月4日。
③ 冯虞章:《发扬革命传统与建设社会主义精神文明》,《清华大学学报(哲学社会科学版)》,1996年第4期。
④ 杨德山:《中国共产党的政党学说:一个学说史视角的梳理和分析》,中共党史出版社,2005年,第117页。

共产党,在中国人民中产生了新的工作作风,这主要的就是理论和实践相结合的作风,和人民群众紧密地联系在一起的作风以及自我批评的作风"①。毛泽东强调,这"三大作风"是中国共产党区别于其他政党的显著标志。在党的七届二中全会上,他把党的作风完整地概括为"两个务必","务必使同志们继续地保持谦虚、谨慎、不骄、不躁的作风,务必使同志们继续地保持艰苦奋斗的作风"②。这一概括也成为中国共产党"谦虚谨慎、不骄不躁"和"艰苦奋斗"两大优良传统的经典表述。新中国成立后,以"三大作风"和两大优良传统为核心内容的政党作风随着历史和时代的前进不断与日俱新、与时俱进,拓展出新的内容。所以,党的作风是中国共产党在其活动中一贯表现出来的态度和行为,是党的理想信仰和价值取向的外化形式,直接影响党在人民群众心目中的形象和地位。能否继续保持和发扬党的优良作风,直接关系到中国共产党革命精神的继承弘扬,直接关系到党和国家的兴衰荣辱乃至生死存亡。

综上所述,中国共产党人精神家园的诸要素是一个有机的统一整体,理想信仰是中国共产党成立和生存的根本动因,理想信仰内化为中国共产党价值观,中国共产党价值观外化为中国共产党作风,中国共产党作风外显为形象。中国共产党人精神家园就如太阳光辉,中国共产党人精神家园的诸要素就如构成太阳的诸要素。中国共产党人精神家园是对中国共产党人精神家园诸要素的提炼和升华,是中国共产党诸要素的综合体现和动态反映。

(二) 中国共产党人精神家园的功能

实现中华民族伟大复兴是近代以来中华民族最伟大的梦想。中国共产

---

① 《毛泽东选集》(第三卷),人民出版社,1991 年,第 1093~1094 页。
② 《毛泽东选集》(第四卷),人民出版社,1991 年,第 1438~1439 页。

党一经成立,就把实现共产主义作为党的最高理想和最终目标,义无反顾地肩负起实现中华民族伟大复兴的历史使命,带领人民进行了艰苦卓绝的斗争,谱写了气吞山河的壮丽史诗。正如习近平指出的,"中华民族伟大复兴,绝不是轻轻松松、敲锣打鼓就能实现的"①。在这场异常艰巨和艰苦的斗争中,如果没有伟大的精神家园,它的不断发展和最终胜利是难以想象的。正是在克服各种艰难险阻的过程中,中国共产党人的精神家园作为一个系统的功能得以充分地展现出来。

1. 团结和凝聚功能

就群体而言,精神家园的作用主要表现为一种团结和凝聚的功能。邓小平指出:"根据我长期从事政治和军事活动的经验,我认为,最重要的是人的团结,要团结就要有共同的理想和坚定的信念。"②精神家园是一种精神的纽带,是一种深层精神和深层文化上的凝聚力,没有它,一个群体就不会有真正强大的生命力。有了共同的精神家园,人们就有了共同的价值目标和价值取向,也就有了共同的行动评价标准,从而使人们在行动上向着共同的善的方向努力,向着共同的恶的方向斗争;有了共同的精神家园,人们的热情就会产生汇聚作用,人们的意志也因此在革命精神团体中得到强化和加强;有了共同的精神家园,也就有了共同的自觉遵守的纪律,从而形成了一个坚强的有战斗力的革命集体。正如邓小平所说:"有了共同的理想,也就有了铁的纪律。无论过去、现在和将来,这都是我们的真正优势。"③对于无产阶级的伟大革命事业来说,行动一致比一时的热情更为重要。列宁曾经指出:"我们不需要狂热。我们需要的是无产阶级铁军的匀整的步伐。"④但

① 习近平:《决胜全面建成小康社会 夺取新时代中国特色社会主义伟大胜利——在中国共产党第十九次全国代表大会上的报告》,人民出版社,2017年,第11页。
② 《邓小平文选》(第三卷),人民出版社,1993年,第190页。
③ 同上,第144页。
④ 《列宁全集》(第34卷),人民出版社,1985年,第188页。

是纪律的存在和作用不能离开共同的革命精神,否则它就成为一种完全外在的、强加于团体成员之上的东西。在这种情况下,人们不可能出于一种自觉的心理来遵守和维护这一纪律,结果只能是靠权威的惩罚和人们对惩罚的恐惧来维持,最终也将无法维持下去。因此,邓小平才说:"一靠理想二靠纪律,才能团结起来。"①

一位苏联共产党党员在剖析苏联解体的原因时说,苏共在有约35万名党员的时候夺得政权,在有约550万名党员时打败希特勒,在有约2000万名党员时丧失政权。出现这种局面的原因,正如美国诗人惠特曼说的那样:没有信仰,则没有名副其实的品行和生命;没有信仰,则没有名副其实的国土。② 现在中国共产党拥有9900多万党员,其凝聚力在很大程度上来源于精神家园的吸引力,共产党员对精神家园的认同,使中国共产党能拧成一股绳,劲往一处使,形成党的凝聚力、创造力、战斗力。当前,随着党的队伍不断扩大及多元文化并存带来的复杂影响,党员的理想信仰、价值观念、生活方式呈现多样化的趋势,对于党的凝聚力、创造力、战斗力的提高,产生了不利影响。在这种情况下,要保证党内的团结、统一,除了需要用党的制度、纪律来约束和规范党员的行为,尤为需要共产党员坚守精神家园,通过增进对于中国共产党人精神家园的认同,求得党内思想上、信仰上、价值取向上的一致,从而增强党的凝聚力。

2. 激励和驱动功能

中国共产党人的精神家园是中国共产党的灵魂之基、生命之本和活力之源。毛泽东曾经把它的伟力称之为"精神原子弹"。中国共产党正是用这种伟大的精神和思想来教育自己的党员,影响和带动广大群众披荆斩棘,克

---

① 《邓小平文选》(第三卷),人民出版社,1993年,第110页。
② [美]沃尔特·惠特曼:《草叶集》,邹仲之译,上海译文出版社,2015年。

服种种困难,战胜各种敌人的。恩格斯指出:"一个知道自己的目的,也知道怎样达到这个目的的政党,一个真正想达到这个目的并且具有达到这个目的所必不可缺的顽强精神的政党,——这样的政党将是不可战胜的。"①这就表明党的精神家园具有强大的导向、激励和驱动作用。

精神家园为共产党人的奋斗提供不竭动力,是共产党人前行的"加油站"。马克思主义在坚持物质决定精神、物质可以改变精神的同时,历来重视精神向物质的转化,认为精神也可以转化为物质,精神力量可以成为战胜一切艰难险阻的强大力量。精神力量转化为物质力量,同精神转化为物质,有联系也有区别。精神转化为物质,是指精神的物化,精神形态转化为物质形态,精神因素转变为物质成果。而精神力量转化为物质力量,是指精神因素的实践化,精神因素可以通过人们的实践活动,转变为改造世界、改造社会的巨大物质力量。精神力量转化为物质力量,也就是转化为实践活动中的巨大物质力量,即转化为实践力量。因此,精神力量转化为物质力量的过程,就是实践的过程,就是实践活动本身。精神力量转化为物质力量是精神转化为物质的必经阶段和中介环节。

困难作为一种客观存在,是事物内部矛盾的反映。如何对待困难反映着一个人的价值取向和精神追求。无数事实证明,事业是在克服困难中前进的,辉煌是在不懈奋斗中铸就的。没有困难的事情称不上事业,也成就不了生活的强者,孕育不出伟大的精神。从抽象的层次上说,精神家园的价值就是能够赋予个体生命以意义。一个具有精神依托的人,将会感到人生是有意义的,是值得真诚付出的。从具体一点的层次上说,精神家园的价值还表现为对人生的动力作用和定向作用。精神家园不仅能够为人生的实践奋

---

① 《马克思恩格斯全集》(第39卷),人民出版社,1974年,第139页。

斗提供不竭的动力,而且还能成为人生的定向机制,为人们指明奋斗的方向。① 正是在这个意义上,我们说精神家园具有驱动和"制胜"功能。中国共产党的具体事业、日常工作无不需要精神家园提供精神激励。共产党人若失去了精神依托,没有坚实的精神家园支撑,就会在困难面前止步,就会在物质世界沉溺,就会在纷繁的是非中迷失,也就更谈不上理想追求了。有了精神家园,就会激发出人内在的全部热情和力量,就会成为一个有精神的人。在推进中国特色社会主义、进而实现共产主义远大目标的伟大实践中,这种精神就将转化为一种强大力量,激励和鼓舞着一代又一代共产党人不懈奋斗,展现出一种全新的精神样态。

3. 砥砺和教化功能

1956 年 11 月,毛泽东在深情回忆战争年代往事并高度赞扬革命战士的崇高精神境界时强调指出:"人是要有一点精神的,无产阶级的革命精神就是由这里头出来的。"②为什么要有一点精神呢? 毛泽东认为,这是革命的需要、建设的需要、人的发展的需要。人为万物之灵,人的行动是受思想支配的,思想越高,精神越振作,事情就越有可能办好、办成功。而共产党人崇高思想的形成,离不开精神家园的涵养。精神家园对于共产党人思想品德的影响,具有潜移默化、润物无声的特点,往往通过浸润、扩散的形式,引导党员逐步形成共同的理想信念、价值追求,形成一定的舆论氛围、文化环境,砥砺党员品德,升华共产党人的思想境界。坚守共产党人的精神家园,才能自觉修身养性,抵制不良生活方式的诱惑,形成高尚的道德情操和健康的生活情绪。

在中国共产党人的思想认识中,精神家园并非虚无缥缈的东西,不只是

---

① 杨少华:《引领时代前行的永恒动力——中国共产党革命精神研究》,人民出版社,2014 年,第 135 页。

② 《毛泽东文集》(第七卷),人民出版社,1999 年,第 162 页。

口头说说而已,而是要和现实结合,才能焕发出生机和活力,才能真正彰显其价值和意义。实践磨砺品性、洗礼灵魂,在实践中及时发现思想偏差、精神沉积,从而进行整顿与清理,培育优秀的精神因子,反过来又推动实践发展,真正发挥作用和价值。中国共产党历史上的整风运动就是荡涤共产党人精神家园的实践,致力于剔除共产党人思想认识、作风建设、精神品格中的不良因素。党的十八大以来,八项规定的出台、群众路线教育实践活动、"三严三实"活动的开展、反腐败力度的增大等,都有着鲜明的指向,都是因为一些共产党人出现了作风松懈、精神懈怠等问题,所以要通过实践活动来提升境界、净化思想。习近平在总结群众路线教育实践活动的讲话中,可以明显看出此次活动致力于解决精神懈怠、作风不纯的问题导向。群众路线教育实践活动是一次落实和强化宗旨意识的活动,是一种倒逼型、解决型的实践活动。因为一些党员、干部"热衷于装门面出政绩,做一点事情不怕群众不满意、就怕上级不知道,心里'小九九'打得多,把自己看重了,把群众看轻了"[①],所以要用马克思主义群众观点去教育他们,增强他们贯彻党的群众路线的自觉性和坚定性。目前正在推进的反腐败,致力于形成一种不敢腐、不能腐、不想腐的政治风气,不敢腐、不能腐需要从制度上规约,而不想腐则需要从精神上培养,很多腐败分子常常将自己的牢狱之灾归罪于制度漏洞,但是坚定的信仰、正确的权力观、清廉的作风始终是党员、干部站稳政治立场、抵御各种诱惑的决定性因素。制度使人不敢腐败,信仰使人不愿腐败,精神世界的纯净是抵制腐败的利器。[②] 中国共产党人的精神家园对此能够起到灵魂洗礼的作用。

---

① 习近平:《在党的群众路线教育实践活动总结大会上的讲话》,《人民日报》,2014年10月9日。

② 王毅:《讲党课:中国共产党的伟大精神》,人民出版社,2019年,第9页。

4.引领和示范功能

中国共产党是由中华民族优秀分子组成的组织严密、步调一致的战斗集体,是人类崇高精神最自觉、最坚定的体现者。中国共产党人的精神境界、价值取向、理想信念、奋斗目标,实际上代表了中华民族的价值选择,也是中华民族精神的具体体现。中国共产党人的精神家园、精神境界如何,将直接影响民众的精神风貌、精神境界。坚守共产党人的精神家园,对于全社会形成良好的精神风貌,建构中华民族共有精神家园具有重要的引领、示范作用。

随着改革开放的深入推进和经济全球化的冲击,一部分国人包括少数领导干部出现了一定程度的甚至是比较严重的精神危机,为此,党的十七大提出了"弘扬中华文化,建设中华民族共有精神家园"的任务,并强调"建设社会主义核心价值体系、增强社会主义意识形态的吸引力和凝聚力"。① 社会主义核心价值体系是社会主义意识形态的本质体现,是新的历史条件下促进和形成社会共识的精神坐标,而共产党人精神家园正是社会主义核心价值体系的主体构成要素。社会主义核心价值体系内在地包含了马克思主义执政党的指导思想、愿景理想、革命精神和执政理念,体现了马克思主义执政党的道德境界和价值追求。中国共产党人的精神家园是社会主义核心价值体系精髓的综合体现。执政党首先应该成为宣传和实践社会主义核心价值观的典范。在建设社会主义核心价值体系的过程中,通过把社会主义核心价值体系建设与中国共产党人精神家园建设结合起来,激励党心民心,弘扬高尚情操,引领社会风气,树立主流价值,为构建中华民族共有精神家园、实现中华民族伟大复兴提供强大精神支撑。党员领导干部带头,下大决

---

① 胡锦涛:《高举中国特色社会主义伟大旗帜 为夺取全面建设小康社会新胜利而奋斗——在中国共产党第十七次全国代表大会上的报告》,《人民日报》,2007 年 10 月 15 日。

心构建中国特色社会主义的核心价值观、中国共产党人的核心价值观,这是下大气力铸造中华民族精神长城的首要条件,也是锻造中国共产党人精神长城的重要保证。

党员领导干部的精神状态直接影响着全体党员,全体党员的精神状态影响着整个社会,对全体社会成员的道德和行为起着重要的示范和导向作用。党风政风的养成,如果说得多,做得少,缺乏从自己做起的思想觉悟和率先躬行精神,效果便可想而知。俗话说,千难万难,领导带头不难。因此,每一位党员都要做扬荣祛耻的积极实践者,加强自身修养,以身作则,提高党员素养,明是非、辨真伪、分善恶、识美丑、知荣辱,常修为政之德、常思贪欲之害、常怀律己之心,以自身的模范行动和人格力量带动公民,争做践行社会主义核心价值观的模范。无数事实说明,精神不倒,才能红旗飘飘;精神不倒,才能先进永葆。中国共产党人不仅是中华民族精神的继承者和创造者,也是中华民族精神的引领者和示范者。

(三)中国共产党人精神家园的特征

中国共产党作为中国革命、建设和改革事业的领导核心,肩负的历史重任之艰巨,所处的斗争环境之艰险,党员成分之广泛,决定了从诞生之日起,就要十分重视精神家园的作用,注重用高尚的精神塑造党魂、军魂、国魂,凝聚党心、军心、民心。正是经历中国革命和建设实践的千锤百炼,在中国共产党人身上展现出了许多其他政党所不具备的优良品质和特点,由此构成了中国共产党人精神家园的鲜亮底色。

第一,实践性。中国共产党人精神家园的实践性是由其来源决定的。马克思主义认为,只有人民大众的社会实践才是检验外界认识的真理性标准。中国共产党人的精神家园是在伟大的革命实践中产生和发展起来的,精神家园并不因为理想高远而脱离实际,而是既仰望星空更关注脚下,具有鲜明的现实指向。中国共产党在领导中国人民艰苦卓绝的斗争过程中始终坚持实事求是、一切从实际出发的路线,战胜了党内"左"和右的机会主义路线,取得了一个又一个革命的胜利。中国共产党正是在实践中建立了自己的组织,并通过实践使自己的组织系统不断得到发展和完善。从诞生的那一天起,中国共产党人精神家园就打上了实践的烙印。随着中国共产党精神系统的不断发展,其实践性特征也表现得更加分明。

中国共产党人的精神家园来源于实践并在实践中提炼、升华,同时又指导着实践,内化为人们改造自然、改造社会的强大精神力量。离开了实践,政党精神之花就会凋谢枯萎。政党精神的锤炼和修养,对一个政党和其党员的精神建设来说都是至关重要的。刘少奇曾说:"无论是参加革命不久的共产党员,或者是参加革命很久的共产党员,要变成为很好的政治上成熟的革命家,都必须经过长期革命斗争的锻炼,必须在广大群众的革命斗争中,在各种艰难困苦的境遇中,去锻炼自己,总结实践的经验,加紧自己的修养,提高自己的思想能力,不要使自己失去对于新事物的知觉,这样才能使自己变成品质优良、政治坚定的革命家。"①

第二,先进性。中国共产党人的精神家园之所以对于我们坚定信念、鼓舞斗志、做好工作具有重大作用,是因为它们蕴含着高远的理想,是革命英雄主义、乐观主义、浪漫主义、理想主义等的集中体现。正是有了高远的理想,我们党才凝聚起广大党员和广大人民群众的力量,完成了几乎不可能完成的任务,取得了令世人惊叹的成就。中国共产党人精神家园的先进性是由其政党的先进性所决定的。中国共产党是中国工人阶级的先进分子,从成立之日起就是以中国工人阶级的先锋队,同时也是以中国人民和中华民

---

① 《刘少奇选集》(上卷),人民出版社,1995年,第100~101页。

族的面目出现和存在的。中国共产党的党性，从根本上对其思想和实践提出了要求。对于中国共产党而言，她的一切思想和实践都不是为社会上的少数上层分子服务的，也不是为某个特定利益集团服务的，而是为广大劳动人民和整个民族利益服务的。这也就意味着，中国共产党在本质上代表的是最广大人民的根本利益，代表着中华民族进步和发展的方向。

中国共产党是在新文化运动的直接影响下，是应挽救中国危亡、发展中国社会的要求而走上中国政治舞台的。中国共产党的精神家园是东西方优秀文化碰撞融合的结果，既继承和发扬了中华民族的一切优秀文化传统，又学习和吸收了外国的优秀文化成果，始终走在中国文化发展的前列。无论是新民主主义革命时期，还是社会主义建设时期，中国共产党精神家园一直引领中国先进文化的发展方向，推动着社会的全面进步。它就像一个巨大的磁场，以极为强大的感召力和凝聚力对整个中华民族和整个时代产生了巨大而深刻的影响，不仅影响着社会历史的进程，也影响着整个民族的生活方式、民族意识、价值观念和文化形态，成为整个中华民族精神的灵魂。

第三，革命性。马克思恩格斯认为，"革命是历史的火车头"[①]，是"社会进步和政治进步的强大推动力"[②]。任何一个真正的革命，都不可能停留在政权的更迭上，甚至也不会停留在政治制度的变换上，它必然要影响到经济制度、经济关系和社会关系。只有把革命扩展到经济制度、经济关系和社会关系的领域，才能是彻底的革命，而革命扩展到经济制度、经济关系、社会关系以后，就不再是单纯的政治革命，而是涵盖着政治革命的"社会革命"了。恩格斯指出："任何一次真正革命都是社会革命，因为它使新阶级占据统治地位并且让它有可能按照自己的面貌来改造社会。"[③]中国共产党深刻体悟

---

① 《马克思恩格斯选集》（第一卷），人民出版社，1995年，第456页。

② 同上，第512页。

③ 《马克思恩格斯选集》（第三卷），人民出版社，1995年，第276页。

到马克思主义的这一真谛,在实践中不断继承发扬革命精神,书写了中国共产党人钢铁般意志的辉煌篇章。

革命性是由中国共产党身上所肩负的重大历史使命所决定的。对中国共产党来说,推翻帝国主义、封建主义、官僚资本主义三座大山的压迫是一场革命,建立社会主义社会是一场革命,改革开放同样也是一场革命。"改革是中国的第二次革命。"①"没有一点闯的精神,没有一点'冒'的精神,没有一股气呀、劲呀,就走不出一条好路,走不出一条新路,就干不出新的事业。"②面对前进道路上的这些艰难险阻的重要考验,中国共产党在革命的实践中同时也锻造出了一种彻底的革命精神。用《共产党宣言》中的话来说:"共产主义革命就是同传统的所有制关系实行最彻底的决裂;毫不奇怪,它在自己的发展进程中要同传统的观念实行最彻底的决裂。"③革命精神是中国共产党的重要精神特征。革命性是中国共产党身上最优秀的品质和光荣传统。

第四,民族性。中国共产党是中国人民最先进的群体,是中华民族优秀文化最坚定的继承者和发扬者。中国共产党人的精神家园忠实、生动地记录了百年来我们党对国家前途、民族命运的艰辛探索,和对社会理想、人生价值的深层思考。早在1938年,在《中国共产党在民族战争中的地位》一文中,毛泽东就明确指出:"从孔夫子到孙中山,我们应当给以总结,承继这一份珍贵的遗产。"④而中国共产党人对中华民族优秀文化遗产的传承,绝不是仅仅在纸面上和形式上的传承,那是一种对文化灵魂的传承,从党的实事求是的思想路线,到党的组织和成员以民为本、全心全意为人民服务的根本宗

---

① 《邓小平文选》(第三卷),人民出版社,1993年,第113页。

② 同上,第372页。

③ 《马克思恩格斯选集》(第一卷),人民出版社,1995年,第293页。

④ 《毛泽东选集》(第二卷),人民出版社,1991年,第534页。

旨;从提倡兼听则明、集聚集体智慧,推行民主决策,到以"愚公移山"精神战胜各种困难,为实现目标奋斗不息的顽强斗志;从提倡"慎独"、提倡严以律己的自我修养,到要求清正廉洁、两袖清风的执政意识等,无处不体现着对中华民族传统美德的忠实践行。① 正是因为中国共产党的精神家园深深根植于中华民族优秀文化的沃土之中,才使其具有永不枯竭的思想智慧源泉,才具有坚实的思想文化基础和社会心理基础。

当然,作为一个活动于现代社会条件下的先进的马克思主义政党,中国共产党对传统文化的继承本身也是批判地继承,即在发展中根据时代进步的内在要求进行改造和创新,赋予传统文化以新的活力和生命力。像毛泽东对"实事求是"的阐发,刘少奇对"慎独"的运用,都已经有了一种新的更高的意境和内涵。这种意境和内涵的提升,不仅为推进中华民族传统文化的发展开创了新局面,而且也使得中国共产党人通过这种文化的创造性传承而成就了前所未有的巨大功业,使中华民族在实现伟大复兴的征途上迅速向前迈进。

第五,时代性。中国共产党人的精神家园在坚守"内核"和"基因"方面是一以贯之的,但同时也应看到它与时俱进的一面。纵览百年来党所坚守的伟大精神家园,其具体内容总是随着实践的深化而不断丰富、随着时代的进步而不断发展的。这种与时俱进的品质主要体现在两个方面:一是不断增添新元素。从革命时期到建设时期再到改革时期,随着党所处的历史方位发生变化和党领导的事业不断推进,尊重科学、改革创新、以人为本等新的元素被不断充实到中国共产党人的精神家园之中。二是不断赋予新内涵。中国共产党的很多精神形态都是历史的产物,是在特殊的历史环境中依据特殊的历史任务培育而成的,因此这些精神带有深刻的时代烙印和历

---

① 戴焰军等:《中国共产党人的文化传承》,江西人民出版社,2019年,序言第2页。

史价值。我们党在坚守其精神内核和品质的基础上,进行了现代化转换,使其在今天仍具有可以借鉴的价值和意义。

2015年1月12日,习近平在同中央党校第一期县委书记研修班党员座谈时,对学员提出了要做"焦裕禄式的县委书记",即心中有党、心中有民、心中有责、心中有戒。"四有干部"就是在新的时代条件下焦裕禄精神的当代转换,心中有党就是要对党忠诚,无私奉献;心中有民讲的是亲民爱民;心中有责对应迎难而上,科学求实;心中有戒就是要杜绝权力、金钱、美色的腐蚀,要艰苦奋斗。这样的一种转换,让焦裕禄精神有了更明确的时代含义,更具可操作性、时代性和针对性。百年来,正是在坚守与变革、继承与创新的有机统一中,中国共产党人精神家园既一脉相承,又与时俱进,为不断发展着的党的事业提供着不竭的精神源泉。

二、中国共产党人精神家园建设在党的建设体系中的定位

中国共产党人的精神家园建设是我们党特有的政治优势,是党的建设的重要组成部分,也是一个带有前瞻性和全局性的重大战略课题。加强党的精神家园建设,体现了马克思主义党的学说体系的新理念,体现了用习近平新时代中国特色社会主义思想指导党的建设理论创新的新要求,体现了以改革创新精神完善党建理论体系的新期待,体现了推进党的建设新的伟大工程的新需要。新时代必须建设和守护好中国共产党人的精神家园,并用其鼓舞全党和全国人民为实现中华民族伟大复兴的中国梦而努力奋斗。

（一）马克思主义党建学说体系新理念

一切划时代的社会思想理论体系，都是一定社会现实生活的反映。马克思主义党建学说在马克思主义体系中是相对独立的一门科学，也是具有特定研究对象的一门马克思主义的政治哲学。作为无产阶级解放条件的理论概括的关键部分，马克思主义党建学说阐明了党的指导理论的政治纲领、战略策略、组织原则和组织纪律等，具有相对完备的科学形态和法规形态，是加强党的建设的重要理论依据。研究和学习马克思主义党建学说史，对于充分认识党的精神家园建设是党的建设学说体系的新理念，把握党的精神家园建设在党的建设体系中的新定位，推进党的建设新的伟大工程，具有重要的理论和实践意义。

首先，马克思主义党建学说创立的科学依据。马克思主义党建学说是研究无产阶级政党产生、发展和自身建设规律的科学，是研究党在无产阶级革命事业中的领导地位、作用以及如何实现领导作用规律的科学，是由马克思、恩格斯、列宁以及各国共产党人在经历170多年的艰苦实践中创立、丰富和发展起来的科学理论。

马克思主义政党学说产生于19世纪40年代，是资本主义政治、经济、文化发展的必然结果，是为适应无产阶级解放斗争的需要而产生的。从18世纪60年代开始的产业革命，在用大机器生产替代手工劳动的同时，也引起了生产关系的深刻变革。其中一个重要结果，是造就了现代无产阶级。无产阶级和资产阶级是资本主义生产方式的一对孪生子，又是天生的一对仇敌。无产阶级反对资产阶级的斗争，经历了破坏机器的原始形式、有组织的经济罢工阶段，到19世纪30年代至40年代，就发展到进行独立的政治斗争阶段。欧洲三大工人运动①标志着无产阶级作为独立的政治力量登上历史舞台。革命理论的产生不仅需要客观条件，还需要主观的思想条件。政治斗争需要组织政党，并以正确的建党理论为指导。党的学说的产生依赖于唯物史观和关于无产阶级历史使命理论的确立。在这种形势下，马克思主义政党的学说便"应运而生"。党的学说是要阐明无产阶级政党产生和发展壮大的一般规律，为此，必须形成关于无产阶级历史使命的科学理论，必须对无产阶级在资本主义社会中的地位、作用及其对人类历史发展进程的影响作出科学的论证。马克思、恩格斯根据历史发展的需要完成了这一任务，成为无产阶级政党的创始人和党的学说的奠基者。列宁在帝国主义和无产阶级革命时代，为创建不同于第二国际修正主义党的新型无产阶级政党，提倡了新型无产阶级政党的理论，为马克思主义党的学说作出了新贡献。以毛泽东同志为主要代表的中国共产党人，坚持在发展中应用马克思主义，把马克思主义党的学说运用于中国共产党的建设实践，成功地解决了在一个农民居多数的东方大国建设一个具有广泛群众性的、马克思主义的无产阶级政党的重大课题，最终使马克思主义中国化，形成具有中国特色的马克思主义党的建设学说体系。

马克思主义党的学说有着丰富的内容，包括党的性质、党的指导思想、党的纲领和路线、党的领导、党的组织原则和党的纪律、党员和党的干部、党的作风、党的团结和统一、党内斗争、爱国主义和国际主义相结合的原则等，是各国无产阶级政党创立的基本原则和思想武器。在党的学说和党的建设史上，尽管革命导师没有明确提倡政党精神家园和政党精神家园建设的概念，但对涉及政党的思想、精神和文化等方面提出过许多富有卓识的思想。

---

① 欧洲三大工人运动是指1831年和1834年法国里昂工人起义、1836年至1848年英国宪章运动、1844年德国西里西亚纺织工人起义。

例如,关于精神与物质的辩证法、关于政党政治与政党精神统一性理论、关于社会物质生产、精神生产和人口生产理论、关于人的自由解放和全面发展理论等,构成了政党精神和政党精神家园建设的哲学基础、理论逻辑、实践逻辑和历史逻辑。[①] 马克思、恩格斯、列宁等对政党精神家园和政党精神家园建设的论述,深刻揭示了保持马克思主义政党先进性之所在,是我们党加强精神家园建设的宝贵思想资源。继承和发展无产阶级革命导师有关的重要思想,明确将精神家园概括为无产阶级政党的一个重要特征,明确将精神家园建设确定为中国共产党自身建设的重要战略目标和重要保证,既是马克思主义中国化的历史经验和重要成果,也是提高党的建设科学化水平的重要内容和科学方法。

其次,以习近平新时代中国特色社会主义思想创新党建理论体系。党的建设是马克思主义建党理论同党的建设实践活动的统一。中国共产党把马克思主义建党学说同中国实际相结合,形成了适合中国特点的建党理论,成功实施了党的建设伟大工程。党的十八大以来,以习近平同志为核心的党中央团结带领全党,以高度的角色自觉和莫大的政治勇气,开启了新时代党的建设新征程。党的十九大报告就全面推进新时代党的建设总要求和总布局进行战略部署,提出推进新时代党的建设伟大工程的"1+8"总体架构和"施工图",明确了新时代党的建设的总原则、主线、重点内容与任务、主要目标,强调要以加强党的长期执政能力建设、先进性和纯洁性建设为主线,以党的政治建设为统领,以坚定理想信念宗旨为根基,以调动全党积极性、主动性、创造性为着力点,全面推进党的政治、思想、组织、作风、纪律建设,把制度建设贯穿其中,深入推进反腐败斗争,不断提高党的建设质量。党的十九大对新时代党建的全新战略布局,进一步实现了从规模不断壮大到高

---

① 肖力、邢洪儒:《中国共产党精神建设研究》,光明日报出版社,2012年,第24页。

质量发展的深度转型,着力于提高党的建设质量,标志着中国共产党向质量强党迈出了新的历史性的步伐。

在这个全新战略布局中,理想、信念、宗旨等精神领域的建设被提升到了很高的高度。党的十九大强调:"要把坚定理想信念作为党的思想建设的首要任务,教育引导全党牢记党的宗旨,挺起共产党人的精神脊梁,解决好世界观、人生观、价值观这个'总开关'问题,自觉做共产主义远大理想和中国特色社会主义共同理想的坚定信仰者和忠实实践者。"[1]这里实际提出了党的精神家园建设的重大课题。在我国,对中国共产党精神的研究与宣传是比较早的。几代中央领导集体一直注重对党的红色精神的概括提炼和总结升华,党的各级组织高度重视对共产党人精神的倡导、培育和弘扬,许多学者对中国共产党的精神成果也进行了大量有价值的理论学术研究。但这些研究都缺乏对中国共产党精神以更高范畴的理论系统概括和合乎逻辑的科学整合。[2] 特别是在目前的政党建设研究上,无论是国外还是国内,都没有将"中国共产党人的精神家园"现象作为党的建设的重要成果来研究,也没有将其上升到党建领域的一个重要分支来给予专门关注,而对这些精神现象的研究,只是停留在总结历史经验、培育民族精神、弘扬先进文化的范围内展开。

为完善党建理论体系,需要把涉及精神领域的内容,从党的政治建设、思想建设和作风建设中单独提取出来,即要把"中国共产党人精神家园"列为党的建设的一个重要领域,作为独立的一门党建新兴学科和交叉学科来研究,将其上升到推动党的伟大事业和伟大工程的灵魂主宰来看待,以使社会主义核心价值观真正内化为广大党员、干部的主体精神世界。我们相信,

---

① 习近平:《决胜全面建成小康社会 夺取新时代中国特色社会主义伟大胜利——在中国共产党第十九次全国代表大会上的报告》,人民出版社,2017年,第63页。
② 肖力、邢洪儒:《中国共产党精神建设研究》,光明日报出版社,2012年,第40页。

对中国共产党人精神家园建设所进行的创新性研究,不仅会在推动党建学术观点、学科体系和科研方法的创新发展中独树一帜,而且还会成为一个相对独立的研究领域和学术空间。如将此研究成果转化为党的决策部署和工作实践,将对完善党建理论体系和加强党建学科建设,重塑中国共产党人的精神世界,总揽中国特色社会主义事业和推进党的建设新的伟大工程,具有重大的理论开创意义和实践运用价值。

(二)党的精神家园建设在党的建设中的价值位阶

中国共产党人的精神家园,并不仅仅是几句可有可无的口号,不是自我标榜的道德箴言,也不是领导人的高头讲章,它承载的是中国共产党人的政治信仰和精神追求,体现的是中国共产党人的价值准则,表现为一种心气、心力、韧性和韧劲,激励着一代又一代的中国共产党人。中国共产党人的精神家园建设在党的建设中居于灵魂主宰地位,其价值位阶主要表现在以下四个方面:

第一,党的精神家园建设规定党的建设以"质"。先进性是马克思主义政党的本质属性,是马克思主义政党的生命所系、力量所在。马克思主义政党的先进性,首先表现为思想上精神上的先进性。这种先进性,体现在党的指导思想、宗旨目标、价值取向、执政理念、纲领章程、思想路线、方针政策、规章制度、自身建设等之中。精神境界是共产党员先进性形成的标志,崇高的精神境界是一个人一生中追求的既定目标和持久的精神动力,包括理想信念、道德情操等内容。一个人一旦确立了一定的精神境界,就会沉淀为思想意识的内核,成为精神支柱。在共产党员先进性的形成过程中,崇高的精神境界和过硬的实践本领是共产党员先进性构成的基本要素。而崇高的精神境界则是党员保持先进性的首要条件。对于每个党组和党员来说,要保持自身的先进性,首先就要保持精神上的先进性。

中国共产党人精神家园的内涵十分丰富,包含了坚定不移、百折不挠的共产主义信念,忠于理想、智勇兼备的科学精神,敢闯敢干、勇于创新的开拓精神,吃苦耐劳、为民谋利的奉献精神,勇于牺牲、勇于胜利的大无畏气概,齐心协力、团结一致的集体主义精神。它既是对过去斗争经验的概括总结,又是共产党先进性的具体要求。可以说,是党的先进性孕育了中国共产党人的精神家园,而中国共产党人的精神家园又充分体现了党的先进性。中国共产党人的精神家园与党的先进性同质同源,二者一脉相承。

当前,在新的历史条件下,面对新时代的新任务,如何保持党的先进性和纯洁性,如何不断提高党的执政能力和领导水平,保证党在领导实现中华民族伟大复兴的中国梦,在迎接各种具有许多新的历史特点的伟大斗争中不断取得新胜利,这对我们党来说是一个严峻考验。这就要求全党在困难、风险、挑战等问题日益复杂严峻的情况下,始终保持共产党人高度的思想觉悟和崇高的精神境界,不被"乱花迷眼""浮云遮目",紧紧抓住大有可为的历史机遇期,决胜全面建成小康社会,有序实现"两个一百年"奋斗目标,夺取新时代中国特色社会主义伟大胜利。有了这样一种追求、这样一种热情、这样一股力量、这样一颗恒心,就能成就一番事业;反之,就会思想混乱,精神空虚,得过且过,甚至会走向反面。伴随着国际地位的时代性变革,中国共产党不仅要善于领导中华民族走向伟大复兴,还要善于在世界舞台上倡导执政大义、展示强党形象、发挥国际作用、引领世界走向,实现从民族担当到国际担当的转型升级。① 我们必须以宽广的眼界、博大的胸襟来建构中国共产党人的精神家园,从人类文明中借鉴、吸收合理成分以充实中国共产党人

---

① 陈荣武:《中国共产党的角色自觉与时代性变革》,冯小敏主编:《守护中国共产党人的精神家园——学习习近平总书记瞻仰中共一大会址、南湖红船重要讲话优秀论文选编》,上海人民出版社,2018 年,第 135 页。

的精神家园。在加强党的先进性建设中,我们要把精神家园建设作为党的先进性建设的重要组成部分,用中国共产党精神家园的资源对党员进行先进性教育。要在加强精神家园建设中体现党的先进性,把党的先进性要求转化到各级党组织、广大党员的实际行动中,转化到当前的各项工作中。

第二,党的精神家园建设赋予党的建设以"魂"。党的十八大报告明确指出:"坚定理想信念,坚守共产党人精神追求。对马克思主义的信仰,对社会主义和共产主义的信念,是共产党人的政治灵魂,是共产党人经受住任何考验的精神支柱。"①中国共产党的世界观和方法论是在马克思主义指导下确立的。不以辩证唯物主义和历史唯物主义为指导,不可能形成中国共产党人的精神家园。早在 170 多年前,马克思就曾说过:"哲学家们只是用不同的方式解释世界,问题在于改变世界。"②马克思主义是无产阶级的宇宙观和社会革命论,是关于人类社会发展的学说。这个学说在与中国先进分子发生接触的最初一刻起,就不是当作单纯的学理来研究与探讨,而是当作观察国家命运的工具、当作"改变世界"的武器加以接受的。马克思主义在中国的传播,造就了中国共产党,造就了将这一理论运用于中国革命实际的中国共产党人。中国革命、建设、改革的每一步发展实践,都离不开马克思主义的指导;中国革命、建设、改革的每一个精神成果,都建立在马克思主义这个坚实的思想理论基础之上。

"没有革命的理论,就不会有革命的运动。"③但是"送来"的马克思主义还只是停留于"文本逻辑""国际逻辑"或"他国逻辑"的层次上,要切合中国的需要还必须经过理论和实践的再创造。这不但是中国共产党精神家园发展的自然要求,也是马克思主义中国化的必然结果。马克思主义中国化是

---

① 《中国共产党第十八次代表大会文件汇编》,人民出版社,2012 年,第 46 页。
② 《马克思恩格斯选集》(第一卷),人民出版社,1995 年,第 57 页。
③ 《列宁选集》(第一卷),人民出版社,1995 年,第 311 页。

一个复杂、艰巨的综合变革过程。中国共产党党内聚集了一大批既懂中国传统智慧，又拥有最先进理论武器的马克思主义者，二者的完美结合终于诞生了中国化的马克思主义——毛泽东思想。这是中华民族传统智慧和时代精神最完美结合的产物，是中国共产党适应中国革命的理论需求，在经过大量社会调查、革命教训之后，提供了比较完备的"理论供给"，促使了中国革命面貌的彻底改变。因此，中国共产党人精神家园的一个重要特征，就体现在其善于将"革命的理想追求和变革现实的行动"紧密结合，达到了方向性和实践性的真正统一。"我们是有理想的现实主义，或者叫做革命的现实主义，我们不是无原则的现实主义。理想主义是原则性，现实主义就是灵活性，理想主义的原则性与现实主义的灵活性要统一起来。"①既坚持理想，不忘大方向和基本原则，又致力于改变现实，注重现实问题的解决，将理想主义和现实主义加以贯通，这种"上下兼顾"的行为模式既超越了高妙的理想主义，又超越了实用的现实主义，体现出中国共产党马克思主义中国化的高度智慧。

可以说，中国共产党自建立起就以马克思主义作为自己的指导思想，就在不断创造性地探索和回答"什么是马克思主义，怎样对待马克思主义"的问题。在这个过程中，中国共产党人不仅有越来越深切的了解和理解，而且自觉地践行并将其融入自己的精神家园，在显性的指导思想层面和隐性的潜意识层面影响共产党人的理想信念、价值追求、行为准则。事实也确实如此，马克思主义不仅为中国共产党人的精神家园提供方法论指引，而且蕴含中国共产党人精神家园的因子。纵览中华民族繁衍发展和民族精神传承的历史，从来没有任何一个其他时期和任何一项其他事业能够像马克思主义中国化及其所走过的进程那样，为中华民族精神家园和中国共产党人精神

---

① 《毛泽东文集》(第三卷)，人民出版社，1996年，第361页。

家园的弘扬和培育提供了巨大的历史契机和有利条件。马克思主义精神是中国共产党人精神家园的直接和首要来源，中国共产党人精神家园本质上就是马克思主义精神。

第三，党的精神家园建设培育党的建设以"根"。中国共产党精神家园不仅与马克思主义精神分不开，也与中华民族精神有着不可分割的联系。中国共产党诞生在中国这块土地上，其精神家园不可避免地要受到中国传统文化特别是中华民族精神的影响。民族精神是一个民族千百年来在其历史进程中形成的具有自身特色的文化、心理和精神气质。梁启超认为："凡一国之能立于世界，必有其国民独具之特质，上自道德法律，下至风俗习惯、文学美术，皆有一种独立之精神，祖父传之，子孙继之，然后群乃结，国乃成。"①马克思也曾用一个形象生动却寓意深刻的比喻来突出强调社会意识的历史继承性，他说："一切已死的先辈们的传统，像梦魔一样纠缠着活人的头脑。"②精神的传承正是这样。中华民族精神具有超越时空的普遍价值和专属于中国人的独特价值，对中华民族的发展具有不可替代的重要作用。这些精神以其无形的力量、潜移默化的影响，深深地积淀在民族心理、民族性格之中。中国共产党人作为中华民族优秀儿女的杰出代表，对中华民族精神有着更加全面和深刻的把握。中国共产党人在把马克思主义中国化的过程中，特别强调把马克思主义与中国文化相结合，把马克思主义精神与中华民族精神相结合。毛泽东曾经明确指出："我们是马克思主义的历史主义者，我们不应当割断历史。从孔夫子到孙中山，我们应当给以总结，承继这一份珍贵的遗产。"③这是中国共产党人对待历史、对待传统的基本态度。中国共产党人以民族精神为基础建构自己的精神家园，既表达了中国共产党

---

① 梁启超：《新民说·释新民之义》，《新民丛报》第1号，1902年2月8日。
② 《马克思恩格斯选集》（第一卷），人民出版社，1995年，第585页。
③ 《毛泽东选集》（第二卷），人民出版社，1991年，第534页。

人对历史的尊重,也使中国共产党人精神家园的建构成为可能。可以说,民族精神是中国共产党人精神家园之根,没有中华民族五千年来所积淀的优秀民族精神,就不会有伟大的精神家园的产生。

中国共产党是中华民族精神的最好继承者、倡导者、发扬者、实践者。中国共产党人精神家园是被赋予了新的内涵的民族精神,已经成为中华民族宝贵的精神财富,成了中国共产党的传家宝与政治优势。中国共产党对中华民族的文化精神有着自己的独到见解,对如何继承和发扬民族精神也有自己的态度和做法。马克思主义中国化概念的提出,可以视为中国共产党人对民族精神的高度认可。中国共产党人与中华民族精神的关系可以简要概括为两个方面:一方面,中国共产党人的精神扎根于民族文化土壤,是民族精神的体现和发展;另一方面,中国共产党人以马克思主义为指导,根据时代特征和发展要求,将民族精神进行创造性发展,努力为民族精神增加新的内容。由此,衍生出中国共产党人对待民族精神的基本态度,那就是理性分析、科学对待。[①] 除此之外还要看到,中国共产党在继承中华民族精神的同时,更蕴含着崇高的共产主义精神,体现了鲜明的阶级性和时代性,丰富和发展了民族精神。中国共产党人对民族精神的继承和弘扬,极大地丰富了中国共产党人的精神家园,对解决新的历史条件下党内面临的精神懈怠危机起到了积极作用,同时也增进了社会各界对中国共产党人精神家园的理解和认同。

第四,党的精神家园建设注入党的建设以"源"。精神家园最终还是人的回归,要求我们秉持以人为本的理念。"夫霸王之所始也,以人为本。"[②]以人为本精神,就是强调人是目的而非手段,全心全意为人民服务的根本宗

---

① 杨少华:《引领时代前行的永恒动力——中国共产党革命精神研究》,人民出版社,2014 年,第 160 页。

② 《新编诸子集成》(上册),中华书局,2004 年,第 472 页。

旨,让老百姓过上幸福美好的生活,这是中国共产党人精神家园建设的归宿和落脚点。中国共产党人的精神家园正是在与牢固确立人民群众创造历史的主体地位,顺民意、谋民利、得民心,实现人民的愿望、满足人民的需要、维护人民的利益的伟大实践中产生并发展起来的。

马克思主义认为,社会发展史首先是生产发展的历史,同时是物质资料生产者本身的历史,即作为生产过程基本力量的劳动群众的历史。这既是历史唯物主义的群众观,也是马克思主义政党对待群众的根本立场。中国共产党人在借鉴传统思想、运用马克思主义基本观点的基础上,表明了对于人民群众的基本看法。毛泽东指出:"群众是真正的英雄,而我们自己则往往是幼稚可笑的,不了解这一点,就不能得到起码的知识。"①邓小平指出:"群众是我们力量的源泉,群众路线和群众观点是我们的传家宝。"②江泽民强调:"在任何时候任何情况下,与人民群众同呼吸、共命运的立场不能变,全心全意为人民服务的宗旨不能忘,坚信群众是真正英雄的历史唯物主义观点不能丢。"③胡锦涛提出:"各级领导干部都要牢固树立全心全意为人民服务的思想和真心实意对人民负责的精神,做到心里装着群众,凡事想着群众,工作依靠群众,一切为了群众。要坚持权为民所用、情为民所系、利为民所谋,为群众诚心诚意办实事,尽心竭力解难事,坚持不懈做好事。"④习近平指出:"人民对美好生活的向往,就是我们的奋斗目标。"⑤维护人民群众至高无上的利益是党员干部最基本的道德。从"师生论"到"工具论",再到今天的"人民中心论",见证了中国共产党永远与人民在一起的成长历程,体现了中国共产党亲民、爱民、为民的优良传统,让中国共产党人的精神家园充满

① 《毛泽东选集》(第三卷),人民出版社,1991年,第790页。
② 《邓小平文选》(第二卷),人民出版社,1994年,第368页。
③ 《江泽民文选》(第三卷),人民出版社,2006年,第271页。
④ 《十六大以来重要文献选编》(上),中央文献出版社,2005年,第371页。
⑤ 《习近平谈治国理政》,外文出版社,2014年,第3页。

了人性的光辉。

当前,我国正处于一个大有可为的历史机遇期,既充满希望又充满竞争。这种竞争,不仅表现在经济实力、科技实力、国防实力等方面,也突出体现在民族凝聚力方面。民族凝聚力的加强来源于中国共产党的正确领导,来源于各民族的共同理想,来源于中华民族精神家园和中国共产党人的精神家园。中国特色社会主义的伟大斗争、伟大事业、伟大梦想与党的伟大工程是内在统一的整体,亿万人民是建设和守护中华民族精神家园的实践主体,同样,广大党员干部亦是建设和守护中国共产党人精神家园的实践主体。建设和守护民族精神家园和中国共产党人精神家园不仅可以为中华民族伟大复兴的中国梦提供不竭的精神动力,还是促进人的全面发展的内在要求。新时代党的精神家园建设,必须坚持以人民为中心,引领群众自觉践行社会主义核心价值观,监督党的建设得以持续健康发展。

(三)党的精神家园建设决定党的建设的走势

中国共产党人的精神家园建设对党的建设体系起到一种"统摄"或"统一"的作用,决定着党的建设的走势和方向。党的建设新的伟大工程,由党的执政能力建设、先进性和纯洁性建设、党的政治建设、思想建设、组织建设、作风建设、纪律建设、制度建设、反腐败斗争组成一个有机统一的整体。在这个整体中,党的精神家园建设贯穿于其他建设的始终,并居于灵魂主宰地位。只有抓住党的精神家园建设这个灵魂建设,才能避免片面化、机械化、形而上学的操作模式,使党的肌体永远保持健康。

第一,党的精神家园建设对党的政治建设具有整合与导向功能。中国共产党人的精神家园,集中反映了党的指导思想、立党宗旨、奋斗目标、组织原则,赋予中国共产党独特的文化内涵,成为中国共产党区别于其他政党的文化标志。① 党内文化建设的目标在于使全体成员对政治理想、政治目标、政治路线、政治纪律和政治规矩等形成大致相同的价值取向和相互认可的政治行为,在共同的政治生活中成为协调统一的政治有机体。在这个意义上,党的精神家园建设可为党的政治建设提供文化基因,对政党及其成员产生持久、稳定的影响。通过对落后文化的改造、对腐朽文化的抵制、对异质文化中优秀成分的融合与吸收、对社会进步和政治稳定的促进和保障,党的精神家园建设为党的政治建设营造良好氛围,对党的政治建设发挥整合与导向、凝聚与激励作用。同时,党的政治建设的加强又赋予党的精神家园建设新的动能。

第二,党的精神家园建设将党的思想建设整体提升为灵魂建设。从党的精神家园的主体构成来看,主要有理智要素、情感要素和意志要素,亦即知、情、意。三者作为主体内在的、微观的精神要素,以一定的方式相互联结、相互作用,构成了精神家园的相互关系及其结构。精神家园微观要素的结合方式不同,形成的内在结构不同,对主体行为产生的精神推动作用也不同。在精神家园内在要素的结构关系中,知、情、意具有不同的地位和作用。知处于最高层次,对情和意起指导作用,并决定着精神家园内在结构的性质、方向和效应。情、意既是知形成发展的基础,又是知实现的基础,因此,情、意对知起着制约作用。这是精神家园内在结构的一般关系。具体到每一个体的内在精神家园结构中,知、情、意要素相互结合的方式会有所不同,所形成的精神家园内在结构也会有所不同,通常可以把它们归纳为理智主导型、情感主导型和意志主导型三种类型。② 从上面的分析可以看出,"思想"是"精神"的高级阶段,而"精神"是"思想"的生命基础。精神规律与思

---

① 罗东凯主编:《中国共产党人的精神家园》,广东人民出版社,2012 年,第 4 页。
② 骆郁廷:《精神动力论》,武汉大学出版社,2003 年,第 175~176 页。

维规律是一般和特殊、共性和个性的关系。思维不能代替精神,思维规律也不能代替精神规律。精神规律有其自身的规律,精神的发展规律就是精神自身内部的规律。作为知、情、意的高度和谐统一,精神规律必然存在于人的内在心理结构之中。所以,"党的精神家园建设"作为党的灵魂建设,比"党的思想建设"更具综合性,是党的内在精神与心理的完善与生成,是对"党的思想建设"的整体提升。

第三,党的精神家园建设对党的组织建设具有主宰作用。中国传统哲学把人理解为宇宙中的一个普通系统,人就是由"形"和"神"两个基本要素构成的。"形"虽然是产生"神"的基础,但"神"能反过来决定和支配"形"。"形"离不开"神","神"也离不开"形"。正是在相互依存中"形"与"神"获得了各自不同的规定性。中医理论认为,"心"作为人体整体功能系统是在人体内部各个系统或要素(脏腑)基础上产生的,它的产生标志着人类精神的产生。"心者,生之本,神之变也"。心不仅对形体起支配、统帅、决定的作用,同时也是人们精神活动的场所、思维的器官。正所谓"心者,五脏六腑之大主也,精神之所舍也"。如果我们把政党看作是一个系统的组织有机体的话,那么政党也是由"形""神"两个基本要素构成的。政党精神家园就是政党的"神",政党组织就是政党的"形"。政党组织是产生政党精神家园的基础,但政党精神家园能反过来决定和支配政党组织。政党组织不能离开政党精神家园单独存在,而政党精神家园也不能离开政党组织独立存在。党的组织建设是党的自身建设的一个重要方面,主要包括民主集中制建设、党的基层组织建设、干部队伍建设和党员队伍建设等内容。"党的精神家园建设"作为党的灵魂建设,始终对一个政党,特别是对中国共产党的组织建设起着灵魂主宰作用。

第四,党的精神家园建设是强化党的作风建设的基础和核心。党的作风是党的性质、宗旨的外化,是党员干部党性修养、思想品质、工作状态、领导风范和道德情操等的综合表现,是党的形象的体现,关乎党和国家事业的兴衰成败,是党长期面临的一个"显问题"。作风建设是一个复杂的系统工程,其内容十分丰富,主要包括思想作风、学风、工作作风、领导作风和干部生活作风五个方面。作风建设包括三个方面的建构:自我身心建构、社会环境建构和制度机制建构。而社会环境和制度机制建构的落脚点是每个人的自我身心建构,就是要切实解决好世界观、人生观、价值观问题,即在精神家园上加强建设。精神家园建设是作风建设的基础和核心。马克思多次强调:"道德的基础是人类精神的自律。"①"一个不能克服自身相互斗争的因素的人,又怎能抗拒生活的猛烈冲击,怎能安静地从事活动呢?"②对于党的作风建设来说,固然离不开制度和管理的强力约束,但是这只是一种刚性的"治标"之策,而要从根本上杜绝党员干部的越轨行为,关键还取决于党员干部潜意识中的自律慎独。自律慎独作为党员干部的自我监管、自我调控、自我约束和自我提升的内在形式,相对于制度和管理的其他形式,调控效果更为深入、持久和稳定,且党员干部的行为方向、价值选择和道德水准较少因外界因素的干扰而发生变动。任何外在的制度和管理,也只有通过党的精神家园建设这个基础,才能真正内化于心、外化于行。

　　第五,党的精神家园建设将党的纪律和制度建设外在强制为内在自觉。依靠制度管党治党,是我们党的一贯方针和根本要求,是我们党从长期执政实践中得出的重要结论。③ 党规党纪是管党治党建设党的重要法宝。拥有一整套党内法规制度,是中国共产党的一大政治优势。在革命战争年代,我们就是靠严明的纪律维护党的集中统一,保持党的凝聚力、战斗力。党取得执政地位后,国家法律和党内法规共同成为党治国理政、管党治党的重器。

---

① 《马克思恩格斯全集》(第1卷),人民出版社,1956年,第15页。
② 《马克思恩格斯全集》(第40卷),人民出版社,1982年,第5页。
③ 彭晓春:《抓好制度执行这个关键》,《求是》,2015年第3期。

经过百年的实践探索,我们党已经形成了一整套系统完备、层次清晰、运行有效的党内法规制度。这个制度体系包括党章、准则、条例、规则、规定、办法、细则,体现着党的先锋队性质和先进性要求,使管党治党建设党有章可循、有规可依。① 但制度建设要讲辩证性,制度不是万能的,总有其自身的局限性。制度是由人制定的,也是由人执行的,执行者如果没有较高的素养,再好的制度也会被扭曲。实践表明,精神家园建设可以将制度的外在强制性变为内在自觉性,从而提高制度贯彻执行的实效性。离开了精神家园建设,制度建设就有可能被打折扣。从这种意义上讲,精神家园建设需要制度建设提供规范保证,而制度建设则需要精神家园建设提供实施基础。

第六,党的精神家园建设为反腐败斗争提供伦理支撑。腐败是社会毒瘤。腐败现象的本质是对信仰的消解及信仰消解之后必然产生的对权力的滥用。腐败问题之所以时有发生,从精神的层面来讲,可以归咎于理想信念的缺失和道德素质的低下。共产主义理想、"中国梦"的集体追求不但没有内化为某些官员内心的道德准则,相反,个别官员"搭便车"的现象极其严重。拿理想当借口,拿信念当幌子,以"公"之名行"私"之实。腐败的滋生,很多时候正是起于一念之间,贪念一动,紧接着便很容易伸出贪腐之手。因此,党的十八大以来,思想政治教育工作被提高到一个新的高度,通过对官员和群众的思想政治教育,为整个社会注入昂扬向上的正能量。思想观念与制度举措是直接对应的。一套融贯而合理的思想观念能够使某些具体的行政举措更能为人们所接受,反过来,某些具体行政举措的顺利实施可以成功地进一步巩固与其对应的思想观念的主导地位,在二者之间形成良性循环。正是在这个意义上,习近平总书记指出:"理想信念就是共产党人精神

---

① 王岐山:《坚持党的领导 依靠管党治党 为全面推进依法治国提供根本保证》,《人民日报》,2014 年 11 月 3 日。

上的'钙',没有理想信念,理想信念不坚定,精神上就会'缺钙',就会得'软骨病'。"①精神世界的纯净是抵制腐败的利器,党的精神家园建设能够塑造廉荣贪耻的行政伦理。

此外,党的精神家园建设还是加强党的执政能力建设、先进性和纯洁性建设的题中之义和内在要求,并为党的执政能力建设、先进性和纯洁性建设提供持久的精神动力和精神品质。

三、新时代建设守护好中国共产党人
精神家园的价值和意义

伟大的事业需要并将产生崇高的精神,崇高的精神支撑和推动着伟大的事业。中国共产党人的精神家园是党的宝贵精神财富和巨大政治优势,是我们进一步推进社会主义现代化建设、共创美好生活的不竭动力。新时代建设守护好中国共产党人的精神家园,具有重大的现实意义和深远的历史意义。

(一)实现党的历史使命的必然选择

马克思主义认为,在人类社会发展中,物质生产起决定作用,精神活动具有巨大的能动作用。保持无产阶级"精神上的优势",事关革命成败、事业进退。中国共产党作为中国革命和建设事业的领导核心,历来重视精神动

---

① 习近平:《紧紧围绕坚持和发展中国特色社会主义学习宣传贯彻党的十八大精神》,《人民日报》,2012年12月19日。

力的作用,注重用党的精神家园塑造党魂、军魂、国魂,凝聚党心、军心、民心。在新时代承担新使命奋进新征程,中国共产党人更应当建设好自己的精神家园。在党的十九大报告中,习近平开宗明义,强调"不忘初心,方得始终。中国共产党人的初心和使命,就是为中国人民谋幸福,为中华民族谋复兴"①。党的十九大闭幕仅一周,习近平总书记带领中共中央政治局常委专程从北京前往上海和浙江嘉兴,瞻仰中共一大会址和南湖红船,回顾建党历史,重温入党誓词,强化党的初心使命。正如习近平强调的:"我们全体中央政治局常委同志这次集体出行,目的是回顾我们党的光辉历程特别是建党时的历史,进行革命传统教育,学习革命先辈的崇高精神,明确肩负的重大责任,增强为实现党的十九大提出的目标任务而奋斗的责任感和使命感。"②按照党的十九大部署,以县处级以上领导干部为重点,在全党开展了"不忘初心、牢记使命"的主题教育。这是以习近平同志为核心的党中央对党的初心使命的政治宣示,也是对建设守护中国共产党人精神家园发出的强有力号召。

党的十九大擘画了党和国家事业发展的目标和任务,全党同志必须为实现"两个一百年"奋斗目标、实现中华民族伟大复兴的中国梦而不懈奋斗。中国共产党有着崇高理想和目标,但实现崇高理想和目标的历程是艰难曲折、充满风险的,这就要求共产党人一定要建设好精神家园,保持永远奋斗的精神。抗战最艰难的时期,毛泽东要求全党:"我们民族历来有一种艰苦奋斗的作风,我们要把它发扬起来。"③改革开放初期,邓小平提醒全党:"中国搞四个现代化,要老老实实地艰苦创业。……我们还要有一个艰苦奋斗

---

① 习近平:《决胜全面建成小康社会 夺取新时代中国特色社会主义伟大胜利——在中国共产党第十九次全国代表大会上的报告》,人民出版社,2017 年,第 1 页。

② 《习近平在瞻仰中共一大会址时强调 铭记党的奋斗历程时刻不忘初心 担当党的崇高使命 矢志永远奋斗》,《人民日报》,2017 年 11 月 1 日。

③ 毛泽东:《国民精神总动员的政治方向》,《新中华报》,1939 年 5 月 10 日。

的过程。"①今天,习近平告诫全党:"幸福是奋斗出来的。""要奋斗就会有牺牲,我们要始终发扬大无畏精神和无私奉献精神。"②当代共产党人不忘初心、牢记使命,就要以昂扬的精神状态和奋斗姿态把中国特色社会主义推向前进。

永远奋斗,就要政治过硬。政治过硬,就是要有坚定正确的政治方向,为弘扬奋斗精神提供坚实政治保障。政治过硬,关键是要牢固树立政治意识、大局意识、核心意识和看齐意识,特别是增强核心意识、看齐意识,更加紧密地团结在以习近平同志为核心的党中央周围,把党中央决策部署贯彻落实好。习近平指出:"人不以规矩则废,党不以规矩则乱。……在所有党的纪律和规矩中,第一位的是政治纪律和政治规矩。"③党的十九大将政治建设和纪律建设纳入党的建设总体布局之中,具有很深的用意。我国正处于一个大有可为的历史机遇期,同时也面临复杂严峻的国内外形势。目前,在境外敌对势力眼中最有效的方法就是进行意识形态领域的斗争,进行文化新"冷战",企图动摇我们的党心、军心和民心,实现他们的图谋。对此我们要保持清醒的认识,不断增强政治鉴别力和政治判断力,在大是大非问题面前要态度鲜明,严格遵守政治纪律和政治规矩,这是对党员干部的党性和对党的忠诚度的重要考验。

永远奋斗,就要信仰坚定。党的十九大报告在新时代党的建设总要求中明确,要"以坚定理想信念宗旨为根基"。要做到政治过硬,我们必须筑牢自己的根基。心中有信仰,脚下才能有力量。历史不会简单地重复,历史却也有惊人的相似之处。如果把 20 世纪 40 年代的共产党人与当代共产党人面临的机遇、肩负的使命相比,就能清晰地看到这一点。1945 年的共产党人

① 《邓小平年谱(1975—1997)》(下卷),中央文献出版社,2004 年,第 593 页。
② 习近平:《在 2018 年春节团拜会上的讲话》,《人民日报》,2018 年 2 月 15 日。
③ 《习近平谈治国理政》(第二卷),外文出版社,2017 年,第 154~155 页。

在党的七大旗帜指引下,在以毛泽东同志为核心的党中央领导下,经过几年艰苦奋斗,赢得了中国革命的胜利,建立了新中国。今天,我们当代共产党人在党的十九大旗帜指引下,在以习近平同志为核心的党中央领导下,已经全面建成小康社会。"历史是不断向前的,要达到理想的彼岸,就要沿着我们确定的道路不断前进。每一代人有每一代人的长征路,每一代人都要走好自己的长征路。"①当前,国内外形势正在发生深刻复杂的变化,我国发展仍处于重要战略机遇期,前景十分光明,挑战也十分严峻。全党同志一定要牢固树立共产主义远大理想和中国特色社会主义共同理想,这是中国共产党人的精神支柱和政治灵魂,也是保持党的团结统一的思想基础。

永远奋斗,就要本领高强。本领高强,对当代共产党人来说,就是要不断增强执行力,保持先进性,展现思想觉悟高、专业素质高、业务能力高、群众认可度高,创造一流工作业绩的"四高一流"新风采。进入新时代,我国社会主要矛盾发生了新变化,当下"人民群众最关心的就是教育、就业、收入、社保、医疗、养老、居住、环境等方面的事情,大家有许多收获,也有不少操心事、烦心事"②。根据党的十九大部署,我们要不断增强学习本领、政治领导本领、改革创新本领、科学发展本领、依法执政本领、群众工作本领、狠抓落实本领和驾驭风险本领,贯彻"五位一体"建设布局和"四个全面"战略布局,化解好人民群众的操心事、烦心事,不断增强人民群众的获得感、幸福感和安全感。要着眼于党和国家事业发展的新要求,坚持以知促行,始终保持干事创业、开拓进取的精气神,平常时候看得出,关键时刻冲得上,在决胜全面建成小康社会、实现"两个一百年"奋斗目标中奋发有为、建功立业。③

---

① 《习近平谈治国理政》(第二卷),外文出版社,2017年,第48页。

② 《国家主席习近平发表二〇一八年新年贺词》,《人民日报》,2018年1月1日。

③ 袁定平:《守护共产党人的精神家园:不忘初心、牢记使命、永远奋斗》,冯小敏主编:《守护中国共产党人精神家园——学习习近平总书记瞻仰一大会址、南湖红船重要讲话优秀论文选编》,上海人民出版社,2018年,第188~189页。

（二）保持党的先进性和纯洁性的迫切需要

保持共产党人的先进性和纯洁性，是在改造客观世界的同时，也改造着自己的主观世界，而且以改造主观世界为首要任务的精神家园建设，是促进党自身健康发展的重要因素。共产党人正是在这样反复的精神建设实践中最终成长为具有共产主义觉悟的先锋战士。

精神家园失守是中国共产党人不能承受之痛。习近平经常提及中国共产党人的思想修养、党性锻炼和精神洗礼，提出广大党员及党员干部在重视理论学习和理论水平提高的同时，更要用中国共产党的精神家园去纯净自己的精神世界，提升自己的党性修养。习近平反复强调共产党的精神家园对于党员及党员干部思想修养的作用，背后透露着他直面问题的强烈忧患意识，这是源于对党员及干部群体中存在的种种问题的反思和忧虑。我国正处于全面建成小康社会的关键时期和深化改革、加快转变经济发展方式的攻坚时期，中国共产党面临着执政考验、改革开放考验、市场经济考验、外部环境考验，更面临着精神懈怠的危险、能力不足的危险、脱离群众的危险、消极腐败的危险。精神懈怠的危险首当其冲，尽管从总体上看，中国共产党队伍是好的，共产党员及干部在改革发展各项工作中冲锋陷阵、忘我奉献，发挥了先锋模范作用，展现了共产党人优秀的人格品质和积极的精神风貌，但并非十全十美。一些共产党员的精神世界仍存在问题，比如理想信念淡薄，责任意识不强，脱离群众高高在上，生活上贪图享受、摆阔气，热衷于权力游戏，不能正确认识价值问题，不能正确对待个人利益，导致精神支柱坍塌、人生方向迷失，甚至因此铤而走险，守不住党纪国法的底线，最终锒铛入狱。一言概之："现实生活中，一些党员、干部出这样那样的问题，说到底是信仰迷茫、精神迷失。"①要解决现实中存在的这些精神懈怠、信仰迷茫问题，就要充分利用中国共产党人优秀的精神财富，去净化党员的精神家园，提升他们的党性修养。这就是新时代新要求下中国共产党人精神家园建设的时代价值。

守护精神家园，首先必须从各级领导干部抓起。这既是宝贵的历史经验，更是迫切的现实需要。执政党是社会的表率，党的思想建设和共产党员的先锋模范作用，对群众的思想和精神文明建设的影响至关重要。"政治路线确定之后，干部就是决定的因素。"②领导干部被赋予更大的权力，其言行更多地代表着党的作风和形象，也在更广的范围内对普通党员的思想行为产生影响。周恩来在《抗战军队的政治工作》一文中指出："如果一方面高谈抗战，空喊士兵要勇敢上前线，但是实际上高级军官临阵不前，甚至化装先逃：这一切的一切，与革命主义、革命纲领、革命军队的行动都背道而驰。这样的政治工作，也就不得不变成点缀、凑趣、捧场的东西了。这样的政治工作必然会变成空谈，变成'卖狗皮膏药'的东西了。"③战争年代是这样，和平时期也是如此。领导干部能否自觉主动地率先垂范，直接关系到革命精神能否在全党发扬光大。作为党的领导干部，最有力的动员、最生动的教育不是发文件、下通知，而是自身的模范带头行动。如果领导者革命意志衰退、追求享乐、害怕艰苦，就会上行下效，把社会风气带坏。当领导干部不能自律、行为失范、缺乏人格力量时，苦口婆心的反复说教也会显得苍白无力。"身教重于言教，人们更愿意从现实中共产党员的行为里找答案。如果高谈几十年前的人与事，而对党风和社会风气的每况愈下视而不见，这必然会产

---

① 《十八大以来重要文献选编》(上)，中央文献出版社，2014年，第80~81页。
② 《毛泽东选集》(第二卷)，人民出版社，1991年，第526页。
③ 《周恩来选集》(上卷)，人民出版社，1980年，第94页。

生反作用。"①因此,正如邓小平所说:"克服特殊化。只要高级干部带头,这个事情就好办了。"②"如果我们高级干部首先把这方面存在的问题解决了,就能理直气壮地去解决全国在其他方面存在的这类问题。上面的问题不解决,我们就没有讲话的权利,人们会问,你们自己怎样呢?"③榜样的力量是无穷的。只要各级领导干部特别是高级领导干部在守护精神家园方面作出表率,就一定会在全社会形成良好风气,党和政府在人民群众中的威望也将会有很大的提高。

守护精神家园,必须做到发展和创新。历史在发展,社会也在进步,党的精神也不是一成不变的。因此,对精神家园的守护不能仅仅是简单的重复,而必须予以创新和发展。对于党的精神家园,既要继承,又要发展,继承是"源",发展是"流"。只有首先继承,才能谈得上发展。同时,两者又互为目的,继承是为了能够使党的精神家园继续得到发展,发挥更大的作用,发展是为了更好地继承。显然,两者的关系并不是对立的,而是相互促进、相得益彰的。中国共产党人精神家园由党的性质和宗旨所决定,其价值取向是争取最广大人民的根本利益,这是永远不能改变的。但是其具体内容和表现形式必须反映时代变化和新形势、新任务的要求,因此会不断丰富、充实、完善和调整。这就是"变"与"不变"的辩证统一。例如,艰苦奋斗是中国共产党的政治本色,体现了中国共产党的先进性,是共产党人克敌制胜的法宝,但是今天的环境和条件毕竟不同了,新时代发扬艰苦奋斗精神更强调的是在改革发展中敢于克服一切困难的拼搏精神和坚强意志。又如,为革命事业勇于奉献牺牲精神是共产党人最宝贵的品格,但是新时代的奉献牺牲精神并不否认党员正当的个人利益,而是要求党员坚持党和人民的利益高

---

① 钟健英:《谈新形势下的革命传统教育》,《理论学习月刊》,1989 年第 10 期。

② 《邓小平文选》(第二卷),人民出版社,1994 年,第 216 页。

③ 同上,第 218 页。

于一切,在为党和人民利益奋斗的过程中实现个人利益。奉献牺牲并不排斥党员在服从组织需要前提下的自主选择,不排斥党员在党性原则指导下发挥个性优势,实现个人的全面发展。显然,这样的诠释更合理,更有时代气息,也更容易为绝大多数党员所认同。所以,只有通过创新不断赋予新的时代内涵,中国共产党人的精神家园才能保持永恒的生命力。①

守护精神家园,必须坚持从严治党。从严治党实质上就是坚定共产党员干部的理想信念,坚守共产党人的精神追求,切实解决好世界观、人生观、价值观这个"总开关"问题,从而守护好共产党人的精神家园。习近平指出:"对马克思主义的信仰,对社会主义和共产主义的信念,是共产党人的政治灵魂,是共产党人经受住任何考验的精神支柱。"②针对一些干部经不起各种诱惑而腐败堕落,习近平认为根本原因在于放松了世界观改造和思想道德修养,背弃了共产党人的理想信念。他将理想信念形象地比喻为"共产党人精神上的'钙'",认为"理想信念坚定,骨头就硬;没有理想信念,或理想信念不坚定,精神上就会'缺钙',就会得'软骨病'"。③他指出,无论社会怎么发展,无论经济怎么繁荣,如果放弃了对崇高理想的追求,我们的国家、我们的民族就不可能巍然屹立于世界。这个真理,各级领导干部要始终铭记。为此,他反复强调,好干部第一位的标准,就是必须有坚定的理想信念。习近平的这些论述充分说明,理想信念和"三观"问题,已经成为影响党员干部先进性和纯洁性的突出问题,必须引起全党的高度重视。

---

① 杨少华:《引领时代前行的永恒动力——中国共产党革命精神研究》,人民出版社,2014年,第287页。

② 中共中央宣传部:《习近平总书记系列重要讲话读本》,学习出版社、人民出版社,2014年,第160页。

③ 《十八大以来重要文献选编》(上),中央文献出版社,2014年,第339页。

(三)构建中华民族共有精神家园的时代诉求

中华民族共有精神家园是国家之根、民族之脉,是民族向心力、凝聚力和创造力的源泉。"弘扬中华文化,建设中华民族共有精神家园",是当代中国文化建设的重要任务。建设社会主义核心价值体系,其目的就是建构中华民族共有精神家园。坚守共产党人的精神家园,既有利于建设中华民族共有精神家园,又有利于社会主义核心价值体系建设。

改革开放既是推动中国社会转型,使中国社会发生剧烈变动的过程,也是破旧立新、新旧交织的过程。随着改革开放的推进,国人在思想上、观念上、行为上出现了种种令人忧虑的现象。改革开放之后,一些人盲目崇拜西方,推崇西方的社会制度、发展模式、生活方式,往往用西方的理论、制度、价值观念、生活水平来评判中国的现实,看不到改革开放取得的巨大成就,看不到中国在世界格局中的重要地位,夸大中国现存的困难和发展中的问题,对党和国家的前途悲观失望,民族自信心低落,民族失败主义情绪滋长,甚至仍在天真地认为"外国的月亮比中国圆"。① 与此同时,拜金主义、享乐主义又在我国迅速蔓延开来。一些人失去了人生信仰、理想追求,把赚钱当作人生的终极目标和意义,其基本的人生信条是"钱能通神""有钱能使鬼推磨""一切向钱看"。一部分人包括少数领导干部讲究排场、追求享受、贪图安逸,艰苦奋斗的精神开始衰退。受这种思潮的影响,社会上出现了一种嘲弄理想、躲避崇高的倾向。"有人居然对这些庄严的革命口号进行'批判',而这种荒唐的'批判'不仅没有受到应有的抵制,居然还得到我们队伍中一

---

① 1990 年 7 月,邓小平视察国家奥林匹克体育中心场馆后说:"看来中国的月亮也是圆的,比外国圆。现在有些青年人总以为外国的月亮圆,对他们要进行教育。"参见《邓小平年谱(1975—1997)》(下卷),中央文献出版社,2004 年,第 1318 页。

些人的同情和支持。"①在全球化的背景下,一部分人特别是年轻一代,对中华民族文化的认同感也在不断下降。正是在这样的背景下,党的十七大提出了"弘扬中华文化,建设中华民族共有精神家园"的任务,并强调:"建设社会主义核心价值体系,增强社会主义意识形态的吸引力和凝聚力。"②

　　守护精神家园,就是要推进中华民族共有精神家园构建。共产党人精神家园是中华民族共有精神家园的有机组成部分。马克思在《路易·波拿巴的雾月十八日》一文中曾经指出:"人们自己创造自己的历史,但是他们并不是随心所欲地创造,并不是在他们自己选定的条件下创造,而是在直接碰到的、既定的、从过去承继下来的条件下创造。"③中国共产党人的精神家园,深深扎根于中华民族的优秀传统文化之中,是对中华民族悠久历史文化积淀的升华与超越,正因为中国共产党人的精神家园深深根植于中华民族优秀文化的沃土之中,才使其具有永不枯竭的思想智慧源泉,才具有坚实的文化基础、群众基础和社会心理基础。特别是在党的十八大以来全面从严治党的实践中,我们越来越清楚地感受到这一点。因为大量的现实案例告诉我们,一个缺乏基本文化修养的党员干部,是很难确立坚定的党性原则和具备先进性的,一个缺乏基本道德意识,甚至连诚信都不具备的人,是不可能具有共产党员所要求的忠诚品格的。缺乏文化根基的党员干部,在错综复杂的现实环境中很容易成为政治上的"两面人"。这里的"文化",不是我们平时所说的文化程度、学历水平,而是贯穿于我们民族文化血脉之中的、体现社会发展要求和社会道义方向的民族之魂,是中国共产党人在百年来的历史发展中所始终坚守和践行的中华民族的伟大精神。所以,研究中国共产党人的文化传承,总结历史的经验,就显得十分重要。中国共产党是中华

---

① 《邓小平文选》(第二卷),人民出版社,1994年,第367页。
② 《中国共产党第十七次全国代表大会文件汇编》,人民出版社,2007年,第33页。
③ 《马克思恩格斯选集》(第一卷),人民出版社,1995年,第585页。

民族精神的继承者和时代精神的创造者,共产党人的精神家园,实际上蕴含民族精神、时代精神,是中华民族共有精神家园的核心内容。新时代,只有坚守共产党人的精神家园,通过共产党员弘扬民族精神、培育时代精神,才能推动中华民族共有精神家园的建构。

守护精神家园,就是要引领社会主义核心价值体系建设。共产党人精神家园是社会主义核心价值体系的主体构成要素。建设社会主义核心价值体系,是建构中华民族共有精神家园的重要举措。党的十八大报告指出:"社会主义核心价值体系是兴国之魂,决定着中国特色社会主义发展方向;要深入开展社会主义核心价值体系学习教育,用社会主义核心价值体系引领社会思潮、凝聚社会共识。"①社会主义核心价值体系建设与党的精神家园建设在本质上是紧密相关的。社会主义核心价值体系内在地包含了马克思主义执政党的指导思想、愿景理想、革命精神和执政理念,体现了马克思主义执政党的道德境界和价值追求。中国共产党精神家园作为共产党人所信奉的核心价值观,构成了社会主义核心价值体系建设的宝贵资源。走进中国共产党人的精神圣殿,纵览党的精神发展史,可以看到它们与不同历史时期的具体实践结合,表现得是那样绚丽多姿、异彩纷呈,而其中又贯穿着始终不变的核心和本质——全心全意为人民服务的宗旨,解放思想、实事求是的思想路线,艰苦奋斗的作风,以及团结带领全国人民为实现共产主义远大理想和中国特色社会主义共同理想而奋斗的价值目标和精神追求,理所当然地成为社会主义核心价值体系不可或缺的重要组成部分。社会主义核心价值体系建设是党领导人民建设中华民族共有精神家园的主体工程,是社会主义文化和精神文明建设的主体工程,只有紧紧抓住党的精神家园建设,社会主义核心价值体系建设才能获得坚强的支柱,社会主义核心价值体系

---

① 《中国共产党第十八次代表大会文件汇编》,人民出版社,2012年,第29页。

建设的旗帜才能更加鲜明,从而为建设中国特色社会主义提供强大的精神动力和坚强的思想保证。

一个政党的精神状态,决定了这个政党生命的长度和厚度。一个政党有什么样的精神状态,就有什么样的现实作为。每个共产党员都应自觉坚守共产党人的精神家园,从战略高度充分认识新时代建设守护好中国共产党人精神家园的价值和意义。

第二章
中国共产党人精神家园建设的历史经验

中国共产党是一个具有百年历史的大党,其自身建设的过程,实际上是一个先进文化催生先进政党与先进政党选择建构先进文化的过程,是一个先进政党孕育精神家园与精神家园支撑先进政党的过程。系统回顾中国共产党人精神家园建设的历史进程,认真总结中国共产党人精神家园建设的基本经验,是加强新时代党的思想建设的一项极重要的任务。

一、中国共产党人精神家园建设的历史进程

中国共产党人精神家园作为一种文化现象,其发展历程与党的发展历程基本是同步的。因而探讨中国共产党人精神家园的形成与发展,离不开分析党自身建设的历史。在谈到如何研究中共党史时,毛泽东曾指出,根本的方法是历史的方法,或叫作"古今中外法",即"把问题当作一定历史条件

下的历史过程去研究"①。本着这样一种认识,本章将从历史的角度对中国
共产党人精神家园的发展历程作一番系统梳理。

(一)革命年代创造构建

20世纪上半叶,中国共产党是在阶级矛盾与民族矛盾交织的背景下领
导中国人民进行革命,并最终赢得胜利的。艰苦的战争环境、双重的革命任
务,造就了中国共产党人特有的精神品格和精神风貌。红船精神(建党精
神)、井冈山精神、长征精神、延安精神、西北坡精神等,都是中国共产党人在
新民主主义革命时期培育形成的优秀精神财富,伴随着中国革命的光辉历
程,成为中国共产党战胜困难、不断夺取新胜利的强大精神力量。

1. 中国共产党创建与精神家园的萌芽

中国的共产主义知识分子虽然是在五四运动中登上历史舞台的,但是
历史对他们的培育至少始于辛亥革命。"从辛亥革命爆发到中国共产党成
立,相隔的时间还不满十年。中国早期的共产党人,几乎没有例外地参加过
辛亥革命或接受过这次革命的深刻影响。他们中年长的几乎都参加过这场
革命,如陈独秀、李大钊、董必武、林伯渠、吴玉章、朱德等,而且大多是中国
同盟会的会员,曾经出生入死地投入这次推翻清朝政府的革命斗争。陈独
秀虽没有加入同盟会,却是岳王会的主要领导人,在武昌起义后还出任过安
徽都督府的秘书长。他们中比较年轻的几乎都受过这场革命的深刻影响,
如毛泽东、周恩来等。"②历史地看,自辛亥革命尤其是五四运动以来,中国社
会不断积聚起中国共产党诞生的充分条件,并初步孕育了中国共产党革命

---

① 《毛泽东文集》(第二卷),人民出版社,1993年,第400页。
② 沙健孙主编:《中国共产党通史》(第一卷),湖南教育出版社,1996年,第86~87页。

精神的萌芽。

辛亥革命推翻了封建专制统治,打破了两千多年来钳制人们的思想枷锁,"使中国人民在思想上得到了一次大解放"①,开启了政治世俗化的新时代。由于政治世俗化和前期各种社会政治团体的建立,大量现代意义的政党得以建立。"从 1911—1914 年,中国出现了 386 个政党等政治组织,光是上海就有 99 个,从而使中国形成了前所未有的政党林立的时代。"②在这个轰轰烈烈的政党勃兴大潮中,又以国民党最为显眼。随着宋教仁被刺,议会党失败。1914 年,孙中山在日本东京正式组建革命政党——中华革命党。中华革命党坚持以革命的手段而不再是议会斗争的手段,立志扫除军阀的封建专制统治,重新缔造资产阶级民主共和国,并将革命作为中心任务和奋斗目标。对于这种革命精神,列宁曾以赞许的口吻说道:"孙中山的纲领的字里行间都充满了战斗的、真诚的民主主义。……它直接提出群众生活状况及群众斗争问题,热烈地同情被剥削的劳动者,相信他们是正义的和有力量的。"③为了完成革命事业,孙中山同时强调了革命党的严格纪律,并提出了特权制和党魁独裁的组织体制。直至孙中山去世,还曾留下"革命尚未成功,同志仍须努力"的政治嘱托,孙中山也由此成为"中国民主革命的先驱者"。正如毛泽东所评论的那样:"中国反帝反封建的资产阶级民主革命,正规地说起来,是从孙中山先生开始的。"④可以说,作为革命先驱的中国国民党及其前身营造的革命传统为中国共产党的产生提供了最直接的社会环境,而后者的产生又在革命理想主义和革命彻底性等层面上扬弃并超越了近代以降的革命传统。

---

① 沙健孙主编:《中国共产党通史》(第一卷),湖南教育出版社,1996 年,第 82 页。
② 萧超然、晓韦主编:《当代中国政党制度论纲》,黑龙江人民出版社,2000 年,第 29 页。
③ 《列宁选集》(第二卷),人民出版社,1995 年,第 291 页。
④ 《毛泽东选集》(第二卷),人民出版社,1991 年,第 563 页。

　　继辛亥革命后发生的五四运动,则是中国共产党产生的又一重要前提。毛泽东指出:"英勇地出现于运动先头的则有数十万的学生。这是五四运动比较辛亥革命进了一步的地方。"[1]"五四运动是反帝国主义的运动,又是反封建的运动。五四运动的杰出的历史意义,在于它带着为辛亥革命还不曾有的姿态,这就是彻底地不妥协地反帝国主义和彻底地不妥协地反封建主义。"[2]在五四运动中,先进的知识分子逐渐接受了马克思主义,使新文化运动发展成为马克思主义思想运动。他们致力于马克思主义同中国工人运动相结合,在思想上和干部上为中国共产党的成立准备了基础。由于马克思主义本身就是立足批判资本主义、批判侵略与殖民而诞生的一种革命理论,更由于俄国十月革命的成功示范,马克思主义成为中国先进知识分子学习、信仰的主要思想流派。可以说,马克思主义在思想竞争中一开始就在知识分子中占有"逻辑与情感"上的优势。[3] 从五四运动以后,尤其是从1920年春季开始,关于十月革命的文章数量猛增。1920年9月至1921年4月,仅《新青年》就发表了37篇介绍俄国十月革命和马克思主义的相关文章。五四运动的高涨提高了中国人民对于社会革命运动的认识水平,使得越来越多的人对帝国主义的本质有所觉悟。"中国无产阶级,由于自己的长成和俄国革命的影响,已经迅速地变成一个觉悟了的独立的政治力量了。"[4]

　　如果说马克思列宁主义的传入是中国共产主义知识分子产生的"质能",那么自辛亥革命以来的"西学东渐"及中国政党政治的历练则催生了共产主义知识分子的"量能"。随着马克思主义的广泛传播和影响的不断扩大,逐渐产生出将工人阶级与马克思主义相结合的命题。马克思主义一经

---

① 《毛泽东选集》(第二卷),人民出版社,1991年,第558页。
② 同上,第699页。
③ 杜维明:《儒学第三期发展的前景问题》,台湾联经出版事业公司,1989年,第43页。
④ 《毛泽东选集》(第二卷),人民出版社,1991年,第673页。

传入中国，就急需从工人阶级那里找到自己的物质力量，而工人阶级也需要从马克思主义那里找到精神的力量。五四运动时期，随着中国资本主义经济的进一步发展，这种"结合"的必要性日趋显现。正如毛泽东所指出的，"新的政治力量——资产阶级、小资产阶级和无产阶级的政治力量，也有了相应的发展。而作为它们的反映并为它服务的新文化，是必然要发生的"。"五四后期，特别是1920年，这两股力量通过先进的(共产主义)知识分子这座桥梁，开始结合了。"①这种将工人阶级的物质力量与马克思主义精神力量的结合，不仅从思想上和干部选拔上为中国共产党的成立准备了条件，同时也初步孕育了中国共产党革命精神的内核，即马克思主义指导下的革命意识。

1921年7月，党的第一次全国代表大会在上海和嘉兴南湖红船召开，宣告了中国共产党的成立。尽管力量弱小，条件简陋，并没有引起广泛的社会关注，但中国共产党一经成立，便以马克思主义工人阶级政党的崭新形象一举刷新了中国政党政治的格局。从对革命的理解及方法上看，中国共产党实现了对资产阶级革命政党意识的超越，初步确立了符合中国国情的马克思主义政党意识。中国共产党的第一个纲领鲜明地确立了社会主义和共产主义的革命理想，而革命的目标就是要建立一个没有经济剥削、没有政治压迫、没有阶级和阶级差别的共产主义社会。在党的一大上，中国共产党提出要以俄国式的革命方法来改变中国和世界，初步形成符合中国国情的无产阶级暴力革命观。1922年7月，中国共产党召开二大，继续完成党的一大没有完成的党的创建工作。党的二大的贡献就在于，明确了党的性质和党的民主革命纲领，并且正式制定了党的章程。此外，党的二大还进一步形成了党内的制度和纪律规范。从以上梳理可以看出，到1922年党的二大时，党的

---

① 沙健孙主编：《中国共产党通史》(第一卷)，湖南教育出版社，1996年，第143、236页。

信仰、党自身的性质、纲领、党对其他党派的态度、党内成员对党的情感和态度,以及党内的相关规范都已经建立起来了。这标志着中国共产党的革命精神已经初步形成。

在中国共产党革命精神初步形成的过程中,中国共产党孕育和创造了伟大的建党精神——"红船精神"。1921 年 7 月,党的一大从上海法租界转移到浙江嘉兴南湖的红船上。鉴于此,习近平便用"红船精神"指代建党精神。习近平进一步阐明了"红船精神"的深刻内涵,指出"红船精神"就是中国共产党人开天辟地、敢为人先的首创精神,坚定理想、百折不挠的奋斗精神,立党为公、忠诚为民的奉献精神,并强调"红船精神""是中国革命精神之源","中国共产党历史上形成的优良传统和革命精神,无不与之有着直接的渊源关系"。"'红船精神'同井冈山精神、长征精神、延安精神、西北坡精神等一道,伴随中国革命的光辉历程","一直激励和鼓舞着我们党坚持站在历史的高度,走在时代的前列,勇当舵手,引领航向,不断取得革命、建设和改革的一个又一个胜利。"①将"红船精神"作为建党精神,理清了中国革命精神的源头,完善了中国共产党精神发展的历史逻辑,充分展现了中国共产党发展演进的历史也是一部精神不断充实丰满的历史。

2. 早期革命实践与精神家园特性的凸显

中国共产党的成立对中国政治的发展具有积极的意义,但是诞生之初的中国共产党对马克思主义还没有精到的把握,对中国的现实国情还没有深刻的观照,这使得党早期带有浓厚主观色彩的革命精神在多重历史因素的作用下发生了不可避免的偏转。党的一大最突出的特点是,旗帜鲜明地把社会主义和共产主义规定为党的奋斗目标,而且是以革命手段来实现这个目标。从党的一大决议及随后的实践来看,中国共产党当时主要是把组

---

① 习近平:《弘扬"红船精神" 走在时代前列》,《光明日报》,2005 年 6 月 21 日。

织工人运动作为革命的主要手段。但是在军阀势力的血腥镇压下,中国工人运动的第一个高潮终以"二·七惨案"而惨烈收场。用邓中夏的话说,京汉铁路大罢工的失败使"两年来共产党所惨淡经营的工会组织,除广州、湖南尚能保存外,其他各地皆完全倒台。中国职工运动从此便进入消沉期了"①。两年来苦心累积的工人运动成果,在军阀的武装镇压下销声匿迹了,这不能不说是对党的革命事业的沉重打击。中国共产党正是在"二·七惨案"之后,带着这些经验教训,才决定以更加积极的态度去联合孙中山领导的国民党。恩格斯讲:"历史是这样创造的……有无数互相交错的力量,有无数个力的平行四边形,由此就产生出一个合力,即历史结果。"②可以说,国共合作便是这样的"历史结果"。孙中山革命屡遭挫折的教训、苏俄寻求同盟者的迫切心情、中国共产党工人运动惨败的无奈,使得国民党、苏俄、中国共产党三者之间第一次找到了以"国共合作"为名义的同盟形式。

国共合作取得了巨大的成就,但是很快,随着蒋介石集团、汪精卫集团的叛变,"代表中国人民解放事业的国共两党和各界人民的民族统一战线及其一切革命政策,就被国民党当局的叛卖性的反人民的'清党'政策和屠杀政策所破坏了"③。大革命的失败惊醒并教育了共产党人。正如恩格斯所说:"伟大的阶级,正如伟大的民族一样,无论从哪方面学习都不如从自己所犯错误的后果中学习来得快。"④对于处在幼年时期的中国共产党来说,尤其如此。问题并不在于共产党是否会犯错误,而在于她怎样对待错误。中国共产党作为无产阶级的先锋队,她是勇于从所犯的错误中学习并吸取教训的。大革命失败后,中国共产党在告全体党员书中就明确指出:"无产阶级

---

① 邓中夏:《中国职工运动简史(1919—1926)》,人民出版社,1949 年,第 105 页。
② 《马克思恩格斯选集》(第四卷),人民出版社,1995 年,第 697 页。
③ 《毛泽东选集》(第三卷),人民出版社,1991 年,第 1035 页。
④ 《马克思恩格斯选集》(第四卷),人民出版社,1995 年,第 432 页。

的政党不怕公开地承认自己的错误";公开地承认并纠正错误,"这并不是示弱,而正是证明中国共产主义运动的力量"。① 在中国革命的关键时刻,中国共产党以高度的历史责任感,重拾革命的信念,在深入反思大革命失败教训的基础上,创造性地将马克思主义基本原理与中国革命的具体实践结合起来,开创了农村包围城市、武装夺取政权的革命道路。从此,中国共产党走上了独立探索中国革命道路的艰辛征程。而在这一过程中,始终伴随着正确与错误路线的斗争、正确思想与错误思想的较量。从这个意义上讲,土地革命战争时期总体上属于中国共产党革命精神的探索期。这一时期存在着一个十分突出的特点,即党内在对待马克思列宁主义、苏联经验及共产国际的指示上,常在"左"右两极摇摆振荡。正如毛泽东总结的,"我们党的历史情况表明,在我党和国民党结成统一战线时期,党内容易发生右的偏向,而在我党和国民党分裂时期,党内容易发生'左'的偏向"②。这也反映出党在思维方式、对待马克思列宁主义的态度、对中国革命本身的认识,以及党自身的功能等方面的认识还不够成熟,中国共产党革命精神虽已初步形成,但还没有臻于完善,还处于探索的过程中。

综观土地革命时期的曲折历程,中国共产党的精神特性在革命实践的磨炼下日渐形成。随着"农村包围城市,武装夺取政权"革命道路的形成、人民军队的创建,以及土地革命的开展,中国共产党革命精神的独特个性得以呈现。"打倒帝国主义的口号和整个中国资产阶级民主革命的彻底的纲领,是中国共产党提出的;而土地革命的实行,则是中国共产党单独进行的。"③可以说,中国共产党的独立与精神个性的形成来源于中国革命自身的"特殊性"——要解决特殊的革命对象、完成特殊的革命任务必须走特殊的革命道

---

① 中央档案馆编:《中共中央文件选集》(第三册),中共中央党校出版社,1989年,第252页。
② 《毛泽东选集》(第四卷),人民出版社,1991年,第1297页。
③ 《毛泽东选集》(第二卷),人民出版社,1991年,第673页。

路、选择特殊的革命策略。正是在经历了巨大的失败和挫折之后越来越多的共产党人意识到中国问题的特殊性。不过,仅仅意识到中国问题的特殊性还不足以体现中国共产党革命精神的独特性,更重要的还必须通过与之相适应的战略路线加以实现。基于丰富的实际调查,以毛泽东同志为主要代表的中国共产党人逐步掌握了中国革命的特殊逻辑,并在坚持这种逻辑的过程中,逐步形成了自己精神层面的鲜明个性。①

井冈山精神和长征精神正是这一时期铸造的不朽精神丰碑。井冈山精神是以毛泽东同志为主要代表的中国共产党人在创建井冈山革命根据地、开辟中国革命新道路的实践中培育和形成的革命精神,其主要内涵是:坚定信念、艰苦奋斗;实事求是、敢闯新路;依靠群众、勇于胜利。井冈山精神集中体现了中国共产党人的理想、信念、道德和情操,是我们党宝贵的精神财富。"长征不仅是一次人类精神和意志的伟大远征,也是一段中国共产党领导中华优秀儿女寻求中华民族复兴的伟大征程。"②长征是共产党用伟大精神写成的苦难辉煌。"长征这一人类历史上的伟大壮举,留给我们最可宝贵的精神财富,就是中国共产党人和红军将士用生命和热血铸就的伟大长征精神。伟大长征精神,就是把全国人民和中华民族的根本利益看得高于一切,坚定革命的理想和信念,坚信正义事业必然胜利的精神;就是为了救国救民,不怕任何艰难险阻,不惜付出一切牺牲的精神;就是坚持独立自主、实事求是,一切从实际出发的精神;就是顾全大局、严守纪律、紧密团结的精神;就是紧紧依靠人民群众,同人民群众生死相依、患难与共、艰苦奋斗的精神。"③这些精神不仅是夺取中国革命胜利的根本所在,也是实现中华民族伟

---

① 杨少华:《引领时代前行的永恒动力——中国共产党革命精神研究》,人民出版社,2014 年,第 198 页。

② 周咏南:《习近平在参观红军长征胜利 70 周年图片展时强调 弘扬伟大长征精神 推进和谐社会建设》,《浙江日报》,2006 年 10 月 23 日。

③ 习近平:《在纪念红军长征胜利 80 周年大会上的讲话》,《人民日报》,2016 年 10 月 22 日。

大复兴的精神动力,成为中国共产党人精神家园不可或缺的重要组成部分。

3. 马克思主义中国化与精神家园的成熟

列宁曾经指出:"马克思主义的精髓,马克思主义的活的灵魂:对具体情况作具体分析。"①在对待马克思主义的态度上,毛泽东早在1938年召开的党的六届六中全会上就明确提出马克思主义同中国具体特点相结合的主张,指出:"使马克思主义在中国具体化,使之在其每一表现中带着必须有的中国的特性,即是说,按照中国的特点去应用它,成为全党亟待了解并亟待解决的问题。"②1941年5月19日,毛泽东在《改造我们的学习》的讲话中指出:"我们学的虽然是马克思主义,但我们中的许多人,他们学马克思主义的方法是直接违反马克思主义的。……他们既然违背了这条原则,于是就自己造出了一条相反的原则:理论和实际分离。"③毛泽东强调,理论与实际相脱节,在党内主要表现为主观主义,具体表现为教条主义和经验主义。中国共产党人只有运用马克思列宁主义的立场、观点、方法,从中国的历史实际和革命实际的认真研究中,在各方面作出合乎中国需要的理论性创造,才叫理论联系实际。从1942年起,全党深入开展整风运动。这是一次普遍深刻的马克思主义教育运动,也是一次使我们党从各种错误思想特别是从"左"倾教条主义的思想桎梏中解脱出来的思想解放运动。在全党整风的基础上,1945年4月,党的七大召开。在党的七大政治报告中,毛泽东归纳和提炼出中国共产党的三大作风。"以马克思列宁主义的理论思想武装起来的中国共产党,在中国人民中产生了新的工作作风,这主要的就是理论和实践相结合的作风,和人民群众紧密地联系在一起的作风以及自我批评的作

---

① 《列宁选集》(第四卷),人民出版社,1995年,第213页。
② 《毛泽东选集》(第二卷),人民出版社,1991年,第534页。
③ 《毛泽东选集》(第三卷),人民出版社,1991年,第798页。

风。"①这些作风成为中国共产党人区别于其他任何政党的显著标志。随着毛泽东思想被确立为全党的指导思想,中国化的马克思主义革命精神得以形成。

经过延安整风和党的七大,中国共产党人的精神家园已经臻于成熟。延安精神是中国共产党人精神家园成熟的重要标志。延安是红军长征的落脚点和全面抗日战争的出发点,是中国革命的圣地。从1935年到1948年,中共中央和毛泽东等老一辈无产阶级革命家在这里生活并战斗了13个春秋。延安精神就诞生于延安时期,是中国共产党在延安整风运动和大生产运动中形成的,是马克思主义科学精神和无产阶级革命精神之集大成,是中国共产党人在长期革命斗争中形成的优良传统和作风的集中体现。2002年4月,江泽民从"坚定正确的政治方向,解放思想、实事求是的思想路线,全心全意为人民服务的根本宗旨,自力更生、艰苦奋斗的创业精神"②四个方面,对延安精神的内涵进行了概括,彰显了延安精神的时代意义。

随着解放战争胜利形势的迅速发展,党的工作重心由乡村转移到城市的问题开始提上了中国共产党的议事日程。新的斗争形势和任务也给中国共产党革命精神的发展提出了新的挑战。在新中国成立前夕,党的七届二中全会在西柏坡胜利召开,此时的中国共产党即将成为中国的执政党。基于对新形势的认识,中国共产党提出了召集政治协商会议和成立民主联合政府的倡议。与此同时,党的领导人也意识到成为执政党后革命精神蜕变的危险。毛泽东在党的七届二中全会上指出:"因为胜利,党内的骄傲情绪,以功臣自居的情绪,停顿起来不求进步的情绪,贪图享乐不愿再过艰苦生活的情绪,可能生长。因为胜利,人民感谢我们,资产阶级也会出来捧场。敌

---

① 《毛泽东选集》(第三卷),人民出版社,1991年,第1093~1094页。
② 《江泽民论有中国特色社会主义(专题摘编)》,中央文献出版社,2002年,第400页。

人的武力是不能征服我们的,这点已经得到证明了。资产阶级的捧场则可能征服我们队伍中的意志薄弱者。可能有这样一些共产党人,他们是不曾被拿枪的敌人征服过的,他们在这些敌人面前不愧英雄的称号;但是经不起人们用糖衣炮弹裹着的炮弹的攻击,他们在糖衣炮弹面前要打败仗。"为了预防这种情况,毛泽东向全党敲响了警钟:"务必使同志们继续地保持谦虚、谨慎、不骄、不躁的作风,务必使同志们继续地保持艰苦奋斗的作风"。① 根据毛泽东的提议,党的七届二中全会提出了防止资产阶级思想腐蚀和反对突出个人的"六条措施"。这些规定充分显示出中国共产党人的精神家园已达到成熟状态。

习近平曾这样评价"两个务必",他说:"毛泽东同志当年在西柏坡提出'两个务必',包含着对我国几千年历史治乱规律的深刻借鉴,包含着对我们党艰苦卓绝奋斗历程的深刻总结,包含着对胜利了的政党永葆先进性和纯洁性、对即将诞生的人民政权实现长治久安的深刻忧思,包含着对我们党坚持全心全意为人民服务根本宗旨的深刻认识,思想意义和历史意义十分深远。"如今,中国共产党仍在"赶考"途中。"从实现'两个一百年'目标到实现中华民族伟大复兴的中国梦,我们正在征程中。'考试'仍在继续,所有领导干部和全体党员要继续把人民对我们党的'考试'、把我们党正在经受和将要经受各种考验的'考试'考好,努力交出优异的答卷"②。在实现中华民族伟大复兴的征途中,"两个务必"永远是中国共产党人的思想戒律和清醒剂。西柏坡精神不仅映照着中国共产党昨日的辉煌,更构建起中国共产党人明日的精神高地。

---

① 《毛泽东选集》(第四卷),人民出版社,1991 年,第 1438～1439 页。
② 《党面临的"赶考"远未结束——习近平再访西柏坡侧记》,新华网,http://www.xinhua-net.com/politics/2013-07/13/c_116524927.htm。

（二）建设年代曲折发展

新中国成立后，以美国为首的西方国家对新中国持敌视态度，实行政治上孤立、军事上包围和经济上封锁的政策。苏联在中国最需要帮助的时候单方面撕毁合同，撤走全部在华专家。而1958年开始的"大跃进"、人民公社化运动及"左"倾思潮的泛滥，使中国陷入了极端困难的境地。在这种内外交困的环境下，抗美援朝精神、大庆精神、"两弹一星"精神、焦裕禄精神等应时而生，中国共产党人的精神家园在曲折中得到了进一步发展。

1. 社会主义改造与革命精神的转型

毛泽东指出："中国共产党领导的整个中国革命运动，是包括民主主义革命和社会主义革命两个阶段在内的全部革命运动；这是两个性质不同的革命过程，只有完成了前一个革命过程才有可能去完成后一个革命过程。民主主义革命是社会主义革命的必要准备，社会主义革命是民主主义革命的必然趋势。而一切共产主义者的最后目的，则是在于力争社会主义社会和共产主义社会的最后的完成。"①基于上述原因，我们可以把1949年10月至1956年12月的这段历史称为政治革命向社会革命的过渡时期。② 中国共产党在过渡时期的根本任务就是不断增加社会主义因素，不断限制和改造非社会主义因素，为此后的社会革命准备充分条件。正如周恩来所指出

① 《毛泽东选集》（第二卷），人民出版社，1991年，第651~652页。

② 马克思、恩格斯的"革命"概念并不是一般的"革命"概念，而是一种具有特定内涵的"社会革命"的概念。马克思、恩格斯认为，任何一场真正的革命，都不可能停留在政权的更迭上，甚至也不会停留在政治制度的变换上，必然影响到经济制度、经济关系和社会关系。只有把革命扩展到经济制度、经济关系和社会关系以后，就不再是单纯的政治革命，而是涵盖着政治革命的社会革命了。恩格斯指出："任何一次真正革命都是社会革命，因为它使新阶级占据统治地位并且让它有可能按照自己的面貌来改造社会"。参见《马克思恩格斯选集》（第三卷），人民出版社，1995年，第276页。

的："整个国家在建设中,在改造中,这就是新民主主义社会的特点。"①此时中国共产党革命精神的发展,首先表现为这一时期党的政治路线的提出。从 1952 年开始,毛泽东等人开始酝酿提出党在过渡时期的总路线,最终在 1953 年 6 月中共中央政治局会议上确定下来。这条总路线被概括为一个简明的口号,即"一化三改"。"一化三改"的总路线是党的纲领在过渡时期的具体体现,是党在这一时期的奋斗目标。

要实现这样一种过渡,必须建立起与之相适应的革命精神,并在实践中不断丰富和发展。从政策制定与实施的角度来看,中国共产党适时完成了从政治革命到社会革命的心理转变。1950 年 6 月 6 日,毛泽东在党的七届三中全会上的讲话中提出了"不要四面出击"的主张。他指出:"总之,我们不要四面出击。四面出击,全国紧张,很不好。我们绝不可树敌太多,必须在一个方面有所让步,有所缓和,集中力量向另一个方面进攻。"毛泽东还把这个主张上升到战略和路线的高度加以强调:"我们的政策就是这样,我们的战略策略方针就是这样,三中全会的路线就是这样"。②"不要四面出击"的主张既强调了渐进发展,又突出了量变累积,这说明与社会革命相适应的革命精神初步发展,而"逐步过渡"的总路线的提出则进一步表明中国共产党关于社会革命的精神开始形成。革命精神的转型极大地推动了中国共产党社会革命的政治实践。在民主政治建设、资本主义工商业改造、土地改革、知识分子政策、教育政策、民族政策等方面,均采取了总结经验、稳步推进、区别对待、重点突破的政策,这些举措具有鲜明的社会革命的色彩。可以说,从建立新中国到社会主义改造基本完成,这是我们党在执政史上一段比较辉煌的历史。从精神家园建设的角度来看,这一时期党成功地实现了

---

① 《周恩来统一战线文选》,人民出版社,1984 年,第 253 页。
② 《毛泽东文集》(第六卷),人民出版社,1999 年,第 75、76 页。

从政治革命向社会革命的转型,并以开放的姿态实现了对党心、民心及社会力量的整合,不仅巩固了新生的政权,而且还顺利地完成了社会主义改造。

在进行伟大社会变革的同时,中国共产党还领导了伟大的抗美援朝战争,弘扬和光大了中国共产党和人民军队的革命精神。新中国诞生不久,在党中央和毛泽东的领导下,中国人民进行了一场保家卫国、维护世界和平的反侵略战争——抗美援朝战争。1950 年 10 月 19 日,中国人民志愿军在司令员兼政治委员彭德怀的带领下,跨过鸭绿江,开赴朝鲜战场。25 日,揭开了抗美援朝战争的序幕。抗美援朝是抗美援朝战争和抗美援朝运动的统称(多指抗美援朝战争),是 20 世纪 50 年代初,中国人民支援朝鲜人民抗击美国侵略的群众性运动。在抗美援朝战争中,志愿军得到了解放军全军和全国人民的全力支持,得到了以苏联为首的社会主义阵营的配合。1953 年 7月,双方签订《朝鲜停战协定》,标志着抗美援朝战争的胜利结束。1958 年,志愿军全部撤回中国。抗美援朝战争的胜利,粉碎了侵略者侵吞朝鲜民主主义人民共和国的图谋,保卫了新中国,维护了亚洲与世界和平,不仅极大地振奋了中国人民的民族精神,增强了我们的民族自信心和自豪感,而且大大鼓舞了世界上一切爱好和平的国家和人民,在世界反侵略战争历史上写下了光辉的一页。

正如习近平所说:"抗美援朝战争不仅奏响了一曲曲可歌可泣的凯歌,而且锻造出伟大的抗美援朝精神。"[1]这就是:祖国和人民利益高于一切、为了祖国和民族的尊严而奋不顾身的爱国主义精神,英勇顽强、舍生忘死的革命英雄主义精神,不畏艰难困苦、始终保持高昂士气的革命乐观主义精神,为完成祖国和人民赋予的使命、慷慨奉献自己一切的革命忠诚精神,以及为

---

① 习近平:《在纪念中国人民志愿军抗美援朝出国作战 60 周年座谈会上的讲话》,《人民日报》,2010 年 10 月 26 日。

了人类和平与正义事业而奋斗的国际主义精神。战争的脚步已经远去,但抗美援朝的精神将永世长存。"伟大的抗美援朝精神,是中国共产党人和人民军队崇高风范的生动写照,是中华民族传统美德和民族品格的集中展示,是以爱国主义为核心的民族精神的具体体现。这种精神永远是中国人民的宝贵财富。"①

2. 社会主义建设与建设精神的生成

随着全国范围社会主义改造的基本完成,全面的社会主义建设时期到来了。"三大改造"基本完成以后,国内的阶级对抗基本消失了。正是基于这样的现实,党的八大作出了社会主要矛盾转移的论断:"我们国内的主要矛盾,已经是人民对于建立先进的工业国的要求同落后的农业国的现实之间的矛盾,已经是人民对于经济文化迅速发展的需要同当前经济文化不能满足人民需要的状况之间的矛盾。"②党的八大《关于政治报告的决议》指出:党和全国人民当前的总任务,就是集中力量解决人民对于经济文化迅速发展的需要同当前经济文化不能满足人民需要的状况之间的矛盾,发展生产力,把我国尽快地从落后的农业国变为先进的工业国。③ 党的革命任务的改变相应地也会在精神建设方面提出新的要求,这在刘少奇为大会作的政治报告和邓小平《关于修改党的章程的报告》中都得到了充分体现。刘少奇在政治报告中强调,社会主义事业只有在共产党的领导下才能实现。要使党能够继续保持正确的领导,根本的问题在于努力减少党组织和党员在思想认识上的错误。邓小平则在修改党章的报告中对社会主义条件下的精神建设进行了理论概括。他指出:"执政党的地位,很容易使我们同志沾染上官

① 习近平:《在纪念中国人民志愿军抗美援朝出国作战 60 周年座谈会上的讲话》,《人民日报》,2010 年 10 月 26 日。
② 中央文献研究室编:《建国以来重要文献选编》(第九册),中央文献出版社,1994 年,第241 页。
③ 同上,第 241~242 页。

僚主义的习气。脱离实际和脱离群众的危险,对于党的组织和党员来说,不是比过去减少而是比过去增加了。而脱离实际和脱离群众的结果,必然发展主观主义,即教条主义和经验主义的错误。"针对这种情况,邓小平强调:"党必须经常注意进行反对主观主义、官僚主义和宗派主义的斗争,经常警戒脱离实际和脱离群众的危险。"①可以说,党的八大为即将到来的社会主义全面建设提供了思想和精神准备。

在社会主义全面建设时期,中国共产党人凭借着改天换地的革命精神,使精神家园进一步发扬光大,形成了新的精神形态——建设精神。一是大庆精神。20世纪五六十年代,新中国百废待兴,悄然崛起的国民经济急需石油。然而薄弱的石油基础,加之国际敌对势力的封锁,使得新中国经济建设步履维艰。党中央、国务院果断做出"石油勘探重点由西部向东部大转移"的战略决策,松辽盆地成为重点"突击方向"。"在大庆油田开发建设的艰苦环境和激情岁月里形成的以爱国、创业、求实、奉献为主要内涵的大庆精神、铁人精神,集中体现了我国工人阶级的崇高品质和精神风貌,永远是激励中国人民不畏艰难、勇往直前的宝贵精神财富。"②二是"两弹一星"精神。面对国际上严峻的核讹诈形势和军备竞赛的发展趋势,以毛泽东为核心的党中央毅然做出发展原子弹、导弹、人造卫星,突破国防尖端技术的战略决策。1960年我国成功发射了第一枚自主研制的导弹,1964年我国研制的第一颗原子弹爆炸成功,1967年又成功爆炸第一颗氢弹,1970年我国的"东方红一号"人造卫星上天。邓小平指出:"如果六十年代以来中国没有原子弹、氢弹,没有发射卫星,中国就不能叫有重要影响的大国,就没有现在这样的国际地位。这些东西反映一个民族的能力,也是一个民族、一个国家兴旺发达

---

① 《邓小平文选》(第一卷),人民出版社,1994年,第214~215页。
② 习近平:《结合新的实际大力弘扬大庆精神铁人精神》,《人民日报》,2009年9月23日。

的标志。"①"两弹一星"不仅标志着中国国防实现了现代化,提升了中国的地位和实力,也为中华民族创造了宝贵的精神财富,彰显了中国共产党人动人的精神谱系。"在为'两弹一星'事业进行的奋斗中,广大研制工作者培育和发扬了一种崇高的精神,这就是热爱祖国、无私奉献,自力更生、艰苦奋斗,大力协同、勇于攀登的'两弹一星'精神。"②三是焦裕禄精神。面对危害老百姓的三大灾害——内涝、风沙、盐碱,兰考县委书记焦裕禄带领全县人民全身心投入封沙、治水、改地的斗争。1964年5月,焦裕禄因肝癌不幸病逝,年仅42岁。他被誉为"县委书记的榜样"。焦裕禄是新中国成立后在社会主义建设时期党的优秀干部的代表,是千千万万在严重自然灾害面前巍然屹立的共产党员和革命英雄的代表,其高尚的道德情操和顽强的革命斗志,在各级领导干部心中种下了种子,成为他们学习的榜样。正如习近平所说,他的事迹和精神,"无论过去、现在还是将来,都永远是亿万人们心中一座永不磨灭的丰碑,永远是鼓舞我们艰苦奋斗、执政为民的强大思想动力,永远是激励我们求真务实、开拓进取的宝贵精神财富,永远不会过时"③。"亲民爱民、艰苦奋斗、科学求实、迎难而上、无私奉献",正是焦裕禄给我们留下的伟大精神财富。中国共产党人精神家园涌现的建设楷模风范,不但继承和发展了中华民族勤劳坚韧的优良传统,也生动地展现了当代中国共产党人建设社会主义的坚定信念和不懈追求。

3. "左"倾思潮泛滥与精神家园的破坏

1957年之后,中国共产党对社会主义性质和发展阶段的认识出现失误,并由此导致对社会主义社会中阶级斗争的认识出现偏差。这些失误和偏差

① 《邓小平文选》(第三卷),人民出版社,1993年,第279页。
② 《江泽民论有中国特色社会主义(专题摘编)》,中央文献出版社,2002年,第393～394页。
③ 习近平:《结合新的实际大力弘扬焦裕禄精神》,《学习与研究》,2004年第5期。

是导致整个中国共产党革命精神发生偏离的逻辑起点。[①] 1957 年 9 月召开
的党的八届三中全会以集体决议的形式否定了党的八大关于中国社会主要
矛盾的论断，两个阶级、两条路线的矛盾被主观认定为社会的主要矛盾，从
而导致了全党主要任务和全局政策的根本性调整。随着"左"倾思潮的不断
发展，阶级斗争很快被直接引入到党内来。正如薄一波所分析的："1958 年
以来，特别是 1959 年庐山会议及其以后，我们党犯了严重的错误，损失惨重，
而且长期得不到彻底纠正，一个重要原因，就是那几年党内斗争过火，只反
右不反'左'，只反保守不反冒进。"[②]反右派斗争和批评反冒进、反"右倾"，
实际上形成了一种不正常的政治风气。与此同时，阶级斗争扩大化又是与
反对和防止党内的修正主义交织在一起的。毛泽东认为："修正主义，或者
右倾机会主义，是一种资产阶级思潮，它比教条主义有更大的危险性。"[③]
"左"倾理论的不断发展，最终导致了"文化大革命"的爆发。

　　"文化大革命"期间，从意识形态、组织心理到党的作风都不同程度地被
扭曲。虽然毛泽东在晚年也认同要把俄国人的革命气概与美国人的实际精
神结合起来，[④]并提出了"无产阶级思想是革命热情与实际精神相结合"[⑤]的
重要观点，但是"知行合一"殊非易事，由于种种主客观原因，夸大意识形态
能动性和阶级斗争扩大化的错误，还是不可逆转地弥漫开来。本来是为了
纯洁党的组织而发动的"文化大革命"，却最终破坏了党的纯洁性。在"左"
倾思潮的激荡下，无政府主义、自由主义、极端个人主义，以及玩弄权术、拉
帮结派等各种歪风邪气泛滥猖獗，人们思想僵化、精神空虚、不敢正视或不

---

① 杨少华:《引领时代前行的永恒动力——中国共产党革命精神研究》,人民出版社,2014 年,
第 214 页。
② 薄一波:《若干重大决策与事件的回顾》(下),中共党史出版社,2008 年,第 871 页。
③ 《毛泽东文集》(第七卷),人民出版社,1999 年,第 233 页。
④ 《毛泽东文集》(第三卷),人民出版社,1996 年,第 419 页。
⑤ 同上,第 93 页。

能冷静地认识现实,中国共产党人的精神家园遭到了严重破坏,迫切需要进行一场思想上、精神上的拨乱反正。

(三)改革开放以来传承创新

党的十一届三中全会具有深远的历史意义。这次会议实现了新中国成立以来党的历史上的伟大转折,开启了改革开放和社会主义现代化的伟大征程。中国共产党在推进改革开放的过程中,以崭新的姿态,化解改革难题、战胜自然灾害、勇攀科学高峰、参与国际事务,铸就了伟大的改革精神,为中国共产党人的精神家园增添了新的时代内容。

1. 思想路线拨乱反正与精神家园的重建

1976 年,"四人帮"被打倒,这为中国共产党人精神家园向良性方向发展提供了重要契机。但是在"两个凡是"的影响下,党内思想僵化,中国共产党人精神家园总体上仍然处于一种缺乏活力、缺乏创新的死气沉沉的状态。为了冲破"两个凡是"的束缚,扭转党内不良风气,邓小平等党内一部分高层干部进行了坚决斗争,要求完整、准确地理解毛泽东思想和坚持党的实事求是的思想路线,呼吁重振和恢复党的优良传统和作风。这种斗争带动了著名的真理标准问题的讨论。在邓小平等老一辈无产阶级革命家的支持下,真理标准问题的讨论在全党热烈地开展起来,成为继延安整风后党的历史上又一次思想解放运动。在这次思想解放运动中,中国共产党确立了解放思想、实事求是的思想路线,为中国共产党人精神家园能够在健康的轨道上继续发展做好了充分的思想理论准备。

1978 年 12 月 18 日,党的十一届三中全会召开。在此前的中央工作会议闭幕式上,邓小平发表了题为"解放思想,实事求是,团结一致向前看"的讲话,这个讲话实际上被看作党的十一届三中全会的主题报告。党的十一届三中全会在思想上批判了"两个凡是"的思维方式,取而代之以实事求是的思维方式;在政治上停止使用"以阶级斗争为纲"的口号,作出了把全党工作重点转移到社会主义现代化建设上来的战略决策。"全党、全军和全国各族人民同心同德,进一步发展安定团结的政治局面,并且立即动员起来,群策群力,为在本世纪内把我国建设成为社会主义的现代化强国而进行新的长征。"①党的十一届三中全会提出:"实现四个现代化,要求大幅度地提高生产力,也就必然要求多方面地改变同生产力发展不适应的生产关系和上层建筑,改变一切不适应的管理方式、活动方式和思维方式,因而是一场广泛的、深刻的革命。"②从话语上看,"解放思想,实事求是"取代了"两个凡是","以经济建设为中心"取代了"以阶级斗争为纲"。虽然只是两个不同的口号,但标志着中国共产党人精神家园开始了新的转型和重建。当然,这一转型并不意味着基本原则的颠覆,而是在根本价值稳定的基础上对不适合于新形势、新任务的部分作相应的改变。这一点,充分体现在中国共产党对"四项基本原则"的坚持上。1979 年,在党的理论工作务虚会上,邓小平强调,要实现四个现代化,必须在思想政治上坚持四项基本原则,即坚持社会主义道路、坚持无产阶级专政(1981 年,全国人大将《中华人民共和国宪法》中的"无产阶级专政"改为"人民民主专政")、坚持中国共产党的领导、坚持马列主义毛泽东思想。

2. 改革开放伟大实践与精神家园的创新

1981 年 6 月召开的党的十一届六中全会通过了《关于建国以来党的若干历史问题的决议》。决议科学地评价了毛泽东思想,强调毛泽东思想是中国共产党的宝贵精神财富,将长期指导党的行动。该决议的通过,标志着党

---

① 《三中全会以来重要文献选编》(上),人民出版社,1982 年,第 4 页。
② 《中华人民共和国国史全鉴》(第五卷),团结出版社,1996 年,第 5320 页。

在指导思想上拨乱反正的历史任务已经完成。在此基础上,党的十二大重新界定了对国内主要矛盾和阶级斗争的认识,即"在剥削阶级作为阶级消灭以后,我国社会存在的矛盾大多数不具有阶级斗争的性质,阶级斗争已经不是主要矛盾。……我国社会的主要矛盾是人民日益增长的物质文化需要同落后的社会生产之间的矛盾"①。根据这个判断,会议制定了全面开创社会主义现代化建设新局面的纲领。此时,中国共产党对社会主要矛盾的认知,开始恢复到党的八大的认识上来。由于对主要矛盾认识的改变,党的总任务和工作重点也实现了根本转变。党的十三大系统阐述了社会主义初级阶段的理论,完整地概括了党在社会主义初级阶段的基本路线,从指导思想、历史阶段、根本任务、发展动力、必要条件、国际环境等方面,勾画了建设有中国特色的社会主义理论的轮廓。南方谈话之后,党的十五大正式将邓小平理论确立为全党的指导思想,使中国共产党在意识形态、价值、信仰、纲领、政党心理和党风等各个方面都发生了变化,推动了中国共产党人精神家园的持续健康发展。此后,随着改革开放的深入实践,中国共产党又在新的历史条件下形成了"三个代表"重要思想、科学发展观和习近平新时代中国特色社会主义思想,中国共产党人的精神家园也在经历各种困难和考验之后,焕发出新的活力,掀开了新的篇章。

回顾改革开放四十多年波澜壮阔的实践,中国共产党人谱写了一首首精神壮歌,留下了许多宝贵的精神财富。

一是敢为人先的小岗精神。小岗村是中国农村改革的发源地。在改革开放历史中,书写了浓墨重彩的一笔。小岗村民突破教条、勇于开拓的实践精神,也孕育了改革创新精神之源——小岗精神。小岗精神突出表现为大包干制度的创造,而投射出的是制度创新的精神。联产承包的做法对于解

---

① 《中国共产党历次党章汇编(1921—2002)》,中国方正出版社,2006 年,第 311 页。

决当时中国几亿农民面临的最大现实问题提供了最有效的途径。从精神层面来看,其所折射出的"敢闯敢干、敢为人先"的改革精神和探索勇气,对于中国启动全面改革和推进社会发展进程发挥了重要作用。

二是永葆本色的孔繁森精神。孔繁森是新时期领导干部的楷模。在他短暂的一生中(1944—1994 年),用自己的奉献、牺牲、坚韧、清廉书写了一个共产党员的情怀。孔繁森以自己的实际行动,展现了当代共产党人的优秀品质,塑造起新时期党的领导干部的崇高形象,用鲜血和生命谱写了一曲具有时代精神的奋斗之歌、创业之歌、奉献之歌。他顾全大局、对党忠诚的坚强党性,热爱人民、服务人民的公仆情怀,清正廉洁、克己奉公的高尚品格,开拓进取、求真务实的拼搏精神,将永远砥砺着共产党人勇敢前行。

三是同舟共济的抗洪精神。1998 年入汛以后,长江流域和嫩江、松花江流域相继发生了百年不遇的特大洪水,经济社会发展和人民生命财产安全都受到了严重威胁。在抗洪抢险的过程中,全国人民同舟共济,表现出了气吞山河的英雄气概,形成了"万众一心、众志成城,不怕困难、顽强拼搏,坚韧不拔、敢于胜利"的伟大抗洪精神。抗洪精神是爱国主义、集体主义和社会主义精神的弘扬,"是中华民族的民族精神在当代中国的集中体现和新的发展"①。

四是仁心大爱的抗击"非典"精神。2003 年春,我国一些地区发生了"非典"疫情,这是中华民族面临的一场大灾难,也是中国共产党面临的一次重大考验。在抗击"非典"的斗争中,铸造了特殊的抗击"非典"精神。这是一种"万众一心、众志成城,团结互助、和衷共济,迎难而上、敢于胜利"的精神。② 抗击"非典"精神是中国共产党人精神家园的丰富和发展,这些精神已

---

① 《江泽民文选》(第二卷),人民出版社,2006 年,第 231 页。
② 《十六大以来重要文献选编》(上),中央文献出版社,2005 年,第 394 页。

经融入中国人的血脉中得以延续,凭借这种精神,我们又战胜了 2019 年爆发的新冠肺炎疫情,并形成了伟大抗疫精神。

五是多难兴邦的抗震救灾精神。2008 年 5 月 12 日,四川汶川发生里氏 8.0 级强烈地震。这是新中国成立以来破坏性最强、波及范围最广、救灾难度最大的一次地震。突如其来的大地震,给汶川人民造成了巨大的生命财产损失。在党中央的领导下,全国军民不畏艰难,团结一致,有力有序地开展了气壮山河的抗震救灾斗争。胡锦涛强调,"万众一心、众志成城,不畏艰险、百折不挠,以人为本、尊重科学"的伟大抗震救灾精神,"是爱国主义、集体主义、社会主义精神的集中体现和新的发展,是我们党和军队光荣传统和优良作风的集中体现和新的发展,是中华民族精神在当代中国的集中体现和新的发展"。[①]

六是梦圆飞天的航天精神。载人航天工程是当今世界高新技术发展水平的集中体现,是衡量一个国家综合国力的重要标志。1992 年 9 月 21 日,中央做出实施载人航天工程的战略决策。"在长期的奋斗中,我国航天工作者不仅创造了非凡的业绩,而且铸就了特别能吃苦、特别能战斗、特别能攻关、特别能奉献的载人航天精神。"[②]载人航天精神是"两弹一星"精神在新时期的发展和延伸,展现了中国共产党勇攀科技高峰、创新求实的品格,也为实现中华民族伟大复兴的中国梦增添了新的精神支撑与动力。

七是共生共赢的丝路精神。新的历史时期,随着国际秩序深刻调整,全球经济一体化不断深入,中国正在并将越来越主动地参与到国际事务中。中国共产党领导中国人民在参与全球政治、经济、文化的交流中,逐渐形成了适应新形势的精神品格与交流原则。习近平因应形势,倡导有关国家共

---

① 胡锦涛:《在抗震救灾先进基层党组织和优秀共产党员代表座谈会上的讲话》,《人民日报》,2008 年 7 月 1 日。

② 《十六大以来重要文献选编》(上),中央文献出版社,2005 年,第 490 页。

建"丝绸之路经济带"和"21世纪海上丝绸之路",体现了积极的姿态和负责的态度。习近平还倡导,要用丝路精神推进"一带一路"乃至国际局势的和平发展。"丝路精神"即"和平合作、开放包容、互学互鉴、互利共赢"的精神,这种精神是对以和为贵的中国精神的沿袭和发展,同时也是中国共产党处理国际关系、发展经济社会重要理念的升华。

总之,历史新时期形成的改革精神,从时间维度拓展了中国共产党人精神家园的宽度,从精神维度丰富了中国共产党人精神家园的内涵,既有对历史的传承和坚守,又有对现实的适时反映,展现了中国共产党人不断丰富发展的精神世界。

二、中国共产党人精神家园建设的基本经验

中国共产党的百年历史,正是为了自己的初心、追求自己的使命,在伟大精神支撑下不懈奋斗的历史。把中国共产党人精神家园放到马克思主义中国化百年变迁的场域中考察,可以发现,其中有成绩和辉煌,也有挫折和失误。认真总结这些经验教训,对于新时代建设守护好中国共产党人的精神家园具有重要的教益。

(一)必须坚持以马克思主义为指导

理论是系统化的思想、理性化的精神。科学的理论一经被群众掌握,就会变成强大的物质力量。马克思主义是人类历史上最严密、最完整的科学思想体系,是党的根本指导思想,这就从本质上规定了中国共产党人精神家园的先进性和科学性。我们党在实践基础上不断进行理论创新,又赋予精

神家园与时俱进的优秀品格。在长期的革命、建设和改革实践中,中国共产党把马克思列宁主义同中国实际相结合,产生了两次历史性飞跃,创立了毛泽东思想和中国特色社会主义理论体系这两大理论成果,极大地丰富和发展了马克思主义,同时也在理论创新中孕育了中国共产党人的精神家园。中国共产党人的精神家园,在马克思主义指导下保持了先进本色,也在党的科学化、系统化的理论创新中获得了无限的发展空间。

"我们的党从它一开始,就是一个以马克思列宁主义的理论为基础的党,这是因为这个主义是全世界无产阶级的最正确最革命的科学思想的结晶。"①马克思主义理论的最大特点就是始终站在时代前列,在汲取一切科学成果的基础上,对当时的社会现实进行了最彻底的批判,并对人类的未来进行了最大胆的想象与描绘,进而激发出特有的共产主义想象力、号召力和斗争精神。马克思指出:"理论在一个国家实现的程度,总是决定于理论满足这个国家的需要的程度。""光是思想力求成为现实是不够的,现实本身应当力求趋向思想。""彻底的革命只能是彻底需要的革命"。② 正如美国学者费正清所体会的那样,马克思主义旗帜是基于中国致力于独立、民主、富强所必需的内在需求,"形成马克思主义中国化的最后因素,是基于文化和历史骄傲的中国民族主义的情绪,那意味着中国不能当别人的尾巴。实际上就是说,中国人民只能接受中国的马克思主义"③。与其他社会思潮相比,处于社会极度混乱和各种中外势力竞相压榨的时代,要想彻底改变中国长久以来被压迫、被剥削的积贫积弱现象,只有以马克思主义武装起来的中国共产党才可能担此重任,因为只有马克思主义没有任何私利,具有真正的"彻底性"和"大无畏"的革命精神。相形之下,任何"中间阶级",即使是先进、开

---

① 《毛泽东选集》(第三卷),人民出版社,1991年,第1093页。
② 《马克思恩格斯选集》(第一卷),人民出版社,1995年,第11页。
③ [美]费正清:《伟大的中国革命》,刘尊棋译,世界知识出版社,2000年,第301页。

明的资产阶级知识分子,也往往怀着明显的"有节制的利己主义",对于最广大的普通民众而言,根本不具有吸引力和号召力。

中国共产党的理想信念就是实现共产主义。在此意义上,共产党就是实现共产主义的必要组织条件,是促使共产主义成为现实运动的必要政治前提。1985年,邓小平在总结社会主义建设经验时指出:"马克思主义的另一个名词就是共产主义。我们多年奋斗就是为了共产主义,我们的信念理想就是要搞共产主义。在我们最困难的时期,共产主义的理想是我们的精神支柱,多少人牺牲就是为了实现这个理想。共产主义是没有人剥削人的制度,产品极大丰富,各尽所能,按需分配。按需分配,没有极大丰富的物质条件是不可能的。要实现共产主义,一定要完成社会主义阶段的任务。社会主义的任务很多,但根本一条就是发展生产力,在发展生产力的基础上体现出优于资本主义,为实现共产主义创造物质基础。"[1]在邓小平心目中,并不存在抽象的马克思主义,马克思主义的精髓及其内容指向,就在于找到了通向"共产主义"的康庄大道,这符合马克思主义的真正精神。马克思一贯强调"无产阶级不把哲学变成现实,就不可能消灭自身",无产阶级要想成为领导阶级并最终消灭剥削,必须善于将马克思主义原理转化为"现实"。[2] 只有将马克思主义的原则、方法自觉转化为实现共产主义的行动,才能促进生产力的巨大发展,最终使自己成为社会文明和历史的主人。众所周知,马克思对一切抽象的意识形态都持批判和怀疑的态度。"一切划时代的体系的真正的内容都是由于产生这些体系的那个时期的需要而形成起来的,所有这些体系都是以本国过去的整个发展为基础的,是以阶级关系的历史形式及其政治的、道德的、哲学的以及其他的后果为基础的。"[3]理论的革命性、彻

---

① 《邓小平文选》(第三卷),人民出版社,1993年,第137页。
② 《马克思恩格斯选集》(第一卷),人民出版社,1995年,第16页。
③ 《马克思恩格斯全集》(第3卷),人民出版社,2002年,第54页。

底性必须通过具体的实践显示出来,或者说,理论的力量最终必须通过改变现实的巨大威力和效力体现出来。

"理论若不和革命实践联系起来,就会变成无对象的理论,同样,实践若不以革命理论为指南,就会变成盲目的实践。"①无论革命战争年代,还是建设改革时期,都必须强调马克思主义的普遍原理与各国实际相结合,这是马克思主义经典作家的一贯要求,也是中国共产党人精神家园建设的一贯要求。对这种"结合逻辑"的一个表达形式就是"解放思想、实事求是"。这个口号作为马克思主义中国化的活的灵魂,是在历史的惨痛教训中逐步总结出来的,其针对的"首要对象"就是在社会决策中起决定作用的领导干部,并上升为对全体党员认识和实践的基本要求。毛泽东认为:"实事求是,理论与实际密切联系,则是一个党性坚强的党员的起码态度。"尤其是对于"一个担负着伟大革命任务的大政党"而言,"必须力戒空疏,力戒肤浅,扫除主观主义作风,采取具体办法,加重对于历史,对于环境,对于国内外、省内外、县内外具体情况的调查与研究"。② 这一要求并不高深、抽象,因为这是中国共产党起码的要求。中国社会在不断变化之中,中国"新的伟大革命"也在不断发展之中,马克思主义具体运用于中国实际不可能一次完成,必须适应于不断发展变化的中国实际,在新的历史条件下进行新的认识、新的概括、新的决策,这正是"解放思想"所要解决的问题。

当前,社会文化与价值取向多样化对马克思主义的指导地位带来了很大冲击。我国思想领域呈现"一元主导、多样并存"的状况,形成了众声喧哗的热闹景象。这既是社会开放和进步的体现,但也不可避免地会给党所倡导的主导思想带来冲击和影响。全面开放的市场经济必然带来价值取向多

---

① 《斯大林选集》(上卷),人民出版社,1979 年,第 199~200 页。
② 《毛泽东文集》(第二卷),人民出版社,1993 年,第 361 页。

样化。思想解放与思想混乱并存、主旋律中夹杂着噪声,这是新时代思想领域的重要特点。尤其是在社会转型的过程中,公平、正义一定程度的缺失,分配领域贫富差距的拉大,特别是少数人以非法手段暴富等消极现象,造成了一些人心理失衡和价值观扭曲,对社会主义核心价值体系的冲击不容低估。在一些场合和领域,凡事以金钱为衡量标准,用金钱开道成为潜规则;为争夺金钱、权力不择手段被少数人奉为圭臬;一些人眼中已经没有是非、善恶、美丑的区分,只有赤裸裸的自我利益。躲避崇高、亵渎神圣、调侃理想、贬低传统、告别革命的言论,虽然算不上社会舆论的主流,却也成为一股不可小觑、有一定市场的"时髦"论调。党员干部处于这样的社会环境下,不可能不受其影响,加之当今世界社会主义运动尚处于低潮,西方社会不断加紧对我国实施"西化""分化"的图谋,不断进行思想和文化渗透,一些党员甚至认为马克思主义已经过时,越讲精神越吃亏,坚持原则反而被"逆淘汰"。这种情况应该引起高度重视。理论上清醒,政治上才能坚定。马克思主义是我们立党立国的根本指导思想,是中国共产党人精神家园建设的旗帜和灵魂。马克思主义中国化的最新成果,集中体现为习近平新时代中国特色社会主义思想。当前和今后一个时期,必须坚定不移高举这一中国共产党人的思想旗帜和精神旗帜,推动习近平新时代中国特色社会主义思想深入人心,坚持不懈地用这一创新理论武装全党、教育人民,形成步调一致向前进的强大力量。

(二)必须围绕党的政治路线来展开

围绕党的政治路线加强党的精神家园建设,是中国共产党人精神家园建设的一条重要经验。党的建设必须密切联系党的政治路线是毛泽东建党思想的基本理论观点之一。在1939年10月发表的《〈共产党人〉发刊词》一文中,毛泽东深刻总结了党成立以来党的建设的丰富经验,从中国的实际出发,阐明了党的建设必须密切联系党的政治路线来进行这一党的建设的基本指导原则。党的事业的发展,必须有一条马克思主义的正确路线,也必须有一个能够保证这种路线彻底执行的无产阶级革命政党,两者缺一不可。必须正确认识和处理好这两者的关系。毛泽东指出,在半殖民地半封建的中国,资产阶级民主革命有两个基本特点:第一,无产阶级必须同资产阶级建立革命的统一战线;第二,革命的主要形式是武装斗争。这是中国共产党建设的特殊环境。"党的失败和胜利,党的后退和前进,党的缩小和扩大,党的发展和巩固,都不能不联系于党同资产阶级的关系和党同武装斗争的关系。"①统一战线、武装斗争、党的建设是中国民主革命的三个基本问题,是中国共产党在民主革命中战胜敌人的三个主要法宝。"正确地理解了这三个问题及其相互关系,就等于正确地领导了全部中国革命。"在这三个问题中,党的建设又具有特殊重要性。毛泽东指出:"统一战线和武装斗争,是战胜敌人的两个基本武器。统一战线,是实行武装斗争的统一战线。而党的组织,则是掌握统一战线和武装斗争这两个武器以实行对敌冲锋陷阵的英勇战士。"②中国共产党百年的历史证明,什么时候党的政治路线正确,党的建设就健康发展;反之,党的建设就会遭到挫折。毛泽东提出的党的建设必须与党的政治路线密切结合的建党原则,丰富和发展了马克思主义的建党学说,不仅在民主革命时期指导了党的建设,对于今天加强党的建设,仍然有着重要的现实指导意义。党的精神家园建设作为党的建设的重要领域和组成部分,同样要遵循马克思主义党的学说原理和党的建设的规律,把贯彻党的政治路线与党的主体精神实践进程统一起来,是中国共产党人精神家园

---

① 《毛泽东选集》(第二卷),人民出版社,1991年,第605页。

② 同上,第613页。

建设的政治保证和实践逻辑。

密切围绕党的政治路线来加强党的精神家园建设,将贯彻党的政治路线与党的主体精神实践进程统一起来,为中国共产党人精神家园建设提供政治保证。党的精神家园建设是马克思主义党的学说在党的建设实践中不断地完善和发展的结晶,是马克思主义建党理论同党的建设实践的统一。党的政治路线是党的纲领在一定历史时期的具体体现,党的精神家园建设历来是围绕党所承担的历史任务开展的。党的政治路线不仅规定了党的政治任务,也规定了党的精神家园建设的任务,它不仅决定着党的行动的总方向,也决定着党的精神家园建设的前进和发展。只有围绕党的政治路线进行党的精神家园建设,才能使的精神家园建设有丰富的政治内容、正确的政治方向、明确的政治要求、坚实的政治基础,党的精神家园建设也会有所前进,否则党的建设和发展就无从谈起。党的建设发展史表明,党的精神家园建设搞好了,党巩固和发展了,也就使党能够正确地制定和执行政治路线。

毛泽东系统地阐述过包括党员精神道德修养在内的马克思主义修养的重要性,对共产党人的精神道德品质提出了比较全面的要求。他在1937年党的全国代表会议上所作的结论中,要求党员和党的干部要忠诚积极,富有牺牲精神;在《反对自由主义》中,要求共产党员要襟怀坦白,忠诚老实。关于共产党员道德修养的途径,毛泽东扬弃了中国古代的知行学说,提出了理论和实践相结合的思想,并在自己的政党道德理论中加以应用。毛泽东指出:"我们的结论是主观和客观、理论和实践、知和行的具体的历史的统一。"①关于共产党员道德修养的方法,毛泽东摒弃了古人"自省""慎独"的修养方法,号召共产党员到革命实践中去发现并克服自身的缺点,在革命斗

---

① 《毛泽东选集》(第一卷),人民出版社,1991年,第296页。

争的实践中完善自我。只有这样,才能成为一个对革命有用的人。毛泽东非常重视刘少奇的《论共产党员的修养》,把它列为延安整风的必读文件,用以加强党员的共产主义思想道德修养。他还说,他讲"整风",刘少奇讲"修养",其实是一个意思。在新的历史时期,特别是在改革开放以后,党员队伍开始分化。真正的共产党员,是不断向党靠拢,向人民靠近的;大多数共产党员,时刻牢记共产主义理想信念,仍保持共产党员的荣誉与光荣,但也有个别党员思想上并没有入党,他们在西方自由主义私有价值观的腐蚀下,完全忘记和抛弃了共产主义理想信念,被金钱、权力、美色蒙住了眼睛,干起了贪污受贿、腐化堕落的勾当。他们蒙蔽百姓,障遮党辉,毁损党性,入党是为了升官,升官是为了发财。因此,要确保中国特色社会主义建设事业的胜利,必须切实加强党的精神家园建设。一方面,在长期执政的条件下,党的建设最根本、最主要、最关键的是不断加强党的执政能力建设,不断提高党的领导水平和执政水平。另一方面,中国共产党要长期、有效地执政,不仅要有政治上的合法性,而且要有精神道德上的合理性;不仅要领导人民制定法律并在法律范围内活动,而且要成为精神道德的楷模,这样才能使其执政能力内含有精神道德的感召力。因此,提高党的长期执政能力,必须按照党的政治路线进行,围绕党的中心任务来展开,朝着党的建设总目标来加强;必须依靠执政为民的思想道德和精神教育,依靠政党制度伦理和党员个体道德的支撑,进一步把中国共产党建设成为践行共产主义远大理想和中国特色社会主义共同理想的精神实体。

密切围绕党的政治路线来加强党的精神家园建设,将贯彻党的政治路线与党的主体精神实践进程统一起来,是中国共产党人精神家园建设的实践逻辑。① 党的建设的历史经验告诉我们,能否制定一条正确的政治路线,

---

① 肖力、邢洪儒:《中国共产党精神建设研究》,光明日报出版社,2012 年,第 110 ~ 111 页。

历来是党的政治建设乃至整个党的建设的核心问题。能否围绕党的政治路线加强党的建设，关系到党的生死存亡、事业兴衰。我们党在革命战争年代经历过无数艰难险阻，但党的队伍不但没有溃散，反而越来越壮大、越来越巩固。这既不是靠金钱的引诱，也不是靠权力的强制，而是靠每个党员发自内心的马克思主义信仰和道德来指导与约束自己的。当今世界和中国正在发生广泛而深刻的变革，党面临的长期执政考验、改革开放考验、市场经济考验、外部环境考验，将是长期的，也是严峻的。如果不加强精神家园建设，党的道德水准就会在不知不觉中滑坡，党在人民群众心目中的威望就会下降。因此，要加强党员干部党性锻炼和思想道德修养，教育党员干部做道德表率，筑牢拒腐防变的思想、道德和精神基础。我们必须以习近平新时代中国特色社会主义思想为指导，坚持全面从严治党，把党的精神家园建设放在国际大背景中去思考，放到世界社会主义运动的大潮流中去分析，放到当代世界政党政治的大格局中去把握，努力认识和掌握党的精神家园建设的规律，进一步把贯彻党的政治路线与党的主体精神实践进程统一起来，切实使党的建设能够始终与时代潮流、世界大势同频共振。

（三）必须坚持不懈地进行培育引导

历史经验证明，任何先进政党精神家园的形成，都是先进阶级意识的自觉文化表现，是先进政党积极主动培育引导的结果，是先进人物持久发挥先锋模范作用的产物。中国共产党人的精神家园之所以长盛不衰、影响深远，主要得益于我们党百年形成的思想政治工作的优良传统和科学机制。

一是党的领袖历来重视培育弘扬中国共产党人的精神家园。中国共产党人精神家园的产生和发展，凝聚着党的几代领导核心的卓越智慧和宝贵心血。党的主要领导人不仅亲自总结倡导我们党的伟大精神，而且率先垂范,成为中国共产党精神的人格化身。从民主革命时期开始,由毛泽东培育形成的精神家园,鼓舞和引导全国人民推翻了"三座大山",建立了新中国。新中国成立后,他多次强调,要保持过去战争时期的那么一股劲,那么一股革命热情,那么一股拼命精神。改革开放以后,邓小平在全党大力倡导"革命和拼命精神,严守纪律和自我牺牲精神,大公无私和先人后己精神,压倒一切敌人和压倒一切困难的精神,坚持革命乐观主义、排除万难去争取胜利的精神",这"五种革命精神"[①]使之成为中华民族和中国人民的精神支柱,使我们成功地走出了一条具有中国特色的社会主义道路。在新的历史条件下,江泽民大力倡导"六十四字"创业精神、伟大的抗洪精神,大力弘扬井冈山精神、长征精神、延安精神、西柏坡精神以及"两弹一星"精神等,赋予中国共产党人精神家园以新的时代内涵。党的十六大以来,胡锦涛重提西柏坡精神中的"两个务必",把"立党为公、执政为民""求真务实"作为新时期的政党精神,并领导全党和全国人民取得了抗击"非典"和抗震救灾的胜利,形成了抗击"非典"精神和抗震救灾精神。在实现中华民族伟大复兴的关键阶段,习近平提出,"我们党在长期奋斗历程中形成的优良传统和革命精神,是一笔宝贵的精神财富和丰厚的政治资源"。"我们走得再远都不能忘记来时的路"。"我们千万不能在一片喝彩声、赞扬声中失去了革命精神和斗志,逐渐进入一种安于现状、不思进取、不敢斗争、贪图享乐的状态。如果那样,对我们党来说就是极大的危险。不忘初心,继续前进,就包含着不忘革命精神这个重大命题"。[②] 可以说,正是中国共产党一以贯之地重视加强党的精神家园建设,才一步步使中国共产党人从精神上的强大变为物质上的强大,领导全党和全国人民从胜利不断走向新的胜利。

---

① 《邓小平文选》(第二卷),人民出版社,1994年,第327页。
② 习近平:《论坚持全面深化改革》,中央文献出版社,2018年,第325、326页。

　　二是及时发现、树立和推广先进典型。一个充满希望的时代不能没有先进引领，一个肩负重任的政党不能没有榜样标杆。中国共产党的历史，就是无数先辈勇敢走在时代前列，引领全党全国人民披荆斩棘、攻坚克难、接续奋斗的历史。中国共产党人精神家园的形成，不仅需要党的领袖重视，而且需要榜样精神和行动楷模来带动。新民主主义革命时期，恶劣的环境、残酷的战争，广大党员并没有多高的马克思主义理论水平，而每个共产党员都努力成为英勇作战的模范、执行作战的模范、遵守纪律的模范、政治工作和内部团结的模范，每个党员就是一面旗帜，他们以自己的先锋模范形象，靠坚定信念、崇高人格、献身精神，始终站在斗争最前列，用高尚的人格和无声的行动带动了全党、教育了全党、感染了全党，起到了很强的示范、激励、启迪和感召的作用。正如毛泽东指出的："中国共产党以自己最艰苦奋斗的经历，以几十万英勇党员和几万英勇干部的流血牺牲，在全民族几万万人中间起了伟大的教育作用。"[①]中国共产党人的精神家园，既表现在轰轰烈烈的英雄壮举中，也体现在平凡的学习、工作和生活中，各级党组织紧密结合形势任务，注意从各条战线、各种岗位上，发现和培养反映时代风貌、具有创新精神的先进群体和先进个人，在党员和群众中掀起学先进、学英模的阵阵热潮。雷锋精神、焦裕禄精神、铁人精神、孔繁森精神、载人航天精神等都是我们党的精神家园在各个领域的具体表现和延伸。先进模范人物的涌现及产生的巨大社会效应，充分表明了时代和人民群众对中国共产党精神家园的认同，实现了精神家园由个体向群体的转化。

　　三是利用各种行之有效的方法途径进行传播和教育。其一，领袖亲笔题词或作重要讲话，用简明扼要的笔墨概括出精神实质。比如，在倡导学习雷锋精神的过程中，1963年2月22日，毛泽东亲笔题词："向雷锋同志学

---

　　① 《毛泽东选集》(第一卷)，人民出版社，1991年，第184~185页。

习",向全党、全军和全国人民发出了学雷锋的号召,3月5日,《人民日报》刊载了毛泽东的题词。周恩来的题词是:"向雷锋同志学习爱憎分明的阶级立场,言行一致的革命精神,公而忘私的共产主义风格,奋不顾身的无产阶级斗志。"从此,雷锋精神在祖国大地传播。2014年1月24日,习近平深情嘱咐雷锋生前所在团政委"要把雷锋精神弘扬好"。3月11日,他在接见部分来自基层一线的军队人大代表时,勉励雷锋生前所在团所有官兵都要做雷锋精神的"种子",使雷锋精神在祖国大地上得到广泛传播。其二,举办重大纪念活动,营造浓厚的学习氛围。重大纪念活动具有庄严性、神圣感和精神性。重大纪念活动与精神密不可分,利用重大纪念活动总结、提炼和传播自己的精神理念,凝聚人心,振奋精神,是我们党的一大特点。"建党纪念,往往要总结党的自身建设经验和执政经验;国庆纪念,往往要总结新中国经济社会发展经验;建军纪念,往往要总结人民军队发展与人民军队建设经验;重大历史事件纪念,往往要从历史事件出发提炼一些带经验性、规律性的东西。"①这些提炼出来的经验,基本上都是我们党的精神家园的具体体现。利用重大纪念活动等仪式对中国共产党人的精神家园进行整合传播,是中国共产党的一条重要经验。其三,组织先进事迹报告会,增强教育的感染力。中国共产党非常注重榜样作用的发挥。通过组织学习英雄模范的先进事迹,生动呈现共产党员的思想品质和精神境界,充分发挥先进典型示范引领作用,用身边事教育身边人,增强了学习教育的针对性、时效性、感染力,充分引导党员干部激发干事创业的精气神,练就担当作为的宽肩膀。此外,我们党还通过建立教育基地,让革命传统、英雄事迹和高尚精神走进千家万户,渗透到人们的心灵。新修订的《中国共产党纪律处分条例》首次将"英雄模范"写入条例中,彰显了中央对英雄模范的重视,再次释放出以铁的纪律

095

---

① 陈金龙:《改革开放与民族精神》,广东教育出版社,2008年,第54页。

管党治党的强烈信号。这些措施有力促进了中国共产党人精神家园由被动形成向主动扩展方面的转化。

（四）必须坚持中国共产党的自我纠错

马克思主义政党的一个特质就在于,它始终以"彻底批判"作为自己理论和实践行为的品格。"共产党人的责任不是隐晦自己运动中的弱点,而是公开地批评这些弱点,以便迅速而彻底地克服它们。"①"为了党本身的利益,批评必然是尽可能坦率的。"②"工人运动的基础是最尖锐的批评现存社会,批评是工人运动生命的要素,工人运动本身怎么能逃避批评,禁止争论呢?难道我们要求别人给自己以言论自由,仅仅是为了在我们自己队伍中又消灭言论自由吗?"③显然,无产阶级政党应该具备资产阶级政党所没有的宽阔胸襟,善于将"批评"视为促进革命运动前进的一个重要动力。中国共产党是用马克思主义武装起来的无产阶级政党,其革命精神的一个鲜明标志就是敢于"批评和自我批评",并以此作为自行纠正错误、不断走向成熟的基本逻辑。

就主体间的关系而言,"批评"特指主体针对他人进行批判,而"自我批评"则是指自己批判自己。"批评"的逻辑着眼于批评的双方:一方是批评者,另一方是被批评者。双方的关系既是彼此对立的,又是可以相互转化的。因此,也可以把批评的本质理解为一种互为主体的"相互批评"。在进行相互批评时,遵守一定的规范是必要的——"党内批评要防止主观武断和

---

① 《列宁选集》(第四卷),人民出版社,1995 年,第 235 页。
② 《马克思恩格斯选集》(第四卷),人民出版社,1995 年,第 561 页。
③ 同上,第 687~688 页。

把批评庸俗化,说话要有证据,批评要注意政治。"①之所以如此,是因为批评本身并不是目的,真正的目的在于通过批评来澄清是非,明确目标,统一行动。相比较而言,"自我批评"逻辑所涉及的则是唯一的独立主体。主体本身兼具批评者和被批评者的双重角色:自己既是自己的批评者,同时又是自己批评的真诚接受者。在自我批评的逻辑下,批评完全内化为一种自觉的意识和行动。毛泽东曾以打扫房间和洗脸来比喻"自我批评"的重要性,他说:"房子是应该经常打扫的,不打扫就会积满了灰尘;脸是应该经常洗的,不洗也就会灰尘满面。我们同志的思想,我们党的工作,也会沾染灰尘的,也应该打扫和洗涤。"②在革命实践中,不管是批评别人抑或批评自己,都是需要勇气的,这一勇气就来自中国共产党全心全意为人民服务的宗旨意识。正因为如此,"一个共产党员,应该是襟怀坦白,忠实,积极,以革命利益为第一生命,以个人利益服从革命利益,无论何时何地,坚持正确的原则,同一切不正确的思想和行为作不疲倦的斗争……这样才算得一个共产党员"③。

之所以强调要开展批评与自我批评,目的当然在于及时纠正"左"和右的各种偏差,从而推动党的事业更好地发展。要达到这一目的,除了必须具备大公无私的勇气,更重要的一点还需要有辩证唯物主义和历史唯物主义的科学态度。不管是"左"倾也好,右倾也罢,贯穿其中的思想方法都具有片面性,其本质是割裂矛盾双方,把双方绝对地对立起来,然后抓住一方,否定另一方。历史经验表明,反对"左"倾时往往伴随着右倾,而反对右倾时则往往伴随着"左"倾,这是我们习惯于"以右反'左'"或"以'左'反右"的必然结果。究其原因,关键还是没有从思想方法上真正解决问题。如果说实践中发生"左"右摇摆具有某种必然性,那么思想方法上的极端化就只会增加

---

① 《毛泽东选集》(第一卷),人民出版社,1991年,第92页。
② 《毛泽东选集》(第三卷),人民出版社,1991年,第1096页。
③ 《毛泽东选集》(第二卷),人民出版社,1991年,第361页。

"左"右摇摆的幅度和次数。在错误的思想方法指导下进行纠错,其结果并不能解决矛盾,而只能是扩大矛盾、激化矛盾,这在党史上已经有很多惨痛的教训了。列宁说得好:"要真正地认识事物,就必须把握住、研究清楚它的一切方面、一切联系和'中介'。我们永远也不会完全做到这一点,但是,全面性这一要求可以使我们防止犯错误和防止僵化。"①怎样才能做到这一点呢? 这就要求我们在批评中贯彻实事求是的精神,用马克思主义的基本观点来分析和解决具体矛盾,把矛盾双方真正有机地、具体地结合起来。

从中国共产党的发展历程来看,将"左"与右视为警戒线已经成为中国共产党自我纠错的一条基本经验。毛泽东指出:"党在过去犯过许多大的、小的、'左'的、右的、不合于马克思主义原则性的错误,党也从对这些错误的斗争中锻炼得更强些,革命成绩也从克服错误的斗争中得出来。现在还存在着的将来也会要发生的错误,必须根据马克思主义的原则性给以解决与给以防止。这就是我们党的理论与实际的发展观。"②"错误和挫折教训了我们,使我们比较地聪明起来了,我们的事情就办得好一些。任何政党,任何个人,错误总是难免的,我们要求犯得少一点。犯了错误则要求改正,改正得越迅速,越彻底,越好。"③在土地革命战争时期,当中国共产党因"左"倾错误肆虐而濒临全局失败之际,毛泽东响亮地提出了反对本本主义、教条主义的口号。到延安整风时,中国共产党更是明确地将"实事求是"确定为党的基本思想路线。但是新中国成立之后,由于主观上的急躁情绪及客观上缺少制度约束等复杂的历史原因,中国共产党逐渐偏离了"实事求是"的基本原则,导致了"大跃进"和"文化大革命"等一系列错误。经由"实践是检验真理的唯一标准"的大论战,"解放思想,实事求是"的思想路线重新得以确

---

① 《列宁选集》(第四卷),人民出版社,1995年,第419页。
② 《毛泽东文集》(第一卷),人民出版社,1993年,第507页。
③ 《毛泽东选集》(第四卷),人民出版社,1991年,第1480页。

立,这才有改革开放的开启和中国特色社会主义道路的成功探索。历史与现实反复证明,只有以"批评与自我批评"的革命精神不断自我纠正实践中"左"与右的偏差,中国共产党才能获得恒久的生命力,才能将改革开放这场"新的伟大革命"①蓬蓬勃勃地进行下去。

无私才能无畏,无私才能担当。我们党除了最广大人民的利益,没有自己的私利,从不隐瞒自身的缺点和错误,也从不忌讳任何形式的批评和指责。毛泽东曾指出:"以'惩前毖后,治病救人'为宗旨的整风运动之所以发生了很大的效力,就是因为我们在这个运动中展开了正确的而不是歪曲的、认真的而不是敷衍的批评和自我批评。"②邓小平则提出:"要通过整党,使党内的批评和自我批评能经常开展。党内不论什么人,不论职务高低,都要能接受批评和进行自我批评。"③江泽民提出:"要经常运用批评和自我批评的武器,开展积极的思想斗争,坚持真理,修正错误。各级党组织都要努力增强解决自身矛盾的能力,勇于正视和解决存在的问题,决不回避和粉饰。"④胡锦涛提出:"批评和自我批评是我们党的一个好传统,是正确解决党内矛盾、促进团结和进步的一个好武器。"⑤习近平说:"批评和自我批评是我们党强身治病、保持肌体健康的锐利武器,也是加强和规范党内政治生活的重要手段。领导干部要带头,班子要作表率,在党内营造批评和自我批评的良好风气。领导干部要坚决反对事不关己、高高挂起,明知不对、少说为佳的庸俗哲学,坚决克服文过饰非、知错不改等错误倾向。"⑥这些重要论述告诉我

---

① 习近平在党的十八届三中全会上郑重重申:"改革开放是我们党在新的历史条件下带领人民进行的新的伟大革命"。参见习近平:《关于〈中共中央关于全面深化改革若干重大问题的决议〉的说明》,《人民日报》,2013 年 11 月 16 日。

② 《毛泽东著作选读》(下册),人民出版社,1986 年,第 593 页。

③ 《邓小平文选》(第三卷),人民出版社,1993 年,第 38 页。

④ 《江泽民文选》(第三卷),人民出版社,2006 年,第 291 页。

⑤ 王耕:《认真贯彻中央部署确保"三讲"教育收到实效》,《光明日报》,1999 年 3 月 31 日。

⑥ 《十八大以来重要文献选编》(下),中央文献出版社,2018 年,第 459～460 页。

们,党的精神家园质量如何,有没有流于形式,是不是做样子,关键要看批评与自我批评开展得怎么样。"乡愿,德之贼也。"那种不讲政治、不讲原则的你好我好大家好,是党内政治生活极不严肃的表现,是作风建设的腐蚀剂,也是滋生腐败现象的庇护所。党的精神家园要有战斗性,能够真正解决问题,就必须大胆使用、经常使用、用够用好批评与自我批评这个武器,使批评与自我批评成为一种习惯、一种自觉、一种责任,能够运用这个武器同形形色色违反党的精神家园的现象作斗争。

(五)必须推动党的精神家园转型创新

中国共产党人的精神家园是中国经济政治和历史文化影响的结果,是应中国社会历史发展的客观要求而产生的。中国共产党自成立以来,成功领导了新民主主义革命和社会主义革命,整个社会的文化环境都发生了巨大的变化。特别是 1978 年党的十一届三中全会之后,中国共产党从"以阶级斗争为纲"转为"以经济建设为中心",中国社会从僵化半僵化状态走向全面改革,从封闭半封闭状态走向全面开放。这一巨大的社会变迁所带来的挑战是不言而喻的。中国共产党人的精神家园只有不断超越"左"与右才能适应新的时代要求,而社会转型本身也推动着中国共产党人的精神家园不断进行着创新发展。

首先,由"革命浪漫"向"理性务实"转型创新。革命浪漫主义是中国共产党人精神家园的重要色彩,其精神支点来自共产主义的远大理想。中国共产党诞生于民族危亡的时代背景下,民族的屈辱和挫折感使党把民族振兴作为自己的目标,而这一目标与共产主义的远大理想存在阶段性的契合。"自觉肩负中华民族使命的中国共产党,把中华民族长期受到的现实逆境压抑而产生的热情、理想和愿望,不自觉地投射到理性建构起来的未来社会之上,极大地焕发出党员和群众的主体能动性,激发出'敢教日月换新天'的精神动力和思想资源。"①浪漫主义作为中国革命的重要动力源,一方面推动了中国共产党新民主主义革命的伟大胜利,另一方面,革命浪漫精神的过度泛滥也曾一度导致灾难性的后果,这在"大跃进"和"文化大革命"中表现得尤其突出。正所谓,"吃一堑,长一智"。改革开放以来,中国共产党开始大力倡导理性务实的精神,最突出的体现就是党的十三大所系统阐述的社会主义初级阶段理论。② 有了对中国国情的正确判断,中国共产党的政策和实践就有了客观、理性和科学的基础。今天的中国之所以能取得如此巨大的成就,就是因为"在改革开放三十多年一以贯之的接力探索中,我们坚定不移高举中国特色社会主义伟大旗帜,既不走封闭僵化的老路,也不走改旗易帜的邪路"③。当然,从"革命浪漫"向"理性务实"的转变,主要是就思维方式层面而言的。作为马克思主义政党的精神气质,革命浪漫主义不可能也不应该被抛弃。

其次,由"相对封闭"向"全面开放"转型创新。从本质规定性来讲,中国共产党是一个开放性的党,这主要决定于其指导思想的开放性。"马克思主义理论从来不是教条,而是行动的指南。它要求人们根据它的基本原则和基本方法,不断结合变化着的实际,探索解决新问题的答案,从而也发展马克思主义理论本身。"④从延安整风一直到中共八大之前,中国共产党人精神家园总体处于一个较好的开放状态。但是从1957年反右扩大化直到改革开放之前,尤其是"文化大革命"期间,党从思想文化、组织制度到实践行动上

---

① 赵理富:《政党的魂灵》,武汉大学出版社,2008年,第261页。
② "社会主义初级阶段"有两层含义:第一,我国已经进入社会主义社会,必须坚持而不能离开社会主义;第二,我国的社会主义社会正处于并将长期处于初级阶段,必须正视而不能超越这个初级阶段。参见中央文献研究室编:《十三大以来重要文献选编》(上),人民出版社,1991年,第9~10页。
③ 《中国共产党第十八次代表大会文件汇编》,人民出版社,2012年,第11页。
④ 《邓小平文选》(第三卷),人民出版社,1993年,第146页。

都走向了自我封闭。① 回头来看,中国共产党人精神家园的这种状态也是从党的十一届三中全会之后开始发生改变的,即从过去的相对封闭逐渐转向开放。中国共产党首先打破了"两个凡是"的思想禁锢,提出要完整准确地理解毛泽东思想,并在此基础上恢复了党的实事求是的思想路线,从而引起中国共产党在思想和政策上的一系列重大突破。在新的历史形势下,中国共产党"已经从受到外部封锁和实行计划经济条件下领导国家建设的党,成为对外开放和发展社会主义市场经济条件下领导国家建设的党"②。时代环境所发生的这种变化,促使中国共产党人精神家园不断走向全面开放。党的十八大报告指出,党在政治上要"积极借鉴人类政治文明有益成果";文化上要"扩大文化领域对外开放,积极吸收借鉴国外优秀文化成果";经济上要"全面提高开放型经济水平","实行更加积极主动的开放战略,完善互利共赢、多元平衡、安全高效的开放型经济体系"。③ "海纳百川,有容乃大。中国将继续全面对外开放,推进世界各国的互利合作,推动建设丝绸之路经济带和21世纪海上丝绸之路,实现各国在发展机遇上的共创共享。中国将以更加开放的胸襟、更加包容的心态、更加宽广的视角,大力开展中外文化交流,在学习互鉴中,为推动人类文明进步作出应有贡献。"④可以预见,带领我们走向未来的将是一个更加成熟、自信、开放的中国共产党。

再次,由"斗争至上"向"和合包容"转型创新。马克思主义认为,有文字记载以来的历史都是阶级斗争史。阶级斗争的观念作为一种理论底色,决定了中国共产党人精神家园强调斗争的鲜明倾向。在革命战争年代,阶级之间的矛盾表现为一种你死我活的对抗性矛盾。推翻反动阶级的统治,首

---

① 朱兆中:《论党的开放性》,《理论视野》,2006年第1期。
② 《江泽民文选》(第三卷),人民出版社,2006年,第536~537页。
③ 《中国共产党第十八次代表大会文件汇编》,人民出版社,2012年,第22、24、31页。
④ 习近平:《在中国国际友好大会暨中国人民对外友好协会成立60周年纪念活动上的讲话》,《人民日报》,2014年5月16日。

先夺取国家政权,这不仅是无产阶级历史使命的内在规定,同时也是中国共产党获得生存权的必然选择。因此,在战争环境下成长起来的中国共产党,其精神家园强调"斗争至上"也就在情理之中了。党的十一届三中全会,中国共产党的工作重心转为"以经济建设为中心"。虽然这并不表示中国共产党完全放弃了阶级斗争的观念(因为阶级斗争在一定范围内仍然存在甚至可能激化),但是这一转变毕竟构成了重大的转折,标志着中国共产党人的精神家园"开始向和合与包容转变"。① 在著名的南方谈话中,邓小平将判断姓"社"姓"资"的标准归结为:"是否有利于发展社会主义社会的生产力,是否有利于增强社会主义国家的综合国力,是否有利于提高人民的生活水平。"②这也就意味着,此前曾被视作资本主义的非公有制经济、市场等因素开始被接纳。只要坚持四项基本原则这个大前提,这些因素都可以变成为社会主义服务的东西。党的十六大以来,中国共产党又提出了建设社会主义和谐社会的口号。从以经济建设为中心到社会主义和谐社会的提出,这些都表明中国共产党的精神家园中的"和合"因素正在不断拓展。

最后,由"民族担当"向"国际担当"转型创新。中国共产党是为中国人民谋幸福的政党,也是为人类进步事业而奋斗的政党。中国共产党始终把为人类作出新的更大的贡献作为自己的使命。在革命导师马克思"做世界公民,为人类工作"的高尚情怀激励下,中国共产党人努力奋斗所争取的一切,都在努力实现整个人类解放的革命事业。从毛泽东为代表的中国共产党人开始,都用自己的全部热情实践着马克思的理想。毛泽东说:"所谓天下大事,就是解放、独立、民主,和平友好,人类进步。"③因此,关于中国共产党人的理想,毛泽东曾豪迈地讴歌"环球同此凉热"的"太平世界",将此作为

---

① 吕元礼:《政治文化:传统与现代的会通》,人民出版社,2004 年,第 270~271 页。
② 《邓小平文选》(第三卷),人民出版社,1993 年,第 372 页。
③ 《毛泽东外交文选》,中央文献出版社、世界知识出版社,1994 年,第 223 页。

中国共产党人为之奋斗的理想目标。新中国成立后,面对西方列强的外交孤立、经济封锁和军事遏制,中国共产党带领中国人民顶住重重压力,维护和巩固新生的共和国政权,在风云变幻的国际局势中站稳了脚跟。1956年,毛泽东指出:"因为中国是一个具有九百六十多万平方公里土地和六万万人口的国家,中国应当对于人类有较大的贡献。"① 然而受制于当时贫弱的国力,除了坚决站在被压迫民族和人民民主国家一边,支持广大民族独立国家、人民的正义斗争之外,中国在为人类贡献方面所做不多。改革开放以来,中国共产党牢牢把握以经济建设为中心、坚持改革开放的基本国策,积极致力于改变贫穷落后的社会面貌,为"对人类作出比较多的贡献"奠定了坚实的物质基础。正如邓小平所说,中国只有"改变落后状况,才能对人类作出比较多的贡献"。经过长期努力,中国特色社会主义进入了新时代,这是我国发展新的历史方位。面对世界百年未有之大变局,中国共产党强化了走向世界舞台的角色自觉。自2014年开始,不仅每年成功举办一次中国共产党与世界对话会,显而易见还实现了举办组织、出席人员级别、形式和内容的不断"升级"。这在党史上有开创性意义,在世界政党史上也有突破性意义。② 正如习近平指出的,"中国共产党是世界上最大的政党,大就要有大的样子"③。这充分彰显出以天下为己任的大党担当和从容自信。中国共产党正在以时代的睿智和矫健的姿态引领中华民族走向世界舞台中心,为中华民族伟大复兴,为建设持久和平、普遍安全、共同繁荣、开放包容、清洁美丽的世界和构建人类命运共同体作出新的历史贡献,中国共产党人的精

① 《毛泽东文集》(第七卷),人民出版社,1999年,第156~157页。

② 陈荣武:《中国共产党的角色自觉与时代性变革》,参见冯小敏主编:《守护中国共产党人的精神家园——学习习近平总书记瞻仰中共一大会址、南湖红船重要讲话优秀论文选编》,上海人民出版社,2018年,第135页。

③ 《习近平总书记在十九届中共中央政治局常委同中外记者见面时的讲话》,新华网,http://www.xinhuanet.com/politics/19cpcnc/2017-10/25/c_129726443.htm。

神家园也将在时代变革中获得创新性发展。

总之,中国共产党人精神家园的创建形成,既是党积极培育倡导所结出的精神硕果,也是各级党组织和广大党员群众自觉实践的理论结晶,深刻地体现了我们党对精神家园的实践性和发展性的自觉把握。

第三章
新时代中国共产党人精神家园面临的主要挑战

习近平在党的十九大报告中指出:要"深刻认识党面临的精神懈怠危险"①。对于以马克思主义为指导思想的中国共产党来说,党的精神状态就是党的"灵魂",如果党的精神状态出了问题,那就是牵一发而动全身的严重问题。党的十八大以来,随着全面从严治党向纵深发展,党员干部的精神世界总体向好,但同时也存在一些不容忽视的问题,如少数党员干部理想信念动摇、宗旨意识淡薄、责任意识不强、生活贪图享受、热衷权力游戏等。这些问题说到底是精神家园失守,是与我们党所处的历史方位相关联的,既有主观上的原因,也有管理制度上的原因,既包括现实的原因,也包括深层次的社会历史原因。只有正视新时代存在的形势与问题,才能更好地建设守护好中国共产党人的精神家园。

---

① 习近平:《决胜全面建成小康社会 夺取新时代中国特色社会主义伟大胜利——在中国共产党第十九次全国代表大会上的报告》,人民出版社,2017 年,第 61 页。

一、中国共产党人精神家园成长的新时代

党的十九大报告指出："经过长期努力,中国特色社会主义进入了新时代,这是我国发展新的历史方位。"①党的十八大以来,以习近平同志为核心的党中央带领我们进入一个改革开放和社会主义现代化建设的"新的历史时期"。新时代呼唤中国共产党人新的精神家园。

(一) 新时代是经济发展呈现新常态的时代

我国经济发展进入新常态,是党的十八大以来党中央综合分析了世界经历长周期和我国发展阶段性特征及其相互作用作出的重大战略判断。

"新常态"就是指由过去的状态向一种新的相对稳定的状态的转变,是一个全面、持久、深刻变化的时期,是一个优化、调整、转型、升级并行的过程。"我国仍处于重要战略机遇期,我们要增强信心,从当前我国经济发展的阶段性特征出发,适应新常态,保持战略上的平常心态。"②经济新常态是党中央对我国经济发展阶段的重大战略判断。经济发展进入新常态,实质是我国经济发展已经进入高效率、低成本、可持续发展的中高速增长阶段。首先,经济新常态是经济增长速度从高速增长转为中高速发展。其次,是经济结构不断优化升级,经济结构,包括产业结构、需求结构、城乡二元结构、

---

① 习近平:《决胜全面建成小康社会 夺取新时代中国特色社会主义伟大胜利——在中国共产党第十九次全国代表大会上的报告》,人民出版社,2017 年,第 61 页。

② 《习近平在河南考察时强调:深化改革发挥优势创新思路统筹兼顾 确保经济持续健康发展社会和谐稳定》,《人民日报》,2014 年 5 月 11 日。

区域经济结构等范畴。中国经济进入新常态后,这些方面都得到了优化升级。最后,是从要素驱动、投资驱动转向创新驱动。新时代不再追求经济增长的高速度,而是要不断提高经济增长的质量。

深化改革,力促科技创新,开创新局面。党的十八大以来,以习近平同志为核心的党中央主动认识、适应、引领新常态,在社会主义建设过程中,取得数百项重要改革成果,形成一系列治国理政新理念、新思想、新战略。习近平提出:"惟创新者进,惟创新者强,惟创新者胜。"①这句话也成了近年来中央改革创新成果的时代强音。截至 2017 年 8 月,习近平主持召开了 38 次中央关于深化改革创新的领导小组会议,审议通过重点改革文件 300 多份,涉及全国各行业各领域的方方面面,各项改革创新措施陆续落地,财税金融体制改革破冰前行,国企改革蹄疾步稳,民生领域改革迈出坚实步伐,行政改革取得重大突破,公共权力结构日趋合理,各种政治关系得到调整,党的建设得到不断加强、执政能力也显著提高,整个社会风气和谐稳定,给人们带来了更多的获得感。此外,在治国理政的实践中,习近平从未停止对科技创新的发展,并推出了"推动科技创新""聚集科技人才""深化科技体制改革"等措施。党的十八大以来,一份份科研捷报鼓舞人心。

(二)新时代是"四个全面"协调推进的时代

习近平在江苏调研时强调,要"协调推进全面建成小康社会、全面深化改革、全面推进依法治国、全面从严治党,推动改革开放和社会主义现代化建设迈上新台阶"②。"四个全面"是新的历史条件下,以习近平同志为核心

---

① 《习近平谈治国理政》,外文出版社,2014 年,第 59 页。
② 《习近平在江苏调研强调 推进全面建成小康社会、全面深化改革、全面推进依法治国、全面从严治党只争朝夕,把创新抓出成效》,《解放日报》,2014 年 12 月 15 日。

的党中央从坚持和发展中国特色社会主义、实现中华民族伟大复兴的中国梦的全局出发,逐步提出并形成的战略布局,也是中国共产党治国理政思想的重要组成部分。"四个全面"的战略目标与中国共产党人精神家园的价值目标本质上是一致的,都是对中国共产党的宗旨、历史任务和价值取向的继承与创新。

1.全面建成小康社会

全面建成小康社会是实现中华民族伟大复兴的中国梦的第一阶段、关键一步,其在中国共产党人精神价值追求的基础上又提出了更高的价值诉求。

首先,我们要把握全面建成小康社会新的目标要求和内涵。"十三五"规划中根据新形势的要求提出了全面建成小康社会的新的目标要求,这其中包括:经济保持中高速增长,创新驱动成效显著,发展协调性明显增强,人民生活水平和质量普遍提高,国民素质和社会文明程度显著提高,生态环境质量总体改善,各方面制度更加成熟更加稳定的新的目标要求。全面建成小康社会的核心是小康社会,小康生活和小康社会既有联系又有区别,小康生活一般是指物质生活水平的提高,其核心是物质生活水平的提高。相比小康生活,小康社会更加全面,内涵更丰富。全面建成小康社会的重点在于"全面"。全面建成小康社会的"全面"首先体现在内容上,是指构成小康社会的经济、政治、文化、社会和生态文明等方面的全面发展,而不是经济领域的单方面发展。新形势下,全面建成小康社会顺应历史成为中国共产党人精神家园的时代体现,在发展中又增添了新的发展理念。全面建成小康社会,本质依旧是发展,是实现全面、协调、可持续的发展。这种新的发展理念不仅体现在要实现经济、政治、文化、社会、生态文明"五位一体"的全面发展,更体现在要实现发展的协调性、平衡性及良性循环,更加突出创新在发展中的动力作用,更加重视人的全面自由发展。

其次,全面建成小康社会的落脚点是保障和实现最广大人民的根本利益。全面小康,覆盖的人口要全面,是惠及全体人民的小康。小康社会最终能否全面建成,不仅要有人均数据的证明,更要有广大人民群众的切身感受,是人民群众满意的幸福生活。建成小康社会的最终目的是实现人的全面发展,建成全面小康社会,落脚点是实现和保障最广大人民群众的根本利益。只有满足人民群众不断增长的物质文化需要,保障人民群众当家作主的权益,尊重人民的首创精神,为人民创造宜居的生态环境,坚持做到发展为了人民、发展依靠人民、发展成果由人民共享,在这样的基础上建成的小康社会才是真正的小康社会。新时代,全面建成小康社会使中国共产党的精神家园有了更加全面的价值追求,"全面小康,一个都不能少"[1]。

2. 全面深化改革

党的十九大报告指出:"只有社会主义才能救中国,只有改革开放才能发展中国、发展社会主义、发展马克思主义。"[2]中国共产党人精神家园中已存在较多全面深化改革的因子,是全面深化改革的重要源泉;全面深化改革为中国共产党人精神家园增添了更多内涵。

一方面,新时代的全面深化改革要以改革支撑经济发展,面对中高速增长新常态,需要有新的战略思考:需要寻求并尽快形成新的推动力。同时,我们不再追求经济的高速增长,而是要提高发展质量。这就涉及经济发展方式的转变,在低收入发展阶段所采取的发展方式不能延续到中等收入发展阶段。转向中高速增长的新常态,实际上是倒逼我们改变发展战略,为加快转变经济发展方式提供空间,因而要加快产业结构转型升级,深入实施创

---

① 《全面小康,一个都不能少》,新华网,http://politics.people.com.cn/n/2015/0718/c70731-27324034.html。

② 习近平:《决胜全面建成小康社会 夺取新时代中国特色社会主义伟大胜利——在中国共产党第十九次全国代表大会上的报告》,人民出版社,2017年,第21页。

新驱动发展战略。全面深化改革,只有从红船精神和改革开放精神等中寻求创造之源,才能不断推进,假若没有"开天辟地、敢为人先的首创精神",失去了改革开放精神,就必然故步自封,改革就会受挫甚至停滞不前。

另一方面,通过改革克服城乡二元结构。城乡二元结构是低收入国家的标志,中等收入阶段的发展任务就是克服这种二元结构,从而进入高收入阶段。这也是发展中国家现代化的内容。根据木桶原理,现代化的整体水平最终是由"短板"决定的。农业、农民和农村的发展状况就是新型工业化、信息化、城镇化、农业现代化的短板。因此现代化的核心问题就是要克服二元结构,包括克服城乡二元结构、工农业二元结构的短板,使农业和农村进入一元结构的现代化经济。在新的历史起点上推进三农现代化,要直接以农业、农民和农村为发展对象。只有全国人民怀无私奉献之心、行无私奉献之举,在各自的岗位上埋头苦干、任劳任怨、默默奉献,以爱岗敬业、攻坚克难、为国分忧的奉献精神,国家才能朝着全面深化改革的目标一步步前进。

3. 全面依法治国

依法治国,建设中国特色社会主义法治,是中国共产党人梦寐以求的理想与目标之一。在领导中国革命、建设、改革的具体实践中,中国共产党在法治道路上进行了不懈的艰辛探索,形成了中国共产党独特的"法治精神"。全面依法治国是中国特色社会主义的本质要求和重要保障,是关系中国共产党执政兴国、关系人民幸福安康、关系国家长治久安的重大战略问题,也是"四个全面"战略布局的重要组成部分。

一是中国共产党一贯提倡并在实际法治工作中树立了中国共产党法治精神。中国共产党的法治精神内涵丰富,概括来说有法律至上、公平民主、保障人权、法治为民、实事求是等。这些法治精神为我们今天落实全面依法治国提供了坚实的前提和基础,为国家法治建设的发展进步提供了有力的精神源泉。全面依法治国是在党的领导下向前推进的,党领导立法、保证执法,带头遵守宪法和法律,树立宪法和法律权威就是要树立党对国家领导的权威。因此,只有在党的领导下,中国特色社会主义法治建设才能不断推进,依法治国才能沿着社会主义方向充分发挥,国家和社会生活的法治化才能有序推进。

二是中国共产党法治精神十分强调尊崇宪法,发展中国特色社会主义法治理论。完善以宪法为核心的中国特色社会主义法律体系,建设社会主义法治国家,发展中国特色社会主义法治理论。我国宪法是党领导人民制定的,是全党和全国人民意志的集中体现。全面贯彻实施宪法,是建设社会主义法治国家的首要任务和基础性工作。任何组织和个人,都没有超越宪法的特权:一切违反宪法的行为,都必须予以追究。只有恪守宪法原则、弘扬宪法精义、维护宪法权威、履行宪法使命,人民当家作主才会有保证,党和国家的事业才能顺利发展。

三是全面依法治国的提倡与实施,本质上继承了中国共产党人精神家园中的"法治精神",并在新的时代条件下为这种精神注入了新的理念。面对经济全球化带来的机遇和挑战,面对新的历史阶段,我国在发展过程中面临的一系列矛盾和挑战,必然要求以法治思维有效化解矛盾纠纷,着力维护中国的安定。深入推进依法行政,加强建设法治政府,把政府、社会和个人的关系协调好。最后还要以法治方式维护最广大人民的一切根本利益,让老百姓生活得有安全感,处处感觉到公平正义。这样才能有助于推进国家治理体系和治理能力现代化,也才能为平安中国和法治中国建设赢得广泛深厚的群众基础。要增强全民的法治观念,加强法治工作队伍建设,推进法治社会建设。

4. 全面从严治党

党的十八大以来,以习近平同志为核心的党中央创新发展了马克思主义党建学说,把全面从严治党纳入"四个全面"战略布局,坚定不移推进全面从严治党、依规治党,凝心聚力开创新局面,党风政风呈现新气象。从严治党的实践,已经试出了人心向背,必须坚持不懈抓下去,把管党治党真正实现从"宽松软"走向"严紧硬"的道路上去。新时代的全面从严治党内涵丰富,可概括为以下三点。

一是中国共产党人精神家园中蕴含着尊崇党章和从严治党的精神。全面从严治党意味着不留死角,体现了党的建设的各个方面,实现内容全覆盖。党的十九大报告提出党的建设总体布局时,强调以加强党的长期执政能力建设、先进性和纯洁性建设为主线,以党的政治建设为统领,以坚定理想信念宗旨为根基,以调动全党积极性、主动性、创造性为着力点,全面推进党的政治建设、思想建设、组织建设、作风建设、纪律建设,把制度建设贯穿其中,深入推进反腐败斗争,不断提高党的建设质量。习近平指出,要坚持以"全面"为基础、"从严"为主线,对全面从严治党作了系统的阐述。从严治党制度落实要"抓铁有痕、踏石留印"。总之,就是要求全党要把从严治党的理念贯穿到党的建设总体布局中。

二是全面从严治党是清正廉洁的"苏区干部好作风"精神的延伸。新时代要抓住"关键少数",坚持"三严三实",坚持民主集中制,严肃党内政治生活,严明党的纪律,强化党内监督,发展积极健康的党内政治文化。党员是党的肌体细胞,从严治党是全党的共同任务,每个党员都不能置身事外,要增强角色意识和政治担当。全面从严治党责任能否落实,关键在于是否牢牢抓住了主体责任这个"牛鼻子"。党委书记作为全面从严治党的第一责任人,"打铁"不仅需要"自身硬",而且要管好班子、带好队伍。同时,全面从严治党,纪委要负监督责任。各级党委不仅要自觉接受纪委监督,而且要大力支持和保障纪委履行职责。

三是全面从严治党在内容和实质上都继承了"两个务必"和"赶考"精神。全面净化党内政治生态,坚决纠正各种不正之风,不断增强党自我净化、自我完善、自我革新、自我提高的能力,始终保持党同人民群众的血肉联系。全面从严治党的新常态还体现在对腐败"零容忍"的态度上。鉴于腐败的滋长蔓延严重损害党的形象并严重危及了党的执政安全,党的十八大以来,党中央坚持"老虎""苍蝇"一起打,以强硬的姿态向世人表明对腐败"零容忍"的强大决心。党的二十大报告指出:"只要存在腐败问题的土壤和条件,反腐败斗争就一刻都不能停,必须永远吹冲锋号。"①当然,"零容忍"并不是感情用事,而是要讲科学理性坚持标本兼治,不断铲除腐败现象滋长的土壤。②

(三)新时代是中国梦和"两个一百年"奋斗目标同步推进的 时代

习近平指出:"实现中国梦必须坚持中国道路、弘扬中国精神、凝聚中国力量。"③这为我们党团结带领人民继续把中国特色社会主义事业推向前进指明了方向。新时代要求实现中国梦,离不开中国精神的弘扬,更离不开中国共产党精神的弘扬。

中国梦为中国共产党精神家园增添了新内涵。习近平在国家博物馆参观大型展览"复兴之路"时指出:"实现中华民族伟大复兴,就是中华民族近代以来最伟大的梦想。"④实现中华民族伟大复兴的中国梦是习近平治国理政的政治宣言,是全党全国各族人民正在致力于实现的一个伟大梦想、一个

---

① 习近平:《高举中国特色社会主义伟大旗帜 为全面建设社会主义现代化国家而团结奋斗——在中国共产党第二十次全国代表大会上的报告》,人民出版社,2022年,第69页。

② 戴立兴、黄宇、龚上华:《精神——新时代中国共产党的伟大精神》,人民日报出版社,2017年,第89~96页。

③ 中共中央宣传部:《习近平总书记系列重要讲话读本》,学习出版社、人民出版社,2016年,第30页。

④ 习近平:《习近平谈治国理政》,外文出版社,2014年,第425页。

伟大目标。所以说,中国梦的提出,为国家的未来发展指明了方向。习近平反复强调:"今天,我们比历史上任何时期都更接近、更有信心和能力实现中华民族伟大复兴的目标。"但同时告诫全党:"行百里者半九十。中华民族伟大复兴,绝不是轻轻松松、敲锣打鼓就能实现的。全党必须准备付出更为艰巨、更为艰苦的努力"。① 实现中国梦必须弘扬中国共产党的精神。

"两个一百年"奋斗目标的实现离不开中国共产党的精神家园。如今进入加快推进社会主义现代化的新时代,以习近平同志为核心的党中央明确提出了"两个一百年"的概念,并把"两个一百年"的奋斗目标与实现中华民族伟大复兴的中国梦联系起来。"到中国共产党成立 100 年时全面建成小康社会的目标一定能实现,到新中国成立 100 年时建成富强民主文明和谐的社会主义现代化国家的目标一定能实现,中华民族伟大复兴的梦想一定能实现。"②在这里我们还看到,实现社会主义现代化作为第二个一百年的奋斗目标与实现中华民族伟大复兴是直接并列的,并把它们作为建设中国特色社会主义的总任务。我们已经全面建成小康社会、实现了第一个百年奋斗目标,更要乘势而上,开启全面建设社会主义现代化国家新征程,向第二个百年奋斗目标进军。

(四)新时代是人类命运共同体构建和"一带一路"建设推进的时代

中国共产党是马克思主义政党。随着国际环境的变迁和新时代的到来,中国共产党提出了"一带一路"和人类命运共同体的主张,获得了国际社

---

① 习近平:《决胜全面建成小康社会 夺取新时代中国特色社会主义伟大胜利——在中国共产党第十九次全国代表大会上的报告》,人民出版社,2017 年,第 15 页。

② 习近平:《习近平谈治国理政》,外文出版社,2014 年,第 36 页。

会极大的关注和高度认同。这是中华民族"以天下为己任"精神的时代风范,也是中国共产党国际主义精神的时代再现。

建设人类命运共同体,这条新政治道路汇聚了新中国成立以来几代共产党人对世界和平问题的深远思考,是对联合国宪章的宗旨和原则的丰富与发展。坚持这条道路,必须坚持各国相互尊重、平等相待,必须坚持合作共赢、共同发展,必须坚持实现共同、综合、合作、可持续的安全,必须坚持不同文明兼容并蓄、交流互鉴,必须坚持绿色低碳,建设一个洁净美丽的世界。在抗击新冠肺炎疫情中,中国积极开展疫情防控国际合作,不仅及时向外界通报疫情信息,迅速分享部分毒株全基因组系列,而且主动向其他国家援助病毒检测试剂盒和诊疗药品,并紧急派遣医疗专家志愿团队,展示了负责任的大国形象,彰显了构建人类命运共同体的理念,为世界公共卫生事业作出了重要贡献。

"一带一路"是习近平统筹国内国际两个大局,顺应地区和全球的合作潮流,契合中国周边参与国家和地区发展需要,立足当前、着眼长远提出的重大倡议和构想。共建"一带一路"提出后,在国内外引起了强烈反响,各方面也都在积极响应。习近平提出,要推进"一带一路"建设,就要处理好我国利益和参与国家利益的关系,政府、市场、社会的关系,经贸合作和人文交流的关系,对外开放和维护国家安全的关系,务实推进和舆论导向的关系,国家总体目标和地方具体目标这六大关系。随着"一带一路"建设的推进,"中国将以更加开放的胸襟、更加包容的心态、更加宽广的视角,大力开展中外文化交流,在学习互鉴中,为推动人类文明进步作出应有的贡献"①。

---

① 习近平:《在中国国际友好大会暨中国人民对外友好协会成立 60 周年纪念活动上的讲话》,《人民日报》,2014 年 5 月 16 日。

（五）在变与不变中认清世情国情党情

新时代建设守护好中国共产党人的精神家园,必须科学把握新时代的世情国情党情,在变与不变中正确认识党的精神家园所面临的环境与挑战。习近平强调:"认识和把握我国社会发展的阶段性特征,要坚持辩证唯物主义和历史唯物主义的方法论,从历史和现实、理论和实践、国内和国际等的结合上进行思考,从我国社会发展的历史方位上来思考,从党和国家事业发展大局出发进行思考,得出正确结论。"①

从世情来看,和平、发展、合作、共赢的时代潮流没有变,但我国发展面临的国际环境发生了很大变化。"世界正处于大发展大变革大调整时期,和平与发展仍然是时代主题。世界多极化、经济全球化、社会信息化、文化多样化深入发展,全球治理体系和国际秩序变革加速推进,各国相互联系和依存日益加深,国际力量对比更趋平衡,和平发展大势不可逆转。同时,世界面临的不稳定性不确定性突出,世界经济增长动能不足,贫富分化日益严重,地区热点问题此起彼伏,恐怖主义、网络安全、重大传染性疾病、气候变化等非传统安全威胁持续蔓延,人类面临许多共同挑战。"②我们要充分估计国际格局发展演变的复杂性,更要看到世界多极化向前推进的态势不会改变;要充分估计世界经济调整的曲折性,更要看到经济全球化进程不会改变;要充分估计国际矛盾和斗争的尖锐性,更要看到和平与发展的时代主题不会改变;要充分估计国际秩序之争的长期性,更要看到国际体系变革方向

① 《习近平在省部级主要领导干部"学习习近平总书记重要讲话精神,迎接党的十九大"专题研讨班发表重要讲话强调 高举中国特色社会主义伟大旗帜 奋力谱写全面建设社会主义现代化国家新的篇章》,新华社,https://www.gov.cn/2017-07/27/content_5213859.htm。
② 习近平:《决胜全面建成小康社会 夺取新时代中国特色社会主义伟大胜利——在中国共产党第十九次全国代表大会上的报告》,人民出版社,2017年,第58页。

不会改变;要充分估计我国周边环境中的不确定性,更要看到亚太地区总体繁荣稳定的态势不会改变。从这样的世情出发,我们应高举和平、发展、合作、共赢的旗帜,牢牢把握坚持和平发展、促进民族复兴这条主线,维护国家主权、安全、发展利益,为和平发展营造更加有利的国际环境。

从国情来看,中国特色社会主义进入新时代,我国社会主要矛盾已经转化为人民日益增长的美好生活需要和不平衡不充分的发展之间的矛盾。我国社会主要矛盾的变化是关系全局的历史性变化,对党和国家的工作提出了许多新要求。我国社会主要矛盾的变化,没有改变我们对我国社会主义所处历史阶段的判断,我国仍处于并将长期处于社会主义初级阶段的基本国情没有变,我国是世界上最大的发展中国家的国际地位没有变。基本国情没有变,就要坚持党在社会主义初级阶段的基本路线不动摇,始终牢记发展是硬道理,始终坚持以经济建设为中心,大力解放和发展社会生产力。我国社会主要矛盾的变化,就必须以新的思路、新的战略、新的举措来更好地坚持党的基本路线。习近平明确指出:"经过改革开放近 40 年的发展,我国社会生产力水平明显提高;人民生活显著改善,对美好生活的向往更加强烈,人民群众的需要呈现多样化多层次多方面的特点,期盼有更好的教育、更稳定的工作、更满意的收入、更可靠的社会保障、更高水平的医疗卫生服务、更舒适的居住条件、更优美的环境、更丰富的精神文化生活。"[1]这决定了在新时代解放和发展社会生产力,必须把握好经济发展新常态这个大逻辑,紧紧抓住和用好内涵发生深刻变化的重要战略机遇期,牢固树立和贯彻落实新发展理念,坚定不移推进供给侧结构性改革,推动我国经济发展长期向好。这也决定了在新时代坚持和发展中国特色社会主义,必须坚持和加强

---

① 《习近平在省部级主要领导干部"学习习近平总书记重要讲话精神,迎接党的十九大"专题研讨班发表重要讲话强调 高举中国特色社会主义伟大旗帜 奋力谱写全面建设社会主义现代化国家新的篇章》,新华社,https://www.gov.cn/2017-07/27/content_5213859.htm。

党的领导,坚持以人民为中心的发展思想,在继续推动经济发展的同时,更好地实现各项事业全面发展,更好地推动人的全面发展、社会的全面进步。

从党情来看,"中国特色社会主义最本质的特征是中国共产党的领导,中国特色社会主义制度的最大优势是中国共产党领导","党是最高政治领导力量……党政军民学,东西南北中,党是领导一切的。"[1]我们党作为中国特色社会主义事业的坚强领导核心的地位没有变,但肩负的历史任务更加艰巨,面临的执政环境更加复杂。经过百年的发展,中国共产党已经成为全世界拥有党员人数最多的执政党,肩负着带领全国各族人民实现"两个一百年"奋斗目标、实现中华民族伟大复兴的历史使命,同时也面临着"四大考验""四种风险"。只有推动全面从严治党向纵深发展,落实好管党治党责任,不断解决党内存在的突出矛盾和深层次问题,使全面从严治党的思路举措更加科学、更加严密、更加有效,才能确保党更好地经受住"四大考验",更好地战胜"四种危险",跳出政权兴衰的历史周期率,在历史性"赶考"中交出优异答卷,完成时代和人民赋予的历史任务。

认识和把握我国社会发展的阶段性特征,更准确地把握我国社会主义初级阶段不断变化的特点,更准确地把握我国社会主义初级阶段基本国情的不变和社会主要矛盾的变化,就能坚定中国特色社会主义道路自信、理论自信、制度自信、文化自信,与时俱进地推进理论创新、实践创新、制度创新及其他各方面创新,进而推进社会主义现代化建设,踏上实现第二个百年奋斗目标的新征程,实现中华民族伟大复兴的中国梦。只要我们在变与不变中认清世情国情党情,只要我们准确把握新时代的基本特征,就能在推进中国特色社会主义新的伟大实践中不断丰富和发展中国共产党人的精神家园。

---

① 习近平:《决胜全面建成小康社会 夺取新时代中国特色社会主义伟大胜利——在中国共产党第十九次全国代表大会上的报告》,人民出版社,2017年,第20页。

二、新时代中国共产党人精神家园面临的严峻挑战

党的十八大以来,中国共产党的精神状态和思想意识发生了翻天覆地的新变化,广大党员干部的精神状态总体向好。"我们坚持党要管党、从严治党,保持和发展了党的先进性和纯洁性,增强了党的创造力、凝聚力、战斗力,为事业胜利提供了根本保证。"①同时,我们也要清醒地看到,由于少数党员对新形势新任务新要求的不适应,在现实中还存在一些不容忽视的问题,加强党的精神家园建设的任务任重道远。

(一) 理想信念动摇

理想信念,是一个国家、民族和政党团结奋斗的精神旗帜。党的十八大报告指出:"对马克思主义的信仰,对社会主义和共产主义的信念,是共产党人的政治灵魂,是共产党人经受住任何考验的精神支柱。"②作为一名党员干部,必须坚定理想信念,坚守对马克思主义信仰的政治灵魂,保持正确的政治方向和人生目标。但是一段时期以来,一些党员理想信念不坚定、"缺钙"的问题较为突出。有的以批评和嘲讽马克思主义为"时尚"、为"噱头";有的精神空虚,认为共产主义是虚无缥缈的幻想,"不问苍生问鬼神",热衷于算命看相、求神拜佛,迷信"气功大师";有的信念动摇,把配偶子女移民到国外、钱存在国外,给自己"留后路",随时准备"跳船";有的心为物役,信奉金

---

① 中共中央宣传部:《习近平总书记系列重要讲话读本》,学习出版社、人民出版社,2016年,第157页。

② 《习近平谈治国理政》(第一卷),外文出版社,2018年,第15页。

钱至上、名利至上、享乐至上,心里没有任何敬畏,行为没有任何底线。在我们党员、干部队伍中,信仰缺失的确是一个需要引起高度重视的问题。

对于共产党人来说,理想信念动摇是最危险的动摇,思想上出现滑坡是最严重的病变。如果丢失共产主义远大理想,放弃共产主义最终目标,全党的共同思想基础将会动摇,我们的奋斗意义将会大打折扣。黑龙江政协原主席韩桂芝家里设有佛堂,供着泥佛、瓷佛、金佛三种佛像,从早到晚香烟不断,而且还写着这样两句话:菩萨保我做大官,我做大官供菩萨。让人匪夷所思的是,她被"双规"后不仅不反省自己,反而说:菩萨啊菩萨,我供了你这么多年,你也不保佑我。河北省委原常务副省长丛福奎皈依佛门,取法号"妙全",为了"谋官位、保健康、保平安",四处求神拜佛。每年初一、十五都要烧香、念经,寄个人命运、前途于"大师"的预测和"老佛爷"的恩典之中。这些人迷失信仰,丧失理想信念,最终走向了共产党人精神追求的反面。

中国特色社会主义共同理想是全国各族人民共同奋斗的旗帜,集中代表和体现了我国工人、农民、知识分子等所有劳动者、建设者、爱国者的共同利益和愿望。共产党人作为社会中的先进分子,更要坚定这一共同理想,立志为中国特色社会主义不懈奋斗。然而有的党员干部却丧失理想信念,表面上坚定无比,暗地里怀疑甚至不信。贪官胡长清在给他儿子的信中写道:"总有一天中国会不行的,有两个国籍,将来就有余地了。"为此,胡长清给他全家都办了化名身份证和因私出国的护照,准备一有风吹草动时就开溜国外。这是典型的不信祖国信西方,丧失了中国特色社会主义的共同理想和信念,最终思想滑坡、行为堕落,走向了违法犯罪的深渊。少数党员干部在思想上信念不坚定,精神动力不足。对中国为什么走中国特色社会主义道路认识模糊,对什么是社会主义、什么是资本主义等重大理论界限划分不清楚,缺乏坚定正确的政治方向,缺乏为捍卫和实现全面建成小康社会、实现共产主义理想信念而不懈奋斗的精神动力,也不能全心全意为人民服务、不能积极主动地完成分内的工作,而是被动、机械地去做,并且也不是为了社会主义伟大事业而工作,而是仅仅把它作为自己的谋生手段。

习近平指出:"团结带领全国各族人民在中国特色社会主义道路上全面建成小康社会,进而全面建成社会主义现代化强国、实现中华民族伟大复兴,是新时代中国共产党的历史使命。今天,历史的接力棒交到了我们手里。担当这份重任,我们既充满信心,又如履薄冰。充满信心,是因为我们有马克思主义的真理力量,是因为我们有党的坚强领导,是因为我们有中国特色社会主义的正确道路,是因为我们有全党全军全国各族人民的大团结。如履薄冰,是因为中国特色社会主义需要继续艰辛探索,是因为应对各种风险和挑战需要不断披荆斩棘,是因为抵御各种腐朽思想侵蚀需要勇于自我革命。"①在新的长征路上,我们"每一名党员、干部特别是各级领导干部,都要把理想信念作为照亮前路的灯、把准航向的舵,转化为对奋斗目标的执着追求、对本职工作的不懈进取、对高尚情操的笃定坚持、对艰难险阻的勇于担当"②。

(二)宗旨意识淡薄

习近平指出:"我们讲宗旨,讲了很多话,说到底还是为人民服务这句话。为人民服务是共产党人的天职。我们要坚持党的群众路线,与人民心心相印、与人民同甘共苦、与人民团结奋斗,不断赢得群众信任和拥护、保持同人民群众的血肉联系。"③当前,大部分党员干部队伍风清气正、恪尽职守、

---

① 习近平:《在党的十九届一中全会上的讲话》,《求是》,2018 年第 1 期。
② 《让井冈山精神放射出新的时代光芒》,《人民日报》,2021 年 7 月 22 日。
③ 《习近平在十八届中央纪委二次全会上强调 更加科学有效地防治腐败 坚定不移把反腐倡廉建设引向深入》,《人民日报》,2013 年 1 月 23 日。

廉洁务实,有着较强的宗旨意识、公仆观念和奉献精神,为社会进步做出了卓越贡献,但确实也存在不少不符合党的性质和宗旨的问题,主要是一些党员干部在市场经济逐利的驱动下,把做官当作谋求好处的工具,存在有权不用过期作废的观念,不了解群众工作新特点新要求,不愿做组织群众、宣传群众、教育群众的工作,存在特权主义思想,对群众态度傲慢,更不愿意向群众学习,缺乏为群众服务的热诚,缺乏诚心接受群众监督的态度。遇事一人说了算,搞家长制,不愿问政于民、问需于民、问计于民,作决策、定政策只考虑个人和小圈子、小团体,不考虑群众利益和承受能力,没有能力统筹协调各方面利益关系,不愿做顺民意、解民忧、惠民生的实事,导致人民群众不能共享改革发展的成果。2005 年 6 月 17 日,习近平在浙江金华调研时指出:"不要以为坚持群众路线是老生常谈,现在基层出现的问题很多都是因为没有重视群众工作,没有做好群众工作,不会做群众工作,甚至不去做群众工作。前段时间我曾批评个别干部不会说话,处于失语状态。语言的背后是感情、是思想、是知识、是素质。不会说话是表象,本质还是严重疏离群众,或是目中无人,对群众缺乏感情;或是身无才干,做工作缺乏底蕴;或是手脚不干净,形象不好,缺乏正气。"①2010 年 5 月 12 日,习近平在中央党校的讲话中指出:"不能和群众谈心,你说的话群众听不懂,怎么会有感召力?怎么指导实践,推动工作?"②

2013 年 6 月 18 日,习近平在党的群众路线教育实践活动工作会议上明确指出:"面对世情、国情、党情的深刻变化,精神懈怠危险、能力不足危险、脱离群众危险、消极腐败危险更加尖锐地摆在全党面前,党内脱离群众的现象大量存在,一些问题还相当严重,集中表现为形式主义、官僚主义、享乐主

---

① 习近平:《干在实处 走在前列——推进浙江新发展的思考与实践》,中共中央党校出版社,2014 年,第 526 页。

② 习近平:《努力克服不良文风 积极倡导优良文风》,《求是》,2010 年第 10 期。

义和奢靡之风这'四风'上",并指明"四风""是违背我们党的性质和宗旨的,是当前群众深恶痛绝、反映最强烈的问题,也是损害党群干群关系的重要根源"。① 党的根基在民、血脉在民、力量在民,兴衰存亡也在民,密切联系群众、执政为民是指引、检验和评价党的一切执政活动的最高标准。当前党的作风存在的种种问题,归根到底都与脱离人民群众有关。事实表明,经济发展了,人民生活水平提高了,不等于党同人民的联系就更加密切了、必然密切了,有时候反而是疏远了。"问题出在哪儿? 不能不引起我们深思! 我看主要是一些党员、干部宗旨意识淡薄了,对群众的感情变化了,作风问题突出了。如果群众观点丢掉了,群众立场站歪了,群众路线走偏了,群众眼里就没有你。古罗马历史学家塔西佗提出了一个理论,说当公权力失去公信力时,无论发表什么言论、无论做什么事,社会都会给以负面评价。这就是'塔西佗陷阱'。我们当然没有走到这一步,但存在的问题也不谓不严重,必须下大气力加以解决。如果真的到了那一天,就会危及党的执政基础和执政地位。"②所以,执政党的作风问题是关系人心向背、事关党的执政合法性和生死存亡的重大问题,我们必须树立起高度重视作风建设的自觉意识和忧患意识。

要坚持和改进党的作风建设,核心和关键在于保持党同人民群众的血肉联系。党的十八大以来,党中央自 2013 年下半年起在全党用一年时间自上而下、分作两批开展以"为民务实清廉"为主题的党的群众路线教育实践活动,着力解决人民群众最关心、反映最强烈的突出问题,开创了新形势下群众工作的新常态,在人心向背这道重大历史"考题"面前连创佳绩,赢得了全社会的好评和拥护。但是群众工作"无尽期",伴随世情、国情、党情的不

---

① 《十八大以来重要文献选编》(上),中央文献出版社,2014 年,第 314 页。

② 习近平:《做焦裕禄式的县委书记》,中央文献出版社,2015 年,第 35 页。

断变化,群众工作形势更趋严峻复杂,我们必须在继承党的优良传统和作风的基础上,持续深入地优化群众工作新常态,不断赋予群众工作新的时代内涵和时代特质。正如习近平指出的:"解决好保持党同人民群众的血肉联系问题,不可能一劳永逸、不可能一蹴而就,要常抓不懈,我们开了个好头,要一步一步深化下去。"①党的十九大以新的高度强调了全心全意为人民服务的根本宗旨。在习近平新时代中国特色社会主义思想和基本方略中,无论是坚持以人民为中心、坚持新发展理念,还是坚持人民当家作主、坚持在发展中保障和改善民生、坚持人与自然和谐共生,都共同指向了人民利益至上。党的十九大决定在全党开展"不忘初心、牢记使命"为主题的学习教育,这是对领导干部"以人民为中心"思想观念的巩固。开展这次主题教育,就是要继续教育引导广大党员干部自觉践行党的根本宗旨,把群众观点、群众路线深深根植于思想中、具体落实到行动上,着力解决群众最关心最直接最现实的利益问题,不断增强人民群众对党的信任和信心,筑牢党长期执政最可靠的阶级基础和群众根基。

(三)责任意识不强

在 2013 年全国组织工作会议上,习近平提出了好干部"二十字"标准,即信念坚定、为民服务、勤政务实、敢于担当、清正廉洁。② 其中,敢于担当就是一种责任意识,有多大担当才能干多大事业,不敢担当就难当大任。党员干部必须坚持原则、认真负责,面对大是大非敢于亮剑,面对矛盾敢于迎难而上,面对危机敢于挺身而出,面对失误敢于承担责任,面对歪风邪气敢于

---

① 中共中央文献研究室:《习近平关于党的群众路线教育实践活动论述摘编》,党建读物出版社、中央文献出版社,2014 年,第 73 页。

② 习近平:《在全国组织工作会议上的讲话》,《人民日报》,2013 年 6 月 30 日。

坚决斗争。坚持原则、敢于担当是党员干部必须具备的基本素质。担当大小,体现着干部的胸怀、勇气、格调,有多大担当才能干多大事业。现在,一些党员干部中好人主义盛行,不敢批评、不愿批评、不敢负责、不愿负责的现象相当普遍。有的怕得罪人、怕丢选票,搞无原则的一团和气,信奉多栽花、少栽刺的庸俗哲学,各人自扫门前雪,不管他人瓦上霜,事不关己高高挂起,满足于做得过且过的太平官;有的身居其位不谋其政,遇到矛盾绕道走,遇到群众诉求躲着行,推诿扯皮、敷衍塞责,致使小事拖大、大事拖成大祸;有的为人圆滑世故,工作拈轻怕重,岗位挑肥拣瘦,遇事明哲保身,有功劳抢得快,出了问题上推下卸。这些问题危害极大,必须下大气力解决。担当就是责任,好干部必须有责任重于泰山的意识,坚持党的原则第一、党的事业第一、人民利益第一,敢于旗帜鲜明,敢于较真碰硬,对工作任劳任怨、尽心尽力、善始善终、善作善成。为了党和人民的事业,我们的党员干部必须敢想、敢做、敢当,做时代的"劲草""真金"。

担当,就是牢记责任,恪尽职守,敢于担当、善于担当,才能完成党和人民赋予的使命。党员干部特别是领导干部担任着重要职务,有职必有责,有责就要担当。共产党人干革命、干工作为了什么?不是为了当官贪图享受,而是为了实现国家富强和人民幸福。应当说,现在我们的领导干部总体上是有相当担当精神的,但也确实有不少人存在不愿担当、不敢担当、不能担当的问题,目光短浅,急功近利,责任意识较差,忧患意识淡薄。有的干部为了得到提拔重用,片面追求个人功绩,置子孙后代的千秋事业于不顾,不贯彻落实新发展理念和"绿水青山就是金山银山"的理念,产生"唯 GDP 论"盛行的论断,破坏人与自然的生态和谐,大搞"形象工程"和"面子工程",不顾发展质量和人民生命,片面追求发展速度而忽视环境可以承受的程度。对于经济社会发展和社会治理可能出现和潜在的问题缺乏深刻的认识,或者直接充耳不闻、视而不见。忧患意识的淡薄、工作的短视、急于求成的功利观必然会造成对未来发展预见不足、准备不足、抗拒风险能力下降,并造成严重的生态破坏,最后致使一些问题和矛盾长期得不到处理,直至积重难返。党员干部精神状态不好,才会想事找不到感觉、干事打不起精神、成事拿不出办法。正如习近平所指出的,综合各方面反映,当前"为官不为"主要有三种情况:一是能力不足而"不能为",二是动力不足而"不想为",三是担当不足而"不敢为"。

精神状态如何,不仅直接反映党员干部的思想境界、道德素质和综合能力,而且对广大干部群众产生明确的感染和示范作用,直接影响干部的工作状态,反映队伍的作风形象,决定工作的质量效率,关乎事业的兴衰成败,必须下大气力加以解决。敢于担当,就要坚持守土有责、守土尽责。共产党的干部、人民的干部就应当勤政敬业、先之劳之、以上率下,用铁的肩膀扛起应该肩负的担子。对各级领导干部来说,现在担当尽责的最大着力处在哪里?就是推动"四个全面"战略布局的落实。敢于担当,就要强化问题意识,勇于直面矛盾。要抓住事关改革发展稳定的重大问题,抓住群众普遍关心和反映强烈的突出问题,着力寻求破解之道。要拿出"明知山有虎,偏向虎山行"的勇气,哪里困难就到哪里去,决不能有了困难就逃避,遇到挑战就退缩。敢于担当,就要抛开私心杂念,树立一心为公的情怀,做领导干部,就应当有胸怀天下、情系苍生的胸襟,时刻牢记自觉的身份是公职、公仆,职责是公务、公干,维护的是公益、公利,坚持权为民所用、责为民所担,做到吃苦在前、甘于奉献。①

2015 年 1 月,习近平在与中央党校县委书记研修班学员座谈时,对县委书记提出了"心中有党、心中有民、心中有责、心中有戒"的重要要求。这"四有"虽然是对县委书记提出的,但也是对党员干部的普遍要求,是新常态下

127

---

① 刘云山:《在中央党校 2015 年春季学期开学典礼上的讲话》,《人民日报》,2015 年 3 月 2 日。

好干部标准的一个新刻度。心中有责不懈怠，干部就要有责任和担当，尽多大责任才会有多大成就，有多大担当才能干多大事业。不能只想当官不想干事，只想揽权不想担责，只想出彩不想出力。要意气风发、满腔热情地干事创业，为官一任、造福一方。对定下来的工作部署，要一抓到底、善始善终。要有"功成不必在我"的境界，像接力赛一样，一棒一棒接着干下去。要积极寻找克服困难的具体对策，真正成为带领人民群众战风险、渡难关的主心骨，积极深化改革，推动经济社会又好又快发展，对突出矛盾要有责任意识，主动去解决而不是回避推卸。正如习近平指出的："担使命，就是要牢记我们党肩负的实现中华民族伟大复兴的历史使命，勇于担当负责，积极作为，用科学的理念、长远的眼光、务实的作风谋划事业；保持斗争精神，敢于直面风险挑战，知重负重、攻坚克难，以坚韧不拔的意志和无私无畏的勇气战胜前进道路上的一切艰难险阻；在实践历练中增长经验智慧，在经风雨、见世面中壮筋骨、长才干。"①

（四）生活贪图享受

中国共产党是以体制外政党的身份白手起家发展而来的，党能够发展壮大到今天这样的局面，一个基本的支撑性要素就是艰苦奋斗、自力更生。而且在我们党百年的发展历程中，艰苦奋斗、自力更生也逐渐沉淀成为党的优良传统、党内政治文化共识。党的十八大以来，我们之所以大张旗鼓地反"四风"、深入贯彻落实中央八项规定精神、以高压反腐深化全面从严治党，就是因为"四风"是背离艰苦奋斗的，违反八项规定就是背弃艰苦奋斗、搞腐败就是在与艰苦奋斗为敌，就是要努力促使艰苦奋斗、艰苦创业精神的强势

---

① 习近平：《在"不忘初心、牢记使命"主题教育工作会议上的讲话》，《求是》，2019 年第 13 期。

回归,进而更加空前地将民心凝聚起来。一句话,只有坚持艰苦奋斗、艰苦创业,才能保证民心在手;只有民心永远在手、人心永远向我,党才能谈得起长期执政,才敢说"千磨万击还坚韧,任尔东西南北风"。

这些年来,在长期执政、改革开放、发展市场经济、外部环境等诸多因素的考验之下,艰苦奋斗的优良作风在一部分党员、干部那里被淡忘了,在少数人那里甚至被丢得差不多了。在一些地方、单位、部门、领域,在某些党员干部身上,艰苦奋斗、艰苦创业出现了偏差偏离、脱轨运行,艰苦奋斗、艰苦创业精神呈现出不同程度的褪色、变质。比如,有的同志认为,当下我国GDP总量已经居于世界第二,中国已经是富国了,已经是家大业大了,所以在生活上搞点铺张浪费、贪图点享受没啥,不碍大事。有的同志认为,在工作中过分主张艰苦奋斗、艰苦创业会被认为是吝啬小气、是小家子气,是没有魄力的表现。有的同志认为,经过改革开放40多年的发展,我国经济社会发展的条件、环境和形势都已经发生翻天覆地的变化,以前物资匮乏、资源短缺情势下的艰苦奋斗、艰苦创业现在已经过时了,等等。[1] 艰苦奋斗精神的衰减,不仅会导致严重脱离人民群众,而且会大大提高执政成本,大大削弱执政党的竞争力和执政效率。

当前艰苦奋斗所面临的严峻形势,主要表现为享乐主义和奢靡之风。享乐主义集中体现为部分党员干部在思想上奉行及时行乐的人生哲学,贪名图利、争名夺利;在精神状态上,精神萎靡、慵懒松散、意志颓废;在工作上,拈轻怕重、贪图安逸,"遇到困难即躲,遇到群众速闪",更不愿到条件落后的地区和岗位工作;在生活方式上,纵情花天酒地,沉迷灯红酒绿,借"考察""交流""调研""培训"之名利用公款游山玩水、吃喝玩乐。奢靡之风与享乐主义同宗同源、如影随形,是享乐主义愈演愈烈、不断滋长发酵的表现,是少数

---

① 戴焰军等:《中国共产党人的文化传承》,江西人民出版社,2019年,第120页。

党员干部精神自我麻醉、理想信念缺失、生活方式腐朽堕落与利己主义恶性膨胀的直接反映。沾染奢靡之风的党员干部个人生活极尽奢华,挥霍无度,比排场、攀气派、拉关系、搞变通,山珍海味、美酒佳酿、奢侈品司空见惯,伦理道德底线抛诸脑后,甚至集黄赌毒于一身。① 享乐主义和奢靡之风之所以大行其道,是多种因素共同作用的结果,既有市场经济体制转轨诱发的崇尚物欲、拜金主义、享乐主义等消极思想的感官刺激,也有来自社会转型期传统精神道德和伦理规范体系不断陷落所导致的党员干部世界观和价值观紊乱、极易被贪图安逸的享乐主义思想所侵蚀和利诱,还有西方新自由主义等各种思潮和个人主义、功利主义等思想的负面影响,都需要引起高度重视。

当下艰苦奋斗所面临的严峻形势,不仅体现在党内层面,也体现在社会层面;不仅表现在上述的主观的认知错位、缺位、失位上,也表现在客观现实上。比如,餐桌上的浪费。联合国粮农组织和国家粮食局的统计数据显示,我国每年生产的粮食中有35%被浪费,其中餐桌外的浪费高达700亿斤,接近我国粮食总产量的6%。而餐桌上、舌尖上的粮食、食物浪费,则更是触目惊心。据估算,我国每年浪费食物总量折合粮食约1000亿斤,相当于粮食总产量的十分之一;我国每年在餐桌上浪费的食物约合2000亿元,相当于2亿多人一年的口粮。② 又如"未富先奢"。一个时期以来,我国社会上出现了不切实际追求高消费、追求奢侈生活的倾向,由此造成我国社会出现"未富先奢"的悖论性困境。

我国社会中出现的未富先奢,主要呈现出如下特点:其一,奢侈品消费强度大。通常情况下,世界上奢侈品消费的平均水平,是用所拥有财富的4%左右去购买奢侈品。但是在我国,很多人却用自己所拥有的40%甚至更

① 郭广银主编:《全面从严治党》,江苏人民出版社,2015年,第236页。
② 《警惕餐桌外的浪费》,新浪网,http://news.sina.com.cn/o/2014-10-20/113931015539.shtml。

多的财富去购买奢侈品。其二,奢侈品消费年轻化。按照常理来看,奢侈品消费必须建立在厚实财富的基础之上;而按照年龄阶段划分,拥有相对雄厚财富的人是年龄在 40~60 岁之间的事业有成之人。但是在我国不是这样,我国奢侈品消费的主体是年轻人。统计表明,我国 73% 的奢侈品消费者不满 45 岁,45% 的奢侈品消费者年龄在 18~34 岁之间。其三,奢侈品消费复杂化。当然,我们的未富先奢有时不单单是思想上、心理上对奢华的向往在驱动,而是多种复杂因素共同推动的。比如,党的十八大之前,我们还出现了奢侈品购买者与使用者事实上的分离性问题,即有相当一部分奢侈品的消费是用于送礼的,尤其是用于行贿官员的。美国《纽约时报》在一篇文章中这样指出,在中国"为行贿官员所购买的奢侈品总额几乎占了整个奢侈品消费的一半"。如此,未富先奢长期蔓延下来,就将艰苦创业、艰苦奋斗冲击得七零八落。再如"未富先懒"。当前,越来越多的人尤其是年轻人,其干事创业的进取意识、冒险精神下滑,求安稳、求安逸、求安定的心态渐浓,很多人不愿再为了所谓的理想抱负而去直接挑战、勇挑重担、敢于冒险。一些年轻人整日基于对"干活不累、工资翻倍"工作状态的幻想,导致不愿去做艰苦工作、不愿付出辛劳汗水去干事创业,结果诱发我国社会日益凸显的"未富先懒"问题。

艰苦奋斗是一个作风问题,更是一个政治问题。对此,毛泽东曾特别指出:"我们民族历来有一种艰苦奋斗的作风,我们要把它发扬起来。……坚定正确的政治方向,是与艰苦奋斗的工作作风不能脱离的,没有坚定正确的政治方向,就不能激发艰苦奋斗的工作作风;没有艰苦奋斗的工作作风,也就不能执行坚定正确的政治方向。"[①]因此,对共产党人来说,做好艰苦奋斗,保持艰苦奋斗的作风,就同时是一个政治性问题,是关系共产党人政治本色

---

① 毛泽东:《国民精神总动员的政治方向》,《新中华报》,1939 年 5 月 10 日。

的大问题。新时代我们党要统揽"四个伟大",向着实现"两个一百年"奋斗目标、实现中华民族伟大复兴的中国梦进发。"把蓝图变为现实,是一场新的长征。路虽然还很长,但时间不等人,容不得有半点懈怠。我们决不能安于现状、贪图安逸、乐而忘忧,必须不忘初心、牢记使命、奋发有为,努力创造属于新时代的光辉业绩!"①

(五)热衷权力游戏

热衷权力游戏,首先是醉心当官发财。"千里做官只为财",这是流传于两千多年的官僚士子及平民百姓口中的"当官发财"理念。李宗吾在《厚黑学》一书中披露了中国官场文化的求官、为官十一字诀,其中为官六字真言最后一言就是"弄",即弄钱。这是求官和为官的目的和出发点。于是,当官发财理念的盛行,成为官员贪污腐败的心理动力,成为腐败屡禁不止的根本原因,也成为几千年中国政治文化的一大特点。

中国共产党人反对当官发财的理念。《中国共产党章程》中有这样一段话:党的干部要正确行使人民赋予的权力,坚持原则,依法办事,清正廉洁,勤政为民,以身作则,艰苦朴素,密切联系群众,坚持党的群众路线,自觉接受党和群众的批评和监督,加强道德修养,讲党性、重品行、做表率,做到自重、自省、自警、自励,反对官僚主义,反对任何滥用职权、谋取私利的不正之风。党的十八大以来,党中央量身定制"八项规定",同时制定了一系列党内法规,大力遏制党内不正之风。2015 年 1 月 12 日,习近平在同中央党校第一期县委书记研修班学员座谈时指出:"当官发财两条道,当官就不要发财,

---

① 习近平:《在第十三届全国人民代表大会第一次会议上的讲话》,人民出版社,2018 年,第8 页。

发财就不要当官。""选择从政时就不要在从政中发财,选择发财时就去合法发财。"2016 年 3 月,在全国政协会议与全国工商联联组会议上,习近平提倡"亲""清"新型政商关系,防止官商勾结。

然而在现实社会中,一些党员干部热衷权力游戏,不能正确认识价值问题,不能正确对待个人利益,导致精神支柱坍塌、人生方向迷失,甚至因此铤而走险,守不住党纪国法的底线,最终锒铛入狱。在安徽萧县、泗县和太和县三地,县委书记贪腐引发的"多米诺效应"涉及当地干部少则数十人多则上百人。《半月谈》记者获取了三地落马县委书记的忏悔书,发现用人腐败和官商勾结成为权力滥用的两大风险点,一把手权力失范带来的官场逆淘汰和社会生态恶化成为塌方式腐败发生的加速器。毋保良,萧县原县委书记、县人大常委会原主任,因犯受贿罪(非法收受共计人民币 1869. 2 万元)被合肥市中级人民法院判处无期徒刑。刘家坤,在 2007 年至 2012 年担任太和县委书记、阜阳市人大常委会副主任期间,伙同情妇赵晓莉收受他人贿赂2929 万余元,被判处无期徒刑。晏金星,在泗县 10 年间受贿 600 余次,平均每周一次,受贿金额达 520 余万元,其中接受下属请托卖官近百次,所得 300余万元,因受贿罪被判处有期徒刑 14 年。批发官帽子、权钱交易是落马县委书记主要贪腐表现。毋保良、晏金星案发后,萧县、泗县两地许多乡镇和县直机关的主要负责人多有涉案,萧县先后有 80 多名干部免职,泗县也查处干部近百人。[①] 在毋保良等人的思想深处,认为金钱就是实力的体现,有了钱就可以拥有一切,丧失了一个党员领导干部最起码的原则底线。

热衷权力游戏的另一个表现,就是玩弄权术,破坏政治生态。一是奉行一团和气的好人主义。有少数党员奉行"多栽花、少栽刺"的处世哲学,喜欢打"太极",好人主义盛行,事不关己高高挂起,谁也不去得罪,特别是在一些

133

---

① 徐海涛:《忏悔录里看腐败:"一霸手"权力游戏玩转县域》,《半月谈》,2015 年第 6 期。

地方，民主生活会上不闻"炮声"，一些同志认为自我批评没"面子"，批评领导丢"位子"，批评同级失"选票"，把批评与自我批评变成表扬与自我表扬，相互批评变成了相互吹捧。还有些党员喜欢自我表扬，自吹自擂，个人利益至上，谈成绩浓墨重彩、褒奖有加，说问题避重就轻、隔靴搔痒，不注重研究解决实际问题。二是存在拉帮结派的圈子文化。把老单位、老乡观念、同学关系、个人私交等作为党内关系的感情纽带，搞亲疏远近，以酒杯换口碑，市侩风气流行，往往决策表态异口同声，利害面前结团抱伙，在党内形成了小团体、小群体、小圈子、小山头，滋生地方保护、部门保护等小团体主义，党内关系由同志关系异化为帮派关系或封建人身依附关系。这些人无视党的政治纪律和规矩，"为了自己的所谓仕途，为了自己的所谓影响力，搞任人唯亲、排斥异己的有之，搞团团伙伙、拉帮结派的有之，搞匿名诬告、制造谣言的有之，搞收买人心、拉拢选票的有之，搞封官许愿、弹冠相庆的有之，搞自行其是、阳奉阴违的有之，搞尾大不掉、妄议中央的也有之，如此等等。有的人已经到了肆无忌惮、胆大妄为的地步！"[①]

"七个有之"本质上是政治问题，概括起来是两个方面。一个是政治问题和经济问题交织形成利益集团，妄图攫取党和国家权力；一个是山头主义和宗派主义作祟，大搞非组织活动，破坏党的集中统一。对政治上的这种隐患不能采取鸵鸟政策，必须采取断然措施予以防范和遏制，清除隐患后患。要时刻强调政治纪律和政治规矩，严肃查处违规逾矩行为，决不允许搞小山头、小团伙、小圈子，决不允许自行其是、各自为政。要弘扬忠诚老实、公道正派、实事求是、清正廉洁等价值观，使党员、干部在严肃认真的党内政治生活中加强党性锻炼，锤炼政治能力，提高思想境界和政治觉悟。2015 年 10

---

① 中共中央文献研究室编：《习近平关于全面从严治党论述摘编》，中央文献出版社，2016 年，第 105～106 页。

月 29 日,习近平在十八届五中全会第二次全体会议上指出:"党内不能存在形形色色的政治利益集团,也不能存在党内同党外相互勾结、权钱交易的政治利益集团。党中央坚定不移地反对腐败,就是要防范和清除这种非法利益关系对党内政治生活的影响,恢复党的良好政治生态,而这项工作做得越早、越坚决、越彻底越好。"①

综上所述,党员干部精神状态存在问题不容忽视,必须继承和发扬我们党重视精神家园建设的优良传统,在改造客观世界的同时丝毫不能忽视主观世界的改造。可以说,中国共产党人的精神家园建设,只有进行时,没有完成时,加强精神家园建设永远在路上。

三、新时代中国共产党人精神懈怠的原因

现阶段,一些领导干部精神懈怠的危险日益凸显,从根本上看,是与我们党所处的历史方位相关联的,既有主观上的原因,也有干部管理制度上的原因,既包括现实的原因,也包括深层次的社会历史原因。正确分析党员干部精神懈怠的根源,有助于找到中国共产党人精神家园建设的有效途径。

(一)主观根源

从"四大危险"角度来看,精神懈怠的危险是"四大危险"之首,是最具根本性的危险,也是能力不足危险、脱离群众危险、消极腐败危险产生的根源。

---

① 习近平:《在党的十八届五中全会第二次全体会议上的讲话(节选)》,《求是》,2016 年第 1 期。

所谓精神懈怠的危险,主要是指思想认识出现了偏差,理想信念出现了问题,为党和人民事业奋斗的内在动力明显减弱,工作萎靡不振、不思进取,遇事推诿搪塞、缺乏担当。其产生原因就在于思想教育不到位,理想信念不坚定,没有学到马克思主义的理论精髓,也就是思想建设出现了问题。俗话说:"解铃还须系铃人。"破解精神懈怠的危险,必须切实加强党的思想建设,真正使党员干部从思想上入党,让他们从思想深处警觉起来,坚定理想信念,坚守共产党人的精神追求。

思想是行动的先导,指引着行动的方向,具有"总开关"的功用。习近平在系列讲话中多次强调要加强和改进党的思想建设,提出了许多振聋发聩的重要论断。2014年10月8日,习近平在党的群众路线教育实践活动总结大会上指出:"现在一个比较明显的问题就是轻视思想政治工作,以为定了制度、有了规章就万事大吉了,有的甚至已经不会或不大习惯于做认真细致的思想政治工作了,有的甚至认为组织找自己谈话是多此一举。"①当前,我们要深刻学习贯彻习近平关于思想建设的重要讲话精神,认真解决实际工作中存在的对思想建设认识模糊、措施不力等问题,切实拧紧思想建党这一"总开关"。

"求木之长者,必固其根本;欲流之远者,必浚其泉源。"这句话出自唐代思想家魏征的《谏太宗十思疏》。在党的群众路线教育实践活动总结大会上的重要讲话中,习近平在阐述思想政治工作之时,引用这句话来阐明党的思想建设的"固本浚源"之用。要想让树木长得高大,一定要先让它的根基稳固;要想让河水流得长远,一定要使它的源头畅通。党员的思想认识就是全党先进性纯洁性的根和源。可以说,思想建设是党的建设的基础和中心环

---

① 习近平:《在党的群众路线教育实践活动总结大会上的讲话》,《人民日报》,2014年10月9日。

节,决定着党的建设的性质和方向;离开了思想建设,党的思想路线、政治路线、组织路线就会出现偏差,党的组织建设、作风建设和反腐倡廉建设就会出现失误。① 加强党的思想建设,引导党员干部坚定理想信念,就是保证全党充满生机与活力的固本浚源之举。

"国无德不兴,人无德不立。一个民族、一个人能不能把握自己,很大程度上取决于道德价值。"② 我们要大力培育和弘扬社会主义核心价值体系和核心价值观,加快构建充分反映中国特色、民族特色、时代特色的价值体系,努力抢占价值体系的制高点,而在核心价值体系和核心价值观中,道德价值具有十分重要的作用。

理想信念在政治生活中就是政治信仰,有了正确的政治信仰,社会才能向前发展。就政治信仰而言,现代政治跟古代政治有质的不同。按照著名社会学家马克斯·韦伯的观点,古代政治学较之现代政治学非常明显的一个不同就是宗教信仰在古代政治中占据着极其重要的角色。在韦伯看来,现代社会由于经验主义的胜利,科学技术的发展,整个社会的"祛魅化"得以可能实现。在现代社会,信什么,不信什么,宗教没有决定性的权威,而是必须用每个人心中的理性来判断;某种制度、原则合理与否、正当与否,宗教组织说了不算,而是必须以人们的理性认知能力和整个社会的科学技术水平作为终审标准。古代社会则不一样,在古代,理性很大程度上要让位于宗教信仰,经验很大程度上要让位于宗教体验,换句话说,宗教的意识形态占据、把控了整个古代政治。

事实的确如此,不论古代中国还是中世纪欧洲,意识形态都是带有宗教

---

① 夏春涛、罗文东:《中国共产党思想建设的光辉历程和基本经验》,《江苏大学学报》(社会科学版),2011 年第 4 期。

② 中共中央宣传部:《习近平总书记系列重要讲话读本》,学习出版社、人民出版社,2016 年,第 96 页。

色彩的。欧洲基督教一千多年都是政治的主导性力量，政教关系问题也因此成了影响、塑造欧洲（包括日后的北美国家）政治、社会形态的根本因素之一。更有甚者，这种独特的政治架构下甚至出现了买卖"赎罪券"这样的荒诞之事。古代中国也是如此，儒学虽然不是在基督教的超验意义上被称为"儒教"，但同样在修身、齐家、治国、平天下的人生追求和伦理秩序中具有浓厚的宗教特质。如果说古代政治在宗教的意义上凝聚着整个社会的基本精神的话，那么经过祛魅后的现代社会显然再也无法用同样的机制来赋予整个社会以精神素质和道德追求。

宗教的退场并不表明现代政治已不需要道德，相反，现代社会通过世俗化的机制同样可以在全社会培育起崇高的道德追求。比如，共产主义就是一种与现代社会相适应的道德理想，而中国共产党就是这种崇高道德理想的追求者和践行者，并通过弘扬这种现代的道德观念，使整个社会不断接近共产主义的理念。

上述古今之别告诉我们一个基本道理，那就是现代社会仍离不开信仰教育和道德教育。在我国的语境下，历史已经给我们建构起最基本的理想信念。要确保政治社会在一个良序的状态下运行，政治教育（包括信仰教育和道德教育）就应当成为全社会的重中之重。但政治教育除了对普通民众进行教育之外，更重要的是通过这种教育使资源的分配者，也就是各级官员具有更加坚定的理想信念。

但是理想信念教育在现代社会中由于教育效果的递减往往会走向自身的反面，成为一种充斥着大话、空话和套话的空谈。腐败问题之所以时有发生，从精神的层面来讲，可以归咎于理想信念的缺失和道德素质的低下。共产主义理想、中国梦的集体追求不但没有内化为某些官员内心的道德准则，相反，个别官员"搭便车"的现象极其严重。拿理想当借口，拿信条当幌子，以"公"之名行"私"之实。腐败的滋生，很多时候正是起源于一念之间，贪念一动,紧接着便很容易伸出贪婪之手。因此,党的十八大以来,思想政治教育工作被提高到一个新的高度,通过对官员和群众的思想政治教育,为整个社会注入向上的正能量。当然,品德的树立并不单单取决于教育的过程,而是需要个人、教育和制度三个方面从不同层面形成合力,要做到这一点,任重而道远。

(二)制度原因

制度上对干部考核评价不够准,监督管理不力,权力限制不够到位,是一些领导干部精神懈怠的直接原因。一些领导干部精神懈怠,放松主观世界改造和党性修养,理想信念动摇,宗旨意识淡薄,是主观上的根本原因,但干部选拔任用工作中存在的对干部考核评价不准确和不全面,对干部监督管理不严格和不到位等问题,也从外部直接影响着干部的思想作风和精神状态。干部的精神状态和主观努力缺乏准确的、客观的考核评价,或者只是表面地重视工作结果,忽视对工作的客观环境因素特别是工作基础和工作条件的分析;或是只重视显绩,忽视潜绩,看不到打基础增后劲的工作;或是甚至为了得到干部职位买官卖官屡禁不止,使那些昂扬奋进、开拓进取、扎实工作的干部得不到准确评价和充分肯定,损害其干事创业的积极性。另外,对干部的工作和行为缺乏严格有效的监管、问责、奖惩制度。在一些地方和部门有作为和没作为一个样,得到的奖励或奖惩完全相同。尤其是个别领导干部工作不用心、严重失职渎职、违法犯罪却得不到应有的问责和惩罚,严重影响着干部队伍干事创业的风气和环境①,也影响着干部队伍的精

---

① 戴立兴、黄宇、龚上华:《精神——新时代中国共产党的伟大精神》,人民日报出版社,2017年,第120~122页。

气神。

权力监督和制约机制不健全,是导致党员干部精神懈怠的关键。我们知道,腐败的产生根植于人类组成的政治社会。人类走出自然状态,成立政府,进入文明社会,正是为了对资源进行公平而有效的分配,而资源分配的主体则是各级政府官员。资源配置权的集中,加上信仰约束的主观性,共同造成腐败在社会中滋生的可能性。因此,一般来说,对腐败的解决大致有两条途径:第一,从人的思想、信仰方面着手,进一步加强思想政治教育,使之在"公"的面前不动私心、不伸手;第二,从制度建设着手,扎紧制度的笼子,使当权者有权不敢滥用,有权不敢"任性"。而这一点,从全世界的范围来看,都是反腐败工作的重中之重,也是最被认同的有效途径。

尽管不同国家的制度具有相似性甚至是趋同性,但我们也应当看到,不同国家的制度也有异质性和不可通约性的一面。由于这种异质性和不可通约性的存在,不同国家的制度带来的政治、社会问题也相应的有所不同,进而制度建设也在不同国家呈现为不同方式。对西方国家而言,预防、惩治腐败的机制是在三权分立、宪政民主的框架下进行的。而我国则必须在社会主义的框架下进行制度设计,把权力切实关进笼子,使各级领导干部既能够充分发挥其领导力和创造力,又必须使权力规范、有序地运行。而对权力的规范,最根本的一点就是强化权力运行的监督、预防机制。

过去由于我们对权力运行的监督和制约机制不健全,权力寻租、权钱交易等腐败问题层出不穷。少数身处关键岗位、位高权重的公职人员,在行政执法、市场监管过程中,"收了别人的手软""吃了别人的嘴短",腰板挺不直,面对存在的问题"装聋作哑",听之任之,少数领导干部甚至被不法奸商所要挟和绑架,导致不能作为。也有极个别领导干部充当既得利益集团的"代言人"和"保护伞",官商一体,用"懒政"来阻碍和延滞改革,不愿作为,严重消解了党员队伍积极进取的精神状态。

在社会规则越来越多、越来越细化的今天,官员不再是知识、眼界和教养的垄断者,与普通民众没有根本差别,不过是在职业选择上与普通民众有所不同,进而越来越多地积累从政的经验和眼界而已。因此,面对纷繁复杂的社会环境,官员也会犯错,甚至会触碰到各种"红线"。在进行制度设计和制度建设时,我们必须把官员身上虚假的光环去掉,从一个现代从政者的角度来客观地审视其思想和行为,在规范各级党政领导干部的职责、权限,科学而合理地对其权力和职能进行配置的同时,强化决策权、执行权等权力的相互制约。除此之外,还要强化监督、巡视机制,用严格的外在制约和监督保障权力运行的有序性。健全党内生活,完善民主集中制,通过一整套党内监督、行政监察、审计还有巡视监察制度,对各级官员的施政措施加以监测和完善,力争将问题控制在可解决的范围之内,"抓早抓小",及早发现问题,防止小问题演变成大腐败。此外,除了党内的行政监督、巡视监察,还应当将权力的行使公开化,使权力在阳光下运行,让各级官员自觉接受广大人民群众的监督。①

对权力的监督在西方的意义上更多地是基于自由主义的基本精神,而对权力和政府采取的是一种基本的不信任态度。而在我国,党的执政地位是历史和人民的选择,对权力的制约和监督必须在党的领导下有计划、有步骤地进行,对于这一点,我们必须时刻保持清醒的认识。目前摆在我们面前的任务是:既然我国尚处于从传统社会向现代社会的转型过程中,我们应当如何依据本国的历史文化传统来制定出适合现代社会的权力监督、制约和规范机制,这是我们进行制度创新时必须解决的紧迫课题。

关于思想建党,习近平提出"坚持思想建党和制度治党紧密结合"的重要观点。他进一步要求:"思想教育要结合落实制度规定来进行,抓住主要

---

① 郭广银主编:《全面从严治党》,江苏人民出版社,2015 年,第 274～275 页。

矛盾,不搞空对空。要使加强制度治党的过程成为加强思想建党的过程,也要使加强思想建党的过程成为加强制度治党的过程。"①这对新时代党的思想建设具有重要的理论和实践价值。思想精神建设属于意识形态范畴,具有隐形的特点,看不见摸不着。在现实中,有些党员干部嘴上口号喊得很多,但实际行动乏善可陈。有些党员干部台上强调坚定理想信念,表明清正廉洁的决心和要求,但是在台下把理想信念忘得一干二净,追求奢靡生活,肆意贪污腐败。如果思想教育沦为"喊口号",那就是"空对空",不仅无法夯实思想根基,不能产生凝魂聚气的功效,而且容易产生负面影响,在人民群众中失去信任。同时,由于缺少抓手,不少地方党政领导班子不会抓、不愿抓思想教育,一定程度上导致思想和精神建设的空泛。因而党的思想和精神建设必须把看似"隐形"的要求"显化"出来,把看似"虚"的要求做"实"。实现这一转化,必须借助制度的力量,制定和实施思想建设的制度规定。制度建设带有根本性、全局性、稳定性和长期性,思想教育的制度安排,让党的精神家园建设得到应有重视,让思想教育变成"实打实"的要求。

(三)现实境况

我们身处的这个社会,是一个处在剧烈变革中的社会,现实情况无法让我们乐观,"精神之轻""生命之轻"的挑战和危险就在眼前。我们这个创造了诸多历史传奇和精神史诗的政党,正面临着精神家园失守的严峻挑战。中国共产党人精神家园失守的挑战,主要来自以下三个方面。

第一,过分集中的权力结构和崇尚逐利的市场经济,使党的精神家园受

---

① 习近平:《在党的群众路线教育实践活动总结大会上的讲话》,《人民日报》,2014年10月9日。

到现实影响。过分集中的权力结构和崇尚逐利的市场经济,从"左"和"右"两个方面侵蚀党员干部,若隐若现的权力和资本的结盟关系,"潜规则"大行其道,使部分党员干部享受到了前所未有的本能满足,力图制约权力和资本消极影响的精神出现弱化情况和边缘化危险。少数党员精神追求的弱化乃至异化,精神家园在他们的心中已经变得可有可无,甚至已成为一种负担,出现腐化变质,"生命之轻"在这些人身上已经部分成为现实。一方面,长期执政容易滋生和积蓄个人的既得利益。现在确有一部分党员和干部思想上出了一些问题,认为他们所拥有的权力地位,是属于自己的既得利益。加之执政时间长了,容易出现权力失控现象。"一个执政党,如果管不住、治理不好领导班子和领导干部,后果不堪设想。历史上的腐败现象,为害最烈的是吏治的腐败。"①对于可能致使精神弱化的问题,是党长期执政必须认真面对的。另一方面,市场经济的负面影响使一些思想不过硬的领导干部面临严峻的考验。比如,市场经济的"等价交换"原则与全心全意为人民服务的宗旨相冲突,市场经济追求利益最大化与党性要求的克己奉公相冲突等。因此,党的十九大要求:"增强党内政治生活的政治性、时代性、原则性、战斗性,自觉抵制商品交换原则对党内生活的侵蚀。"②如果领导干部经受不住市场经济带来的诱惑,就会受到它的侵蚀,变得腐化起来,从而出现与全心全意为人民服务宗旨相背离的思想和行为方式。

第二,文化的多样与冲突给党员队伍的思想带来一定冲击。随着经济体制的深刻变革和利益主体多元化的发展,人们的价值观念和利益诉求也在发生着不同变化。同时,人们的思想观念也会受到多方面信息的影响,并且都在不同程度地加深。在一定时期内,改革开放新思想和与此不相适应

---

① 《十四大以来重要文献选编》(下),人民出版社,1999 年,第 1967 页。
② 习近平:《决胜全面建成小康社会 夺取新时代中国特色社会主义伟大胜利——在中国共产党第十九次全国代表大会上的报告》,人民出版社,2017 年,第 62 页。

的各种思想观念并存,消极腐朽的思想观念严重阻碍了改革开放和现代化
建设的进程,如何巩固马克思主义和中国特色社会主义在意识形态方面保
持指导地位,成了党亟待解决的问题。当前我国思想领域呈现"一元(社会
主义核心价值体系)主导、多样(多种社会思潮)并存"的状况,形成众声喧哗
的喧嚣场景,这既是社会开放和进步的体现,但也不可避免地会给党所倡导
的主导思想带来冲击和影响。在这种文化背景下,后现代社会的思想潮流
和社会境况,解构成为潮流。消解现代主义的宏大叙事,怀疑权威,解构崇
高,解放身体,突出个体感受,强调当下的感觉和享受,成为一股竞相追捧的
文化思想潮流。而我们党的精神和思想,属于现代主义的、宏大的话语和叙
述,在一些人眼中成为戏谑的对象,成为解构的目标。相应地,社会上也出
现了一些不利于革命精神传承的新动向:一是"告别革命"等否定革命的言
说有所抬头。从 20 世纪 90 年代起,以"告别革命"为代表的历史虚无主义
在国内学术界偶露峥嵘,除了少数知识精英作此理论表述,类似观点折射于
一般大众,则表现为对革命历史的忽视与厌倦。这多少反映了改革开放以
来有关革命的反思步入了歧途,对革命精神的损伤是不言而喻的。二是社
会文化呈现出后革命大众狂欢的特征。20 世纪 90 年代,由美国学者阿里
夫·德里克提出的后革命术语,开启了当代中国社会文化的某些新动向。[①]
随着西方发达资本主义的思想文化重新涌入中国,兼之文化的产业化运作,
革命文化正越来越成为消费主义的对象,呈现出解构革命、娱乐革命的消极
倾向。消费主义在推行革命文化的同时,对革命精神进行了冲淡扭曲甚至
是置换,尤须值得引起我们的警觉。[②]

　　第三,代际更替的影响,出现了思想和价值观的演变与差异。中国共产

---

　　① [美]德里克:《革命与历史:中国马克思主义历史学的起源1919—1937》,翁贺凯译,江苏
人民出版社,2008 年。
　　② 胡军、陈敢:《后革命氛围中的革命历史叙事》,《广西社会科学》,2010 年第 4 期。

党是一个有着百年历史的党,党员队伍随着历史发展而不断更新换代。不断吸收新成员,聚拢更多的优秀人才,这既是我们党不断延续和长久执政的基本保障,也是使党充满青春气息、永葆生机和活力的新鲜血液。党员队伍的更新和壮大,对党的精神家园建设提出了新的要求。在革命和新中国成立后的一个时期,尽管党员受教育水平和知识水平总体不高,但大都经过战火纷飞的洗礼,经受过艰苦条件的考验,在实践中逐渐加深对马克思主义科学理论的认识,思想觉悟普遍较高。当前,我们党的主体成员是党的十一届三中全会以后的新生代,这些"70后""80后""90后"乃至一些"00后"的党员,是在改革开放新时代成长起来的年轻成员,教育文化水平普遍较高,代表当代中国的先进力量。但是这些年轻党员生长的社会环境跟以往有所不同,市场经济中利益主导观念的深刻影响,加之多元时代各种思潮的巨大冲击,都对党员思想状况和精神世界构成一定程度的威胁。不可否认的是,他们对党的精神家园的把握还有待加强,思想上的消极因素尚需克服。这在客观上要求我们党必须适应新的时代特点和党员结构特点,不断加强党内成员的思想教育,使之真正完成思想入党的关键过程。也就是说,在新的历史时期,必须继续使思想建党成为"铁打营盘"的优良传统,这样才能管住"流水的兵"。① 这些情况如果不引起重视,随着时间的推移,革命精神很容易在长期的和平环境中销蚀,在代际的更替中遗失。②

由此可见,无论是从党的存在目标还是党员的个体生命价值来看,我们承担着沉重的历史责任,追求的是生命之重,丧失精神家园,是不可承受的生命之轻、生命之痛。但严峻的现实摆在我们面前,守望精神家园,是每一个共产党人的责任,也是我们必须完成的任务。

145

---

① 石仲泉:《论思想建党》,《北京日报》,2015年2月6日。
② 姚桓、孙宁:《建设社会主义核心价值体系需要弘扬中国共产党的革命精神》,《新视野》,2012年第1期。

（四）社会历史条件

中国传统文化尤其是儒学，十分重视个人的修身养德，形成了"君子之政"的基本价值，训练出一大批古代循吏。然而古代官德中也有许多糟粕，如官为儒体、儒为官魂，愚民而牧之（惑、禁、阻、隔、压），官本位，官至尚，官财一体，官场酱缸文化等，①由此产生了不少官场陋习，如古代官文化想当官发财的理念在一般老百姓和官员的头脑中根深蒂固；古代官文化是小农社会的产物，许多官员在熟人社会中过分看重人情，过不了人情关，最后走向腐败；儒学倡导的温良恭俭让，容易让一个民族丧失血性；古代官文化容易压制新鲜事物，缺乏改革创新的意趣。近代以来的历史还表明：古代官文化在向现代转化的过程中容易与资本结合起来，形成压榨性的官僚资本主义；传统官德重视自律，却忽视他律；等等。因而从古代官德中涵养党员干部的党性修养和精神世界，一定要坚持"扬弃"的态度，取其精华，去其糟粕，即把绵延几千年的"君子之政"与现代民主、法治、自由等社会主义核心价值观结合起来。同时，也要鼓励党员干部发扬担当精神，加强军队干部的血性培育，反对官僚主义和破除特权思想，倡导廉洁文化等。

特权思想是官本位的自然衍生，也是官本位的真实写照。20 世纪 80 年代末，邓小平就明确指出搞特权的危险性，他说："我们脱离群众，干部特殊化是一个重要的原因。干部搞特殊化必然脱离群众。我们的同志如果对个人的、家庭的利益关心得太多了，就没有多大的心思和精力去关心群众了，顶多只能在形式上搞一些不能不办一办的事情。现在有少数人就是做官当

---

① 刘永佶：《官文化批判：中国文化变革的首要任务》，中国经济出版社，2012 年，第 288 ~ 365 页。

老爷,有些事情实在不像话!脱离群众,脱离干部,上行下效,把社会风气也带坏了。"①党的十八大以来,习近平提出了一系列反对特权的思想,强调用制度管权,把权力关进制度的笼子,"把权力关进制度的笼子里,首先要建好笼子。笼子太松了,或者笼子很好但门没关住,进出自由,那是起不了什么作用的"②。这形象说明了特权思想的顽固性和反对特权思想的艰巨性。现在少数干部精神状态不佳的成因,主要在于这种"官本位"思想严重,惯性思维"作祟"。

在历史上,中国是一个"官本位"和"人治"色彩浓厚的国家,中国人喜欢讲情面、拉关系,更多的人喜欢按潜规则办事,权大于法、认官不认法的思想根深蒂固。尽管中国改革开放已40年有余,但上述传统思想及其影响,却很难在短时间内消除殆尽。正因为如此,加上权力约束与监督方面的体制还不完善,使得在现实生活中,权力滥用的现象还依然存在,而法治的权威性受到伤害,腐败现象也由此而生发。一些地方和领域的不正之风和腐败问题屡禁不止,腐败分子"前仆后继",就是直接佐证。对此,习近平深刻指出:"在市县和基层单位存在的'四风'问题,有的也与一些不良习俗有关。特别是那张巨大的人情关系网,既有形又无形,把很多干部群众都网在里面。逢年过节、生日纪念、婚丧嫁娶,你来我往,永无休止,还不清的人情债;你有圈子,我有圈子,大家竞相找圈子、入圈子、织圈子,把人际关系搞得越来越庸俗,一些干部甚至因此误入歧途,走上违法犯罪道路。"③新时代,如何既重视人情又不滥用人情,成为摆在党员干部面前的一道"人情关"。

纪晓岚的《阅微草堂笔记》中有一则故事,讲的是一位官员死后来到阎

① 《邓小平文选》(第二卷),人民出版社,1994年,第218页。
② 《习近平关于全面从严治党论述摘编》,中央文献出版社,2016年,第200页。
③ 《习近平关于党的群众路线教育实践活动论述摘编》,党建读物出版社、中央文献出版社,2014年,第75～76页。

王殿标榜自己:"我所到之处,只喝别人一杯水而已,因此,在鬼神面前心中无愧!"而阎王则讥讽他说:"任何官员都要去做兴利除弊的事情。仅仅认为不要钱就是好官,那设一木偶在公堂上,它连一杯水都不喝,不更胜过你吗?"这个故事说明,中国人对官员的要求不是简单的廉洁,而是廉能。既要廉洁,也要守土有责,敢于担当。干部即使一身廉洁却不担当,依然是不负责任的表现。古人说:"为官避事平生耻","任其职,尽其责;在其位,谋其政"。习近平在正定工作时批评那些怕担风险的同志,"还没抬脚就怕摔跟头,那就寸步难移,什么事也干不成"。批评一些不敢担责任的干部,"只求过得去,不求过得硬,遇事推诿,不负责任,'只吃俸禄不担惊'"。在宁德工作时,鼓励领导干部大胆改革探索,提出"我主张敢为天下先,敢于冒一定风险,不吃别人嚼过的馍"。在浙江工作时,鼓励领导干部要做到"守土有责"。在现实社会中,如果一个干部得到职工群众百分之百认可,群众毫无怨言,这往往意味着干部"凹"到了极限,"谦虚"到了极点,缺乏担当。因此,干部民意测评时以"满票干部"作为用人导向是有风险的。习近平指出:"强调群众公认决不是单纯以票取人。敢负责干工作的干部往往会丢点票。不能形成'唯票'的导向,不要引导领导干部当所谓的'满票干部',否则就会引导干部当'老好人',不敢得罪人,甚至拉票、贿选。"①

除了上述深层次的社会历史原因,腐朽庸俗的政治文化也是导致精神滑坡的重要因素。党内政治生活、政治生态、政治文化是相辅相成的,政治文化是政治生活的灵魂,对政治生态具有潜移默化的影响。要在党内倡导和弘扬正确的价值观,旗帜鲜明地抵制和反对关系学、厚黑学、官场术、"潜规则"等庸俗腐朽的政治文化,不断培育良好的政治生态土壤,为新时代党的精神家园建设提供健康的环境保证。

---

① 习近平:《之江新语》,浙江人民出版社,2007年,第10页。

第四章

新时代中国共产党人精神家园建设的实践要求

　　中国共产党人的精神辞典中,精神多元,形态丰富。那么处于当下的中国共产党人,究竟应该继承哪些精神财富? 新时代建设守护好中国共产党人的精神家园应该坚持什么样的原则,遵循什么样的思路? 这是本章所要讨论的主要内容,也是新时代中国共产党人精神家园建设的基本架构。

一、新时代中国共产党人精神家园建设的历史任务

　　在马克思主义语境中,中国共产党的革命、建设、改革前后相续,主旨相同,精神相通,三者共同构成了一个完整、不可分割的序列,这正是中国共产党人精神家园能够跨越时空、价值永续的逻辑基础。尽管党的精神家园会因历史方位、时代主题的变化而各有侧重,但其核心内容始终是一以贯之的。中国共产党人的精神家园,体现着党的性质和宗旨,凝聚着党的初心和使命。党的十九大报告主题的第一句话——不忘初心,牢记使命,讲的就是全体党员应该具备的精神风貌。习近平指出:"不忘初心,方得始终。中国

共产党人的初心和使命,就是为中国人民谋幸福,为中华民族谋复兴。这个初心和使命是激励中国共产党人不断前进的根本动力。"①进入新时代,我们应该具化中国共产党人继承和发扬的精神财富。

(一)坚定高远的理想信念

习近平指出:"坚定理想信念,坚守共产党人精神追求,始终是共产党人安身立命的根本。"②新时代中国共产党人,只有筑牢信仰之基、补足精神之钙、把稳思想之舵,坚定共产主义理想信念,才能自觉带领人民扎实地把行动落实到实现"两个一百年"奋斗目标和中华民族伟大复兴的中国梦上来,才能真正形成人民有信仰、民族有希望、国家有力量的大好局面。时代在发展,形势在变化,但中国共产党人对共产主义和中国特色社会主义共同理想的信念始终不能变。正如习近平指出的:"坚持不忘初心、继续前进,就要牢记我们党从成立起就把为共产主义、社会主义而奋斗确定为自己的纲领,坚守共产主义远大理想和中国特色社会主义共同理想,不断把为崇高理想奋斗的伟大实践推向前进。"③综观习近平新时代中国特色社会主义思想,最突出的感受,就是充满着对共产主义、社会主义的坚定信仰,充满着"革命理想高于天"的豪迈情怀与价值追求。

首先,始终坚守共产主义远大理想。习近平指出,共产主义远大理想激励了一代又一代共产党人英勇奋斗。理想之光不灭,信念之光不灭。很多中国共产党老一辈无产阶级革命家都将共产主义作为个人的信仰之基和事

---

① 习近平:《决胜全面建成小康社会 夺取新时代中国特色社会主义伟大胜利——在中国共产党第十九次全国代表大会上的报告》,人民出版社,2017年,第1页。

② 《习近平谈治国理政》(第一卷),外文出版社,2018年,第15页。

③ 《十八大以来重要文献选编》(下),中央文献出版社,2018年,第347页。

业之本,在逆境与顺境中未曾动摇,奋斗终生,以自己的光辉人生践行了对理想信念的坚守,证明了信仰的力量。他指出:"共产主义决不是'土豆烧牛肉'那么简单,不可能唾手而得、一蹴而就,但我们不能因为实现共产主义理想是一个漫长的过程,就认为那是虚无缥缈的海市蜃楼,就不去做一个忠诚的共产党员。革命理想高于天。实现共产主义是我们共产党人的最高理想,而这个最高理想是需要一代又一代人接力奋斗的。如果大家都觉得这是看不见摸不着的东西,没有必要为之奋斗和牺牲,那共产主义就真的永远实现不了了。我们现在坚持和发展中国特色社会主义,就是向着最高理想所进行的实实在在努力。"①习近平的话既朴素,又深刻。不能因为距离遥远,就丢掉了远大理想,不能因为触不可及,就丧失了奋斗意志。共产党人就是要自信地喊出:我们的最高理想,就是为了实现共产主义!

我们之所以要坚守共产主义的远大理想,是因为它是一个科学的理论。马克思、恩格斯将人类社会划分为五种形态:原始社会、奴隶社会、封建社会、资本主义社会、共产主义社会(社会主义社会是它的初级阶段)。随着生产力的发展,生产关系要与生产力相适应,一种社会形态总要被更高的社会形态所替代,人类社会终将发展到共产主义社会。特别是马克思、恩格斯在《共产党宣言》中对资本主义社会内在矛盾的分析,社会化大生产和生产资料私人占有的矛盾始终无法消除,因此他们得出了"两个必然"和"两个决不会"的结论,即"资产阶级的灭亡和无产阶级的胜利是同样不可避免的"②。"无论哪一个社会形态,在它所能容纳的全部生产力发挥出来以前,是决不会灭亡的;而新的更高的生产关系,在它的物质存在条件在旧社会的胎胞里成熟以前,是决不会出现的。"③而当资本主义灭亡后,最终就是要从社会主

151

① 习近平:《做焦裕禄式的县委书记》,中央文献出版社,2015年,第5页。
② 《马克思恩格斯选集》(第一卷),人民出版社,1995年,第284页。
③ 《马克思恩格斯选集》(第二卷),人民出版社,1995年,第33页。

义向共产主义过渡。马克思、恩格斯在《共产党宣言》中写道："代替那存在着阶级和阶级对立的资产阶级旧社会的，将是这样一个联合体，在那里，每个人的自由发展是一切人自由发展的条件。"①在共产主义社会，每个人都能够自由全面发展。马克思、恩格斯对资本主义内在无法调和的矛盾和共产主义必然性的分析，是完全正确的科学社会主义理论。共产主义是我们的最高理想。虽然我们现在做的是社会主义初级阶段的事情，但不能忘记初衷，不能忘了我们的最高奋斗目标。

其次，牢固树立中国特色社会主义共同理想。社会主义是共产主义的第一阶段或者说初级阶段。共产主义是我们的最高理想。社会主义改造完成后，我国进入了社会主义发展阶段。建设什么样的社会主义、怎样建设社会主义，始终是共产党人要正视的根本问题。邓小平曾经指出："我们马克思主义者过去闹革命，就是为社会主义、共产主义崇高理想而奋斗。现在我们搞经济改革，仍然要坚持社会主义道路，坚持共产主义的远大理想，年轻一代尤其要懂得这一点。但问题是什么是社会主义，如何建设社会主义。我们的经验教训有许多条，最重要的一条，就是要搞清楚这个问题。"②经过艰辛探索，以邓小平同志为主要代表的共产党人科学地回答了这一问题。这就是"马克思主义必须是同中国实际相结合的马克思主义，社会主义必须是切合中国实际的有中国特色的社会主义"③。经过不断的探索，我们越来越坚定，中国要走的，既不是封闭僵化的老路，也不是改旗易帜的邪路，我们要走的社会主义不是什么别的社会主义，而是中国特色社会主义。习近平指出："中国特色社会主义不是从天上掉下来的，是党和人民历尽千辛万苦、

---

① 《马克思恩格斯选集》（第一卷），人民出版社，1995年，第294页。
② 《邓小平文选》（第三卷），人民出版社，1993年，第116页。
③ 同上，第63页。

付出巨大代价取得的根本成就。"①共产党人要坚定中国特色社会主义共同理想,沿着这个正确的道路坚定地走下去。

坚定中国特色社会主义共同理想,就是要牢固树立中国特色社会主义道路自信、理论自信、制度自信、文化自信。习近平在庆祝中国共产党成立95周年大会上指出:"我们要坚信,中国特色社会主义道路是实现社会主义现代化的必由之路,是创造人民美好生活的必由之路。我们要坚信,中国特色社会主义理论体系是指导党和人民沿着中国特色社会主义道路实现中华民族伟大复兴的正确理论,是立足时代前沿、与时俱进的科学理论。我们要坚信,中国特色社会主义制度是当代中国发展进步的根本制度保障,是具有鲜明中国特色、明显制度优势、强大自我完善能力的先进制度。文化自信,是更基础、更广泛、更深厚的自信。在5000多年文明发展中孕育的中华优秀传统文化,在党和人民伟大斗争中孕育的革命文化和社会主义先进文化,积淀着中华民族最深厚的精神追求,代表着中华民族独特的精神标识。"②

只有牢固树立"四个自信",厚植对这个道路、这个理论、这个制度和这个文化的自觉认同,才能坚定中国特色社会主义共同理想,将理想信念转化为投身中国特色社会主义建设的具体行动。

(二) 坚守博大的为民情怀

全心全意为人民服务是中国共产党的宗旨,凝聚在中国共产党人的精神中,就是为民情怀。"历史和现实都告诉我们,密切联系群众,是党的性质和宗旨的体现,是中国共产党区别于其他政党的显著标志,也是党发展壮大

---

①② 习近平:《在庆祝中国共产党成立95周年大会上的讲话》,《人民日报》,2016年7月2日。

的重要原因;能否保持党同人民群众的血肉联系,决定着党的事业的成败。"①中国特色社会主义进入新时代,中国共产党人重新整装出发,而为中国人民谋幸福始终是我们党的"初心",无论客观环境、外部形势怎么变化,我们的初心始终不能变。习近平在党的十九大报告中指出:"全党必须牢记,为什么人的问题,是检验一个政党、一个政权性质的试金石。带领人民创造美好生活,是我们党始终不渝的奋斗目标。必须始终把人民利益摆在至高无上的地位,让改革发展成果更多更公平惠及全体人民,朝着实现全体人民共同富裕不断迈进。"②综观党的十九大报告,最鲜明的立场是人民至上,强调最多的是人民群众。所以习近平要求全党同志一定要永远与人民同呼吸、共命运、心连心,永远把人民对美好生活的向往作为奋斗目标,以永不懈怠的精神状态和一往无前的奋斗姿态,继续朝着实现中华民族伟大复兴的宏伟目标奋勇前进。

新时代中国共产党人再出发,党的十九大以新的高度强调了全心全意为人民服务的根本宗旨。在习近平新时代中国特色社会主义思想中,无论是坚持以人民为中心、坚持新发展理念,还是坚持人民当家作主、坚持在发展中保障和改善民生、坚持人与自然和谐共生,都共同指向了人民利益至上。发展为了人民,发展成果由人民共享。把人民日益增长的美好生活需要作为出发点和落脚点。这是把人民放在最高位置,既为人民谋发展谋幸福,又为人民增福祉,由人民共享发展成果。这既是对传统民本思想的发展和创新,又是对党的宗旨的继承和发展。党的十九大决定在全党开展"不忘初心、牢记使命"学习教育,这是对领导干部"以人民为中心"思想观念的巩固,群众路线的路子将越走越宽。

154

---

① 《习近平谈治国理政》(第一卷),外文出版社,2018 年,第 366~367 页。

② 习近平:《决胜全面建成小康社会 夺取新时代中国特色社会主义伟大胜利——在中国共产党第十九次全国代表大会上的报告》,《人民日报》,2017 年 10 月 28 日。

党的十九大作出我国社会主要矛盾转变的重大战略判断。中国特色社会主义进入新时代,我国社会主要矛盾转化为人民日益增长的美好生活需要和不平衡不充分的发展之间的矛盾。从物质文化需要到美好生活需要,从落后的社会生产到不平衡不充分的发展,无论是"需求端"还是"供给侧",都发生了重大变化。人民美好生活需要日益广泛,不仅对物质文化生活提出了更高要求,而且在民主、法治、公平、正义、安全、环境等方面的要求日益增长。比如,三四十年前,当人们还在为温饱发愁的时候,对生态环境是不会提出更高要求的。但是随着经济社会的发展、人民生活水平的提高,人们开始渴望更清新的空气、更干净的水、更绿色的生态,这便对我们的工作提出了更高要求。同时,我国社会生产力水平总体上显著提高,社会生产能力在很多方面进入世界前列,落后的社会生产已经成为过去式,而现在更加突出的问题是发展不平衡不充分。比如,我国城乡不平衡、区域不平衡、行业不平衡的问题非常突出,我们的发展质量和效益还不高,创新能力不够强,实体经济水平有待提高,生态环境保护任重道远;民生领域也还有不少短板,脱贫攻坚任务艰巨,城乡区域发展和收入分配差距依然较大,群众在就业、教育、医疗、居住、养老等方面面临不少难题。这些对党和国家的工作,对党员领导干部的能力和水平提出了新的更高要求。如何回应群众的关切,满足人民日益增长的美好生活需要,是中国共产党人在新时代的主要任务,需要党内所有同志一道,将人民对美好生活的向往当成我们的奋斗目标,转化为我们的实际动力,一起努力创造。

依靠人民创造历史伟业。人民,只有人民,才是创造历史的真正动力。人民是历史的创造者,是决定党和国家前途命运的根本力量,是跳出历史周期率的根本主体。革命事业需要人民,实现中华民族伟大复兴也需要人民,所以要传承为民精神,全心全意为人民服务,诚心诚意为人民谋利益。当然,这并不是说否定党员及干部个人的正当利益,实现自身价值应该受到尊重。

为人民服务本身也是一种价值的体现。习近平告诫全党:"我们共产党人的最高利益和核心价值是全心全意为人民服务、诚心诚意为人民谋利益。作为党员和党的干部,都要经常思考和解决好入党为了什么、当干部干些什么、身后留下什么的问题,决不可为个人或少数人谋私利,而应该始终坚守共产党人全心全意为人民服务的精神家园。"①精神家园是心灵的归宿和人生的慰藉。共产党人不应该到马克思主义理念信念和为人民服务根本宗旨之外去寻找精神家园——不能在个人利益的追逐和物质财富的享乐中寻找精神家园,也不能到宗教和迷信中去寻找精神家园。为人民服务的精神家园并不遥远,它就在眼前,就在我们自身的行动中。只要我们行动起来,时时处处为人民群众着想,以实际行动去为他们谋利益,那么精神家园就在其中了。精神家园的一个重要标志,就是能令人"心安"。这种"心安",对于共产党员而言,应当在为人民服务的过程中去体会。②

今天,我们全面深化改革,依然要充分发挥人民主体作用。为了人民而改革,改革才有意义;依靠人民而改革,改革才有动力。幸福是奋斗出来的,这个奋斗主体,不仅是800多万公务员,不仅是9000多万党员,还是14亿多中华儿女,是每一名有劳动能力的公民。一些党员领导干部在做群众工作时,只是一味包办、代替,出现了干部干、群众看的"服务过度"的问题,甚至出现了群众端起碗来吃肉、放下筷子骂娘的现象。归根结底,是忽视了群众的主体地位,仅凭领导干部自身力量,没有做到紧紧依靠群众,从群众中来,到群众中去,导致上级的供给和群众的需求很难有效对接,群众大多数需求很难得到真正满足,容易陷入"群众想要的,你给不了;你想做的,群众不答应"的窘境。一些干部抱怨,自己"五加二""白加黑",干了大量工作,群众

① 习近平:《扎实做好保持党的纯洁性各项工作》,《求是》,2012年第6期。
② 张苗苗、刘建军:《党的根本宗旨的新发展——学习习近平同志关于"为人民服务"的论述》,《光明日报》,2017年4月3日。

还不买账。究其原因,就是因为没有参与感就没有满意度,没有付出就没有获得感,人民群众自身参与不足,作为主体地位的积极性没有被充分调动起来。知屋漏者在宇下,知政失者在草野。衡量评判我们党的工作怎么样、领导干部的工作怎么样,其标准是什么? 其根本标准,就是人民群众高兴不高兴,满意不满意。正如习近平指出的:"检验我们一切工作的成效,最终都要看人民是否真正得到了实惠,人民生活是否真正得到了改善,人民权益是否得到了保障。"①领导干部要树立正确的政绩观,做到不唯上、不唯书,要多深入到基层一线,多深入到群众中去,听听群众说什么,甚至听听群众批评什么,将群众的意见当成改进我们工作的重要方向。这是尊重历史规律的必然选择,是共产党人不忘初心、牢记使命的自觉担当。

(三)坚持鲜明的现实指向

中国共产党人的精神家园既蕴含着高远的理想信念,也包含着鲜明的现实指向,也就是实事求是、求真务实。习近平在谈及红船精神、苏区精神、大庆精神等共产党人的精神时,指出了其中共同的特征,就是都包含了求真务实、实事求是的精神和品质。中国共产党是否能够永葆先进性,不断巩固执政地位,取决于我们党能够团结带领人民群众求真务实、真抓实干。从大的方面说,求真务实就是要在实践中认识真理、把握规律,用发展着的马克思主义指导新的实践,用新的实践丰富和发展马克思主义,努力开创事业发展新局面、马克思主义发展新境界。从小的方面看,求真务实就是真抓实干,埋头苦干,说实话,干实事,自觉从人民利益出发,决不能为了树立个人

---

① 习近平:《在纪念毛泽东同志诞辰120周年座谈会上的讲话》,《人民日报》,2013年12月27日。

形象,搞华而不实、劳民伤财的"形象工程""政绩工程"。

与此同时,党的建设和党员干部队伍的现状,也迫切需要在共产党内大力弘扬求真务实精神。党的十八大以来,我们欣喜地感到,一股求真务实的新风正扑面而来,但也必须看到,在一部分党员干部中确实存在一些亟待解决的突出问题,有的不思进取、得过且过,作风漂浮、工作不实;有的好大喜功、急功近利,心态浮躁、追名逐利;有的弄虚作假、欺上瞒下,明哲保身、患得患失;有的贪图享受、奢侈浪费,以权谋私、与民争利;有的高高在上、脱离群众;等等。形形色色的形式主义、官僚主义、享乐主义等现象,违背了中国共产党求真务实的科学精神,与党的性质、宗旨和优良传统格格不入,是当前干群关系紧张、群体性事件高发的重要原因。中央之所以要抓住改进作风来推进党的建设,是因为形式主义、官僚主义、享乐主义等问题实际上是党内存在的突出矛盾和问题的突出表征。用中医的话来说,就是"肝风内动""血虚生风"。作风问题,有些看起来似乎不是什么大问题,但广大干部群众反映强烈,不能听之任之。因此,求真务实是共产党人应该具备的政治品格,是每一名党员干部在任何时候、任何条件下都必须坚持的科学精神和优良作风。

弘扬求真务实精神,大兴求真务实之风,重在抓落实。即在求真的基础上,把党的路线、方针和政策付诸实践、见诸行动、取得实效。倘若仅仅写在纸上、讲在口头上,那就会与马克思主义的本质要求、科学精神和求实作风背道而驰。"空谈误国,实干兴邦",这是千百年来人们从历史经验教训中总结出来的治国理政的重要结论。古人曰:"道虽迩,不行不至;事虽小,不为不成""为政贵在行""以实则治,以文则不治"。历史上有许多空谈误国的教训,比如战国时期的赵括,只会纸上谈兵,以致40万赵军全军覆没。实际上,中国共产党在历史上比较重视落实的问题。我们党执政兴国、治国理政、管党治党的优质业绩,不是从天上掉下来的,更不是闭门造车造出来的,它归根到底来自我们脚踏实地的实干、来自我们的埋头苦干,在这一点上,没有任何诀窍可用、没有任何捷径可走。由此决定了实干兴邦的不可或缺性。1992 年 1 月,邓小平在南方谈话中,从改革开放不搞争论的角度首次提出了"空谈误国、实干兴邦"的命题。2012 年 11 月 29 日习近平在参观"复兴之路"陈列展时,再次着力强调了"空谈误国、实干兴邦"。他深刻指出:"实现中华民族伟大复兴是一项光荣而艰巨的事业,需要我们一代又一代中国人共同为之努力。空谈误国,实干兴邦。我们这一代的共产党人一定要承前启后、继往开来,把我们的党建设好,团结带领全体中华儿女把我们国家建设好,把我们民族发展好,继续朝着中华民族伟大复兴的目标奋勇前进。"[①]在习近平看来,我们党之所以要坚持实干兴邦,就是因为"实干是最质朴的方法论"。以后,在不同场合,他又提出"社会主义是干出来的""撸起袖子加油干"等鼓舞人心的口号。由此可见,党的十八大以来,理论联系实际的党内政治文化就以"实干兴邦"这样的主流样态,脚踏实地的实干、加油干的进取姿态,前所未有地呈现在全党同志、全国人民面前。

蓝图已经绘就,关键在落实。从纸上的目标到发展的现实,说到底是一场落实能力的大考验。但在有些地方、部门和单位,落实的意识和能力较差。中央的一些方针政策和重大部署,口头上讲了、文件上也写了,而贯穿落实得不好;一些中央三令五申、明令禁止的事情,依然我行我素、屡禁不止。不重视抓落实、不善于抓落实的问题仍然存在。有一副对联,上联是"你开会我开会大家都开会",下联是"你发文我发文大家都发文",横批是"谁来落实",这是对"文山会海"和形式主义的极大讽刺。形式主义、官僚主义是目前党内存在的突出矛盾和问题,是阻碍党的路线方针政策和党中央重大决策部署贯彻落实的大敌。要把力戒形式主义、官僚主义作为重要任

159

---

① 《习近平谈治国理政》,外文出版社,2014 年,第 36 页。

务。"反对形式主义,要着重解决工作不实的问题,教育引导党员、干部改进学风、文风、会风,改进工作作风,在大是大非面前敢于担当、敢于坚持原则,真正把心思用在干事业上来,把功夫下到查实情、出实招、办实事、求实效上。反对官僚主义,要着重解决在人民群众利益上不维护、不作为的问题,教育引导党员、干部深入实际、深入基层、深入群众,坚持民主集中制,虚心向群众学习,真心对群众负责,热心为群众服务,诚心接受群众监督,坚决整治消极应付、推诿扯皮、侵害群众利益的问题。"①习近平在"不忘初心、牢记使命"主题教育工作会议上的讲话中指出:"主题教育本身要注重实际效果,解决实质问题。要以好的作风开展主题教育,对可能出现的各种形式主义,提前预判、有效防范、坚决克服。"②

落实是一种责任,一种理念,一种意志,更是一种文化。把简单的事情千百遍都做对,就是不简单;把大家公认的非常容易的事情认真做好,就是不容易。"落实"虽然仅仅是两个字,但这两个字是字字重千钧的。因为它一端连着党和政府,一端连着人民群众。共产党人应当牢牢树立"关键在落实"的思想,重实际、说实话、干实事、讲实效,大力发扬脚踏实地、埋头苦干的工作作风。"喊破嗓子,不如甩开膀子。"一百句空洞的口号,不如一次实在的行动。落实就是发展,落实才有希望。作为党员、干部,更应该自觉以习近平新时代中国特色社会主义思想为指导,以问题为导向,知行合一,坚定信心,奋发有为,做实干型的领导,让中国特色社会主义展现出更加强大的生命力。

---

① 《习近平谈治国理政》(第一卷),外文出版社,2018年,第374页。
② 习近平:《在"不忘初心、牢记使命"主题教育工作会议上的讲话》,《求是》,2019年第13期。

（四）树立锐意进取的担当精神

"敢于担当，既是党和人民事业的要求，也是共产党人应该具备的精神状态。"①担当是中国共产党人的本色，是中国共产党人先进性和纯洁性的体现。回顾历史，习近平指出，正因为中国共产党人具有担当情怀，才能在筚路蓝缕中冲锋陷阵、敢为人先、牺牲奉献。检视现实，习近平指出："大多数领导干部能够做到责任在心、担当在肩，但的确也有些领导干部不思进取、为官不为，抱着'当一天和尚撞一天钟'的心态，只要不出事，宁愿不做事，满足于做四平八稳的'太平官'。"②因此，他在许多场合专门谈及好干部的标准，即忠诚、干净、担当，强调"是否具有担当精神，是否能够忠诚履责、尽心尽责、勇于担责，这是检验每一个领导干部身上是否真正体现了共产党人先进性和纯洁性的重要方面。""人总是要有一点精神的，要始终保持那么一股劲，那么一股革命热情"。③锐意进取的担当精神就是一种激情、一种热情，在实践中原则性强、对群众感情深、一身正气、敢抓善管和在工作中有思路、有激情、有韧劲、有实绩，正是担当精神、革命精神的体现。

我们国家正处在改革开放和社会主义现代化建设伟大进程中，机遇与挑战并存，困难与希望同在，任重而道远。许多新的问题需要在探索中解决，许多重要工作需要在创新中发展。这就要求党的各级领导干部必须始终认真地履行自己的领导职责，始终自觉地担当做好改革发展稳定工作的领导责任，不可有任何懈怠和摇摆。如果一事当前，不是首先想到自己应该担当起什么样的责任，作出什么样的贡献，而是一味考虑和计较个人得失，

---

①③ 习近平：《扎实做好保持党的纯洁性各项工作》，《求是》，2012年第6期。
② 习近平：《做焦裕禄式的县委书记》，中央文献出版社，2015年，第9页。

遇到矛盾绕道走，碰到问题不敢抓，面对风险不敢闯；如果热衷于做表面文章，热衷于哗众取宠和追逐个人功利；如果不思进取，那么不仅党和人民事业难以向前推进，而且会损害党的形象，会让人民失望，进而丧失对我们的信任。习近平指出："一切不思进取、慵政怠政、明哲保身、得过且过的思想和行为都是同人民群众期盼、同新时代新要求格格不入的。要教育和激励广大党员、干部锐意进取、奋发有为，把精力和心思用在稳增长、促改革、调结构、惠民生、防风险上，用在破难题、克难关、着力解决人民群众最关心最直接最现实的利益问题上。对敢抓敢管、真抓实干、勇于担当的干部组织上要为他们加油鼓劲、撑腰壮胆，对尸位素餐、光说不练、热衷于对实干评头论足甚至诬告陷害的人要严肃批评、严格问责，在全党形成以担当作为为荣、以消极无为为耻的浓厚氛围。"①

1975 年 10 月 4 日，邓小平在出席全国农村工作座谈会时指出："挑选领导干部，不管老中青，都要看到是不是肯干，是不是能带头吃大苦耐大劳。这是第一条。当然还要有头脑。"②党的十八大提出："发展中国特色社会主义是一项长期的艰巨的历史任务，必须准备进行许多具有新的历史特点的伟大斗争。"③在全国组织工作会议上，习近平提出了"好干部"的五项标准，分别是：信念坚定、为民服务、勤政务实、敢于担当、清正廉洁。其中，信念坚定排在首位，表明信念坚定是其他四项标准的前提，也是敢于担当的前提；为民服务、勤政务实是敢于担当的表现形式；而清正廉洁与敢于担当相辅相成，有了清正廉洁，就有了敢于担当的最大可能，因为"手脚不干净"的人不可能担当责任。五项标准前后一致，核心还是"信念坚定""敢于担当"。

---

① 习近平：《增强推进党的政治建设的自觉性和坚定性》，《求是》，2019 年第 14 期。

② 《邓小平年谱(1975—1997)》，中央文献出版社，2004 年，第 107 页。

③ 胡锦涛：《坚定不移沿着中国特色社会主义道路前进 为全面建成小康社会而奋斗——在中国共产党第十八次全国代表大会上的报告》，人民出版社，2012 年，第 13 页。

习近平批评一些不敢担责任的干部"只求过得去,不求过得硬,遇事推诿,不负责任,'只吃俸禄不担惊'"。在全面从严治党和反腐高压的新常态下,一些干部感叹"为官不易",出现了"害怕担责不敢作为、缺少激励不愿作为、本领欠缺不会作为"的"三不为"现象,还有一些干部认为只要自己坚持"不贪不占"就能够"平平安安占位子",并为了"轻轻松松混日子"而在工作标准上出现了"差不多""过得去"的心态。而这种心态,毫无疑问是一些干部工作作风不严、责任意识不强的表现,在一定程度上会影响决策的精准和工作的成效。只求"差不多",就不可能在解决群众的生产生活问题上拿出百分之百的精力,对"脱贫攻坚""环境治理"等重大任务也不会不折不扣地落实到位;只求"过得去",在工作中就不会有"没困难要上,有困难克服困难也要上"的闯劲,对群众反映的以权谋私、贪污腐败等问题也不会从严去查处……到头来,只会造成各项决策的失误、各种资源的浪费,影响到党和政府在人民群众心目中的形象。因此,我们可以这样讲:"差不多""过得去"的心态,虽然是为官不为的表现,但本质上也是一种腐败。所以,各级领导干部要充分理解"领导就是服务"的深刻内涵,彻底消除"差不多""过得去"的心态,真正把"为官一任造福一方"的理念转化为为群众办实事做好事的实际行动。

敢于担当,并不意味着上级要去插手下级应该负责的事情。如果一件事情本应该由下级去处理,而上级插手下级的管理范围与幅度内的事情,表面上看与群众很"近",对群众工作采取了开门主义的态度,实际上却有可能破坏了下级的权威和职权,使更大范围的群众工作处于无序状态,最终必然将拉开与群众的距离。"所以,做领导工作要有这么一个精神,对下面不要过细地干涉,过细地干涉,不一定能帮人家的忙。当然,有些该细的地方还

163

是要细一些。"①

党员干部敢于担当,也需要良好的制度环境作保证。当前,创造良好的政治生态环境尤其是在政策和制度方面理顺各种制度和政策之间的"打架""牵制""矛盾",是关心和保护基层干部最紧要的事情,也是全面深化改革的关键,更是从制度和政策环境上保护广大敢于担当的基层干部的关键。习近平强调,要支持和保护那些作风正派又敢作敢为、锐意进取的干部,最大限度调动广大干部的积极性、主动性、创造性,激励他们更好地带领群众干事创业。党的十八届六中全会通过的《关于新形势下党内政治生活的若干准则》也明确指出:建立容错纠错机制,宽容干部在工作中特别是改革创新中的失误。目前,一些地方正在积极探索建立激励干部干事创业的体制机制,为干部勇于担当、敢于负责营造良好的制度环境与政治生态。

(五)保持艰苦奋斗的政治本色

艰苦奋斗是中国共产党的优良传统,是中国革命的传家宝,也是中华民族精神的集中体现之一,是在极其困难的情况下,不怕苦不畏难的精神。任何事情都不是直线向前发展的,伟大的事业也是如此。习近平指出:"我们党在革命、建设、改革各个历史时期都遇到了种种艰难险阻,我们的事业成功都是经过艰辛探索、艰苦奋斗取得的。"②习近平在谈及西柏坡精神的时候曾说:"当年党中央离开西柏坡时,毛泽东同志说是'进京赶考'。60多年过去了,我们取得了巨大进步,中国人民站起来了,富起来了,但我们面临的挑战和问题依然严峻复杂,应该说,党面临的'赶考'远未结束。"赶考尚未结

---

① 《习仲勋文集》(下卷),中共党史出版社,2013年,第1079页。
② 习近平:《在中央党校建校80周年庆祝大会暨2013年春季学期开学典礼上的讲话》,《人民日报》,2013年3月3日。

束,中国共产党人便没有理由迷恋过去的功劳簿,只有保持冷静的头脑,长存忧患之心,做到谦虚谨慎、艰苦奋斗,才能"把人民对我们党的'考试',把我们党正在经受和将要经受各种考验的'考试'考好,使我们党永不变质,我们的红色江山永远不变色"。① 事实上,因为改革出现了新的利益格局,一些党员、干部确实在纷乱现实面前迷花了眼,热衷于享乐,追求奢靡的生活,所以才有了群众路线教育实践活动的"正风肃纪"。除了外部的规约,艰苦奋斗也是共产党人在纷繁利益格局中保持清廉本身、拒腐防变、远离诱惑的利器。改革到了关键时期,艰苦奋斗的精神正是共产党人能够克服困难、自强不息、勇往直前的保证。

艰苦奋斗不仅是党安身立命的根本,也是最大的民心。当下中国,民心是最大的政治,而艰苦奋斗则是最大的民心。这是艰苦奋斗最大的、最核心的政治价值体现。艰苦奋斗在手,民心就在手;艰苦奋斗丢失,民心迟早也会丢失;民心一旦丢失,党的领导和执政必将面临空前危机。所以,中国共产党想保持巩固长期领导和执政地位,必须要很好地继承和发扬传统文化、党内文化中艰苦奋斗、艰苦创业的优良传统,以更好地争取凝聚民心、始终保持人心向党。

践行艰苦奋斗才能让人民过上好日子。中国共产党由建党之初的"家徒四壁",发展到今天拥有"万贯家财"。靠什么? 靠的就是会"过日子"。什么是会过日子? 就是辛勤劳作、勤俭持家,就是在任何情况下、情势下都坚持过苦日子、过穷日子,把穷日子当穷日子过,把富日子也当穷日子过,无论在物质条件、经济财富、资源秉持匮乏还是丰富的情况下,都始终保持艰苦奋斗的本色。"人无远虑,必有近忧。"日子要一天天过,还要过很多年。

---

① 习近平:《充分调动干部和群众积极性保证教育实践活动善做善成》,《人民日报》,2013 年 7 月 13 日。

过日子不是今天挣多少钱,今天就把这些钱吃光喝光花光造光。过日子要有长远眼光、长期打算和规划,要进行必要的积累积蓄,为未来的好日子做足充分准备、打牢基础。所以,只有艰苦奋斗、勤俭节约地过日子,只有细水长流地过日子,才是长远的、才是可持续的,才是千百年来中国老百姓认同的过日子方式。一个家庭如此,一个国家、一个政党也同样如此。如果没有足够的积累积蓄,党和国家怎么去应对可能要面对的确定性或不确定性的风险、考验、困境、挑战,怎么去实现中华民族的可持续发展、永续发展。积累积蓄从哪里来? 只能是艰苦奋斗、勤俭节约。所以,以哲学上所讲的运动的、发展的、辩证的眼光来审视,只有艰苦奋斗、弘扬艰苦奋斗精神,才能保证党和国家事业的持续健康发展,才能进而保证人民群众持续地过上红红火火的好日子。[1] 相反,背弃艰苦奋斗必将失去民心。一些党员干部特别是领导干部背离艰苦奋斗,在工作中搞形式主义、官僚主义,在生活中搞享乐主义、奢靡之风,群众往往是看在眼里、恨在心里。长期下来,就会直接或间接损害群众利益,伤害群众对党、对党员干部的固有的深厚感情。

我们今天如何避免陷入可怕的历史周期率呢? 答案就是执政党、执政骨干必须始终保持艰苦奋斗的政治本色,具有与人民群众感同身受的同理心,洋溢"先天下之忧而忧,后天下之乐而乐"的情怀,永远都要勒紧裤腰带去过苦日子、穷日子,永远都要做到吃亏在前、享受在后。只有这样,我们才能从根本上保证民心在握、政权在握,人心在手、政权在手。不忘初心、艰苦奋斗方能聚合民心。习近平在庆祝中国共产党成立 95 周年大会上的讲话中指出:"我们党已经走过了 95 年的历程,但我们要永远保持建党时中国共产党人的奋斗精神,永远保持对人民的赤子之心。一切向前走,都不能忘记走过的路;走得再远、走到再光辉的未来,也不能忘记走过的过去,不能忘记为

---

① 戴焰军:《中国共产党人的文化传承》,江西人民出版社,2019 年,第 115~116 页。

什么出发。面向未来,面对挑战,全党同志一定要不忘初心、继续前进。"①中国共产党人的初心是多维度、多层面的,但是艰苦奋斗、艰苦奋斗精神无疑是我们最不应该忘记的初心。

当下我们党要统揽"四个伟大",向着实现"两个一百年"目标、实现中华民族伟大复兴的中国梦进发,迫切需要在党的领导下把14亿多中国人民的正能量都充分调动和发挥出来,需要保持党与人民群众的血肉联系以形成强大合力。这就要求我们必须大力倡导艰苦奋斗传统、大兴艰苦奋斗之风,通过回归艰苦奋斗传统、推崇艰苦奋斗之风进一步拉近党与人民群众的感情距离、心理距离,使广大人民群众从党的领导机关、领导干部践行艰苦奋斗传统的所作所为中进一步坚定跟党走的信念与信心。为此,就要求全党同志尤其是领导干部必须始终与人民群众同甘共苦,自觉做到艰苦奋斗,永葆共产党人的政治本色。

(六)增强严以律己的法治精神

中国共产党是一个纪律严明的马克思主义政党,严以律己是中国共产党人的光荣传统,是新时代全面从严治党的重要内容,是广大党员干部的立身之本、为政之基、成事之要。中国共产党人严以律己,根本的一条就是守住纪律底线。对于共产党人而言,筑牢纪律红线,用纪律和道德约束自己,是党员党性的基本表现,是每一名共产党员必须恪守的基本准则。

首先,全面从严治党要求党员干部严于自我约束、树立纪律观念。习近平指出:"新的历史条件下,我们党要团结带领人民全面建成小康社会、基本实现现代化,同样要靠铁的纪律保证。党面临的形势越复杂、肩负的任务越艰

167

---

① 习近平:《在庆祝中国共产党成立95周年大会上的讲话》,《人民日报》,2016年7月2日。

巨,就越要加强纪律建设,越要维护党的团结统一,确保全党统一意志、统一行动、步调一致前进。"①当前,我们党正面临着"四大考验"和"四种危险"。正如党的十九大报告指出:"全党要清醒认识到,我们党面临的执政环境是复杂的,影响党的先进性、弱化党的纯洁性的因素也是复杂的,党内存在的思想不纯、组织不纯、作风不纯等突出问题尚未得到根本解决。要深刻认识党面临的执政考验、改革开放考验、市场经济考验、外部环境考验的长期性和复杂性,深刻认识党面临的精神懈怠危险、能力不足危险、脱离群众危险、消极腐败危险的尖锐性和严峻性。"②如何战胜"四大考验"和"四种危险",成为中国共产党人必须应对的重大课题。这就要求我们,继续坚定不移推进全面从严治党。党员干部严于自我约束、树立纪律观念,是全面从严治党的必然要求,也是化解"四大考验"和"四种危险"的有力武器。

一段时期以来,党的建设在取得了成绩和进步的同时,也面临着一些问题,如一些党组织软弱涣散,形式主义、官僚主义、享乐主义、奢靡之风盛行,一些党员干部理想信念不坚定、纪律观念淡薄,甚至腐化堕落等问题。这些问题的存在,固然有外部环境的影响,但从根本上说,是一些地方党组织管党不力、治党不严,存在失之于宽、失之于软的现象,对党员干部疏于教育管理,导致一些党员干部放松要求、自我矮化,思想上出现了偏差。一些党员干部放松了对自己的纪律约束,"总开关"的问题没解决好,就会让人感觉"三观不正",一些台上冠冕堂皇、台下腐化堕落的干部一经公布,很多群众表示"三观尽毁",这说明党员干部的"总开关"问题没有拧紧,对全社会的风气都会产生很大影响。因此,党员干部要严格约束自身,牢固树立纪律观念,"总开关"要拧紧,"三观"要正,党的纪律和作风才会得到根本好转。

---

① 《十八大以来重要文献选编》(上),中央文献出版社,2014 年,第131 页。
② 习近平:《决胜全面建成小康社会 夺取新时代中国特色社会主义伟大胜利——在中国共产党第十九次全国代表大会上的报告》,人民出版社,2017 年,第61 页。

《中国共产党廉洁自律准则》对共产党员和党员领导干部的廉洁自律提出明确规范,要求所有党员必须坚持公私分明、崇廉拒腐、尚俭戒奢、甘于奉献,努力弘扬中华民族传统美德,廉洁自律,接受监督,永葆党的先进性和纯洁性。《中国共产党监督条例》明确规定:党的领导干部应当强化自我约束,经常对照党章检查自己的言行,自觉遵守党内政治生活准则、廉洁自律准则,加强党性修养,陶冶道德情操,永葆共产党人政治本色。广大党员特别是党员领导干部要按照《准则》《条例》要求,强化自我约束,提高纪律修养,永葆清正廉洁的政治本色。

其次,必须把政治纪律和政治规律摆在首位。讲政治是马克思主义政党的本质属性,政治纪律是党最重要、最根本、最关键的纪律。党的十八大以来,党中央多次强调,党员、干部特别是领导干部要严守政治纪律和政治规矩。2014 年 10 月 23 日,习近平在党的十八届四中全会第二次全体会议上强调:"我们党作为马克思主义政党,讲政治是突出的特点和优势。没有强有力的政治保证,党的团结统一就是一句空话","'纪纲一废,何事不生?'在这里,我要十分明确地说,政治纪律和政治规矩这根弦不能松,腐败问题是腐败问题,政治问题是政治问题、不能只讲腐败问题,不讲政治问题。干部在政治上出问题,对党的危害不亚于腐败问题,有的甚至比腐败问题更严重。在政治问题上,任何人同样不能越过红线,越过了就要严肃追究其政治责任。有些事情在政治上是决不能做的,做了就要付出代价,谁都不能拿政治纪律和政治规矩当儿戏"。①

党的十九大首次将政治建设作为统领放在了党的建设首位。在这里,党的政治建设和"五位一体"总体布局中的政治建设内涵是不同的。"五位

---

① 中共中央纪律检查委员会、中共中央文献研究室编:《习近平关于严明党的纪律和规矩论述摘编》,中央文献出版社、中国方正出版社,2016 年,第 23~24 页。

一体"中的政治建设主要指的是建设中国特色社会主义民主政治,而党的政治建设从根本上来说,就是旗帜鲜明讲政治的问题,就是党员、干部要在政治立场、政治方向、政治原则、政治道路上同以习近平同志为核心的党中央保持高度一致,就是要维护党中央权威和集中统一领导。这其中,政治纪律和政治规矩不仅是纪律建设的要求,也是政治建设的要求。党员干部旗帜鲜明讲政治,就是要求党员干部牢固树立纪律观念,特别是严守政治纪律和政治规矩。

党员干部遵守政治纪律和政治规矩,是具体的而不是抽象的。从观念的角度来讲,党员干部要坚定政治意识、大局意识、核心意识、看齐意识,脑中要绷紧政治和纪律这两根弦,始终提醒自己是共产党员,要在政治言论、政治行为方面守好规矩。从行动上看,遵守政治纪律和政治规矩,重点要做到中央提出的"五个必须":一是必须维护党中央权威;二是必须维护党的团结;三是必须遵循组织程序;四是必须服从组织决定;五是必须管好亲属和身边工作人员。①

最后,必须树牢底线思维,筑牢为政底线。共产党人严于律己,根本的一条,就是守住纪律底线。就是要将党纪国法作为自己所有行为的红线,不能越雷池一步。只有牢牢树立底线思维,严格约束自己,才能够做到避免腐化堕落,永葆清正廉洁。

共产党员必须心存敬畏,守住纪律底线。2010年9月,时任中央党校校长的习近平在秋季学期开学典礼上强调,领导干部工作上要大胆,用权上则要谨慎,常怀敬畏之心、戒惧之意,自觉接受纪律和法律的约束。2014年1月14日,习近平在十八届中央纪委三次全会上强调,领导干部要心存敬畏,

---

① 中共中央纪律检查委员会、中共中央文献研究室编:《习近平关于严明党的纪律和规矩论述摘编》,中央文献出版社、中国方正出版社,2016年,第27~28页。

不要心存侥幸。要让每一个干部牢记"手莫伸,伸手必被捉"的道理。古人讲,举头三尺有神明。对于共产党人而言,这个神明就是党的纪律,党员对党的纪律必须心存敬畏。遵守党的纪律是无条件的,不能合意的就执行,不合意的就不执行,更不能把纪律当作软约束或是束之高阁的一纸空文。纪律不是"稻草人""纸老虎""橡皮泥",而应是带电的"高压线",只要触碰到这个"高压线",就会"触电",就会危及生命。每一名党员都应从严从实约束自己,按照"自重、自省、自警、自励"的要求来约束自己,自觉维护纪律的严肃性、权威性和公信力,要让广大党员、干部形成对纪律"高压线"不敢碰的"条件反射",牢固树立纪律意识,时刻头悬达摩克利斯之剑,使纪律和规矩内化于心、外化于行。

共产党员必须尊法学法守法用法,守住法律底线。纪法分开、纪在法前。法律是底线中的底线,更是丝毫不能逾越。尊法,就是要尊崇法律,敬畏法律,从思想源头上牢牢树立法律意识,不能觉得权大于法,更不能认为自己可以凌驾于法律之上。学法,就是要学习法律懂得法律。一些领导干部在落马之后,反思说自己不懂法。如果领导干部不学法、不懂法、成为法盲,不知道法律红线在哪里,就容易不自觉地越过法律红线,导致腐败而不自知。因此,党员干部要学法懂法。守法就是要遵守法律,每个人都应该遵守法律,共产党员更应该做守法的模范。在封建时代,还有"王子犯法与庶民同罪"之说,何况当今中国法律面前人人平等。一旦触犯法律,无论是谁,不管其地位多高、权力多大,都要遭受法律的制裁。这就要求共产党人严格遵守法律,守住法律底线。用法,就是要依法办事,用法治理念去思考和处理问题。这就要求共产党人要树立法治思维,多用法律手段解决问题,权力也要恪守在法律框架内运行。

共产党员必须提升道德水平,守住道德底线。共产党人是社会的先进分子,这种先进不仅是能力水平上的先进,还必须是道德水准的先进,必须

171

发挥先锋模范作用。恪守社会公德,保持高尚的生活情操和健康的生活情趣,是共产党人永葆清正廉洁的重要保障,也是严守党纪国法的重要前提。因此,对于共产党人来说,道德上追求更高的境界,生活上追求高尚的情趣,自觉远离低级趣味,就容易做到个人干净、清正廉洁。习近平在十八届中共中央政治局第三十七次集体学习时指出,"法律是成文的道德,道德是内心的法律",共产党员只有守住道德底线,弘扬中华民族传统美德,发扬社会主义新风尚,践行社会主义核心价值观,才能守规矩、不逾矩,在自觉遵守党纪国法方面发挥模范作用。

(七)弘扬"四个自信"的精神面貌

不忘初心、牢记使命,就要坚持中国特色社会主义道路自信、理论自信、制度自信、文化自信,坚持党的基本路线不动摇,不断把中国特色社会主义伟大事业推向前进。"四个自信"来源于中国革命、建设和改革的伟大实践,是历史和时代赋予我们应有的精神状态。

关于坚持"四个自信"的内在原因,习近平在庆祝中国共产党成立95周年大会上的讲话中指出:"当今世界,要说哪个政党、哪个国家,哪个民族能够自信的话,那中国共产党、中华人民共和国、中华民族是最有理由自信的。"[1]我们党之所以必须坚持中国特色社会主义"四个自信",最根本的原因就是"中国特色社会主义不是从天上掉下来的,是党和人民历尽千辛万苦、付出巨大代价取得的根本成就。中国特色社会主义,既是我们必须不断推进的伟大事业,又是我们开辟未来的根本保证"[2]。

---

① 习近平:《在庆祝中国共产党成立95周年大会上的讲话》,《人民日报》,2016年7月2日。
② 习近平:《在纪念毛泽东同志诞辰120周年座谈会上的讲话》,人民出版社,2013年,第14页。

2016 年 10 月 21 日,习近平在纪念红军长征胜利 80 周年大会上的讲话中对坚持"四个自信"的基本内涵进行了高度概括,他指出:我们要坚信,中国特色社会主义道路是实现社会主义现代化的必由之路,是指引中国人民创造自己美好生活的必由之路;中国特色社会主义理论体系是指导党和人民沿着中国特色社会主义道路实现中华民族伟大复兴的正确理论,是立于时代前沿、与时俱进的科学理论;中国特色社会主义制度是当代中国发展进步的根本制度保障,是具有鲜明中国特色、明显制度优势、强大自我完善能力的先进制度;中国特色社会主义文化积淀着中华民族最深层的精神追求,代表着中华民族独特的精神标识,是中国人民胜利前行的强大精神力量。①

2016 年 11 月 30 日,习近平在中国文联十大、中国作协九大开幕式上的讲话中,对坚持"四个自信"的重要地位和作用进行了论述。他指出:"实现中华民族伟大复兴,必须坚定中国特色社会主义道路自信、理论自信、制度自信、文化自信","坚定文化自信,是事关国运兴衰、事关文化安全、事关民族精神独立性的大问题"。②

2017 年 7 月 26 日,习近平在省部级主要领导干部专题研讨班上的重要讲话中,对坚持"四个自信"的目标任务进行了深刻论述。他强调要通过"牢固树立中国特色社会主义道路自信、理论自信、制度自信、文化自信,确保党和国家事业始终沿着正确方向胜利前进","决胜全面建成小康社会,夺取中国特色社会主义伟大胜利,为实现中华民族伟大复兴的中国梦不懈奋斗"。③

习近平在党的十九大报告中不仅强调坚定道路自信、理论自信、制度自信、文化自信,并且指出要坚定文化自信,推动社会主义文化繁荣兴盛。没

① 《习近平谈治国理政》(第二卷),外文出版社,2017 年,第 51 页。
② 习近平:《在中国文联十大、中国作协九大开幕式上的讲话》,《人民日报》,2016 年 12 月 1 日。
③ 《习近平谈治国理政》(第二卷),外文出版社,2017 年,第 59 页。

有高度的文化自信,没有文化的繁荣兴盛,就没有中华民族的伟大复兴。要坚持中国特色社会主义文化发展道路,激发全民族文化创新创造活力,建设社会主义文化强国。

总之,"四个自信"作为中国共产党创新理论的一个重要成果,作为习近平新时代中国特色社会主义思想的重要内容,必将随着我们党领导中国特色社会主义事业的不断发展而持续丰富和发展。有了"自信人生二百年,会当击水三千里"的勇气,我们就能毫无畏惧面对一切困难和挑战,就能坚定不移开辟新天地、创造新奇迹。全党同志必须牢记,我们要建设的是中国特色社会主义,而不是其他什么主义。历史没有终结,也不可能被终结。中国特色社会主义是不是好,要看事实,要看中国人民的判断,而不是看那些戴着有色眼镜的人的主观臆断。中国共产党人和中国人民完全有信心为人类对更好社会制度的探索提供中国方案。

二、新时代中国共产党人精神家园建设的基本原则

原则是指进行制度设计和路径创新所依据的法则或标准。遵照原则办事,党的精神家园就会顺利发展;违背原则办事,党的精神家园就可能遭受挫折。当前,我们要以习近平新时代中国特色社会主义思想为指导,按照新时代党的建设总要求,围绕中国共产党人的初心和使命,遵循中国共产党人精神家园建设的内在规律,扎实有效地推进中国共产党人的精神家园建设。如果从宏观层面来看,应该遵循以下三条基本原则。

（一）坚持唯物主义立场观点方法

坚持唯物主义，主要指坚持历史唯物主义和辩证唯物主义。列宁指出："唯物主义本身包含有所谓党性，要求在对事变作任何评价时都必须直率而公开地站到一定社会集团的立场上"①，指出了党性修养和党的精神家园建设中坚持唯物主义立场观点方法的重要性。

坚持历史唯物主义立场观点方法，就是要求把人民群众放在首位。历史唯物主义解决了人民群众在历史中的主体地位问题，说清楚了党与群众关系的本质，指明了党的精神家园的内涵。我们党从创立时起就确立了为人民谋幸福的宗旨，正是因为保持了与人民群众的血肉联系，才一直得到人民的拥护爱戴。大公无私、先人后己，是共产党、共产党员最可贵的品质。党章规定，党除了工人阶级和最广大人民群众的利益，没有自己特殊的利益。党在任何时候都把群众利益放在第一位，同群众同甘共苦，保持最密切的联系，不允许任何党员脱离群众，凌驾于群众之上。毛泽东指出："共产党是为民族、为人民谋利益的政党，它本身决无私利可图。"②古语说："壁立千仞，无欲则刚。"可以说，无私具有最大的号召力。

为人民谋幸福，是中国共产党人的初心。我们要时刻不忘这个初心，永远把人民对美好生活的向往作为奋斗目标。习近平强调："大家心中要始终装着老百姓，先天下之忧而忧，后天下之乐而乐，做到不谋私利、克己奉公。对个人的名誉、地位、利益，要想得透、看得淡，自觉打掉心里的小算盘。要着力解决好人民群众最关心最直接最现实的利益问题，特别是要下大气力解决

---

① 《列宁全集》（第1卷），人民出版社，1984年，第363页。
② 《毛泽东选集》（第三卷），人民出版社，1991年，第809页。

好人民群众不满意的问题,多做雪中送炭的事情。"①以百姓心为心,与群众同呼吸、共命运、心连心,是党的初心,也是党的恒心。"守初心,就是要牢记全心全意为人民服务的根本宗旨,以坚定的理想信念坚守初心,牢记人民对美好生活的向往就是我们的奋斗目标;以真挚的人民情怀滋养初心,时刻不忘我们党来自人民、根植人民,人民群众的支持和拥护是我们胜利前进的不竭力量源泉;以牢固的公仆意识践行初心,永远铭记人民是共产党人的衣食父母,共产党人是人民的勤务员,永远不能脱离群众、轻视群众、漠视群众疾苦。"②

党的精神家园是鞭策我们牢记立党为公、执政为民本质要求和全心全意为人民服务的根本宗旨,求真务实、一心为民的强大道德力量。这就要求党员干部必须树立正确的权力观、世界观。党的干部的权力来自人民。中国共产党是一个现代政党,现代政党有一个基本特点:确立了人民授权理念。人民不仅是社会财富的主人,而且是国家权力的主人。党的干部只有树立正确的权力观,才能始终做到立党为公、执政为民。我们党只有得到人民群众的支持和拥护,执政的基础才能坚如磐石。每个党员、领导干部在行使手中的权力时,都要有强烈的党性意识和责任意识,使权力用于为人民服务。权力观,说到底还是世界观。世界观问题是个根本问题,世界观不正确,就不可能有正确的权力观。解决世界观问题,就要注重在实践中认真学习马列主义、毛泽东思想、中国特色社会主义理论体系,用习近平新时代中国特色社会主义思想武装全党;就要严于律己,加强修养,提升境界;就要主动投身于火热的人民群众中实践;就要自觉地同各种不正确的思想观念作斗争。无论什么时候、什么情况下,都做到清正廉洁、牢记职责、不辱使命,永远保持共产党人的政治本色。

---

① 《习近平谈治国理政》(第二卷),外文出版社,2017年,第144页。
② 习近平:《在"不忘初心、牢记使命"主题教育工作会议上的讲话》,《求是》,2019年第13期。

建设党的精神家园,还需要始终坚持辩证唯物主义的立场观点方法。辩证唯物主义解决了党的精神家园形成的基础问题,说清楚了党的精神家园培育的手段,指明了党的精神家园建设的途径。

首先,要坚持物质决定意识的辩证法。要学习掌握世界统一于物质、物质决定意识的原理,坚持从客观实际出发建设党的精神家园。世界物质统一性原理是辩证唯物主义最基本、最核心的观点,是马克思主义哲学的基石。恩格斯指出:"世界的真正的统一性在于它的物质性,而这种物质性不是由魔术师的三两句话所证明的,而是由哲学和自然科学的长期的和持续的发展所证明的。"[①]正是物质的这种特性铸就了物质对精神的决定作用,并由此进一步决定着一切精神的活动过程及其结果都不能脱离客观物质的基础。人类社会的一切精神生活,无不是以当时已有的社会发展状况为条件的,即使最优秀的文化成果也不例外。没有一定的客观物质基础,即使低水平的精神文化生活,也是不可想象的。这就是物质的客观实在性所体现出的对精神的根本决定性。遵循这一观点,最重要的就是坚持一切从客观实际出发,而不是从主观愿望出发。

其次,坚持辩证唯物主义还需要坚持实践哲学,坚持理论联系实际。理论联系实际是坚持理论与实践、主观与客观有机统一的辩证唯物主义世界观、方法论,是被充分证明、得到反复验证的科学方法论、最好方法论。因为理论联系实际充分考量了理论与实际的契合度、吻合度,是有的放矢、有针对性的方法,而不是盲目的、随意的、随心所欲的方法。作为科学的方法论,理论联系实际的终极价值主要体现在其对党的精神家园的形成发展、党的事业推进的效用与功能上。从党成立的百年历史来看,什么时候我们党坚定地做到理论联系实际、一切从实际出发、实事求是,什么时候党的精神家

---

① 《马克思恩格斯选集》(第三卷),人民出版社,1995 年,第 383 页。

园就能够取得预期成绩和效果,党主导下的政治进程的推进就比较顺利;什么时候我们党偏离或背离了理论联系实际的基本要求、基本原则,那么什么时候党的精神家园就会出现变数甚至面临严峻危机,党主导下的政治进程推进就会面临困境和变数。

在中国共产党人的视野里,精神并非虚无缥缈的东西,不只是口头说说而已,而是要和现实结合,才能焕发出生机和活力,才能真正彰显其价值和意义。实践磨砺品性、洗礼灵魂,在实践中及时发现思想偏差、精神沉积,从而进行整顿与清理,培育优秀的精神因子,反过来又推动实践发展,真正发挥作用和价值。辩证唯物主义在首先承认物质对精神的决定作用的同时,任何条件下都不否认精神对其相关的客观物质具有反作用。这种反作用要求精神必须对客观现实做出真实的科学的反映,而不是扭曲的虚假的反映。否则,就会误导社会实践。这就规定了:一方面,精神对现实的反作用,必须从客观实际情况出发,必须与现实需要相符合,而不能超越它所需求的范围;另一方面,精神的反作用也不能落后于现实的需求,落后于时代的思想文化同样是与现实不符合的。中国共产党非常重视精神和实践的结合,适时清除共产党人精神世界的沉渣,培育优秀的精神以适应新形势。这一点,在我们党的历史上有着宝贵的经验。新时代,我们要自觉以习近平新时代中国特色社会主义思想为指导,以问题为导向,理论联系实际,坚定信心,奋发有为,让党的精神家园展现出更加强大的生命力。

(二)遵循中国共产党人精神家园的基本逻辑

"只有按照客观规律行动,才有自由,否则即不自由。"①中国共产党人精

---

① 《刘少奇论党的建设》,中央文献出版社,1991 年,第 360 页。

神家园在其形成、发展过程中,体现出内部固有的、本质的必然联系,即不依人的主观意志为转移的客观规律。只有遵循中国共产党人精神家园的演化规律、生成条件以及培育机制,才能为我们正确培育中国共产党人的精神家园提供理论依据和科学指导。

第一,精神家园的内化规律。① 精神家园虽然是一种精神现象,但它并不能脱离一定主体而存在。一切革命行为的动因都要通过人的头脑内化为革命精神,一切革命精神都是人脑对外部动因的自觉内化,这是革命精神产生和形成的一条重要规律。马克思主义认为,人的行动的一切动力都一定要通过人的头脑,转变为人的意志和动机,才能使人行动起来。不经过头脑的内化,就不可能实现精神的动力化,也就不能实现内在精神向外在行为的转化。一切革命行为的动力都要经过人的头脑内化为人的革命精神,这表明了革命精神内化规律的普遍性。革命精神形成于内而表现于外。形成于内就是形成于主体的头脑之内,就是人脑对一切外部动力的内化、精神化;表现于外就是形成于头脑的意志动机,一定要外化为人的实际行动,推动人的社会实践,进而推动客观事物的发展。中国共产党人的革命精神如果不形成于内,不把外部动力内化为人的头脑意识到的动力并转化成革命精神,就不可能外化为人的行为,推动人的行为发展。因此,动力的精神化或内化是革命精神形成的前提,精神的动力化或外化是革命精神实现的结果,中国共产党人的革命精神正是在内化与外化的统一中得以实现的。离开了内化于头脑中的革命精神的指导与支配,主体的相关行为就会变得自发和盲目,就会影响主体自身的成长及其事业的发展。

革命精神的内化规律不仅表现为外在的动力必须通过人的头脑转化为

---

① 杨少华:《引领时代前行的永恒动力——中国共产党革命精神研究》,人民出版社,2014年,第143～144页。

内在的革命精神,而且还表现为客观的存在必须通过人的头脑转化为主观的意识。一切革命精神内化的过程都必然是由客观到主观,再由主观到客观的过程,或者说,必须经历一个由物质到精神,再由精神到物质的过程。人的思想的形成是由物质到精神,再由精神到物质循环往复、无限上升的过程,人的革命精神的产生、发展同样也是一个永无止境的过程。每一次的循环上升,都会把革命精神的发展推进到一个新的阶段。除此以外,革命精神的内化规律还表现为合规律性与合目的性的统一。某种精神意识只有既正确反映客观事物的存在,合乎事物发展的客观规律,又反映了主体的内在需要,合乎主体活动的预期目的,才能为先进的、进步的阶级所接受和内化,才能成为推动社会实践不断发展前进的强大精神动力。正如毛泽东指出的:"代表先进阶级的正确思想,一旦被群众掌握,就会变成改造社会、改造世界的物质力量。"①代表先进阶级的正确思想,首先需要正确地反映社会存在,特别是反映先进阶级的物质生活条件,反映社会基本矛盾运动的规律及其发展趋势。其次必须正确反映先进阶级改变现存物质生活条件、实行社会变革、实现先进阶级利益的内在需要和迫切愿望。只有这样,它才能被先进阶级所掌握,成为推动先进阶级实践的正确的革命精神。

第二,精神家园的共生规律。革命精神的产生不是某一种精神因素孤立起作用的结果,而是互相依存的理智、情感、意志等多种精神因素共同生成的结果。一种精神因素离开了其他相关精神因素的交互作用,不仅自身难以存在和发展,更谈不上形成相应的革命精神。只有在诸种精神因素高度关联、相互依存的共存状态中才能更好地存在、发展并形成革命精神。这也就是说,在理智、情感、意志等诸种精神因素中,每一种精神因素都要以其他精神因素作为自身存在、发展的前提条件。只有当它与其他相关精神因

---

① 《毛泽东著作选读》(下册),人民出版社,1986年,第839页。

素形成共存关系与交互作用时,才能有效促进自身的存在和发展,并促进革命精神的共同生成和发展,这是革命精神生成的一条重要规律。

理智、情感、意志三者都是革命精神形成和发展的重要条件,缺一不可。人的理智因素是最重要的精神因素之一,在革命精神的形成中起着十分重要的作用。人的理性思维活动所形成的理性精神及思维成果——科学理论及理想、信念等,对人的实践活动具有重要的影响。与此同时,人的情感对探索和追求真理的活动同样起着重要作用,列宁曾指出:"没有'人的感情',就从来没有也不可能有人对于真理的追求。"[①]人的感情是推动一切社会实践活动的重要精神动力。人的意志也是形成和发展革命精神的重要因素,革命精神的形成还需要意志的维持和推动。在现实生活中,人类的实践活动会遇到种种困难和挫折,只有借助意志的力量,才能克服困难和挫折,使人们在探索真理、发现真理、传播真理、发展真理的道路上不断前进,为实现自身的理想追求提供精神动力。除此以外,革命精神的共生规律还表现出理智、情感、意志诸因素各有优势和不足,只有相互结合、优势互补,才能扬长避短、共同发展。理智、情感、意志优势互补必然放大和增强革命精神的共生效应,形成三者在非互补条件下所不可能形成的发展优势。

第三,精神家园的强化规律。革命精神作为推动人的实践活动的精神状态,不仅必须在人的实践活动中才能显现出来,而且也需要用实践活动的结果进行强化。革命精神推动人的社会实践活动的过程,也就是将主观形态的精神通过社会实践转化成客观的物质成果,进而确证和强化精神推动作用的过程。革命精神只有通过推动实践的结果不断加以强化,才能得到不断的增强和发展,这是革命精神形成、发展的又一重要规律。革命精神的强化,就是通过不断改变行为结果产生的刺激因素来达到增强、减弱或终止

---

① 《列宁全集》(第25卷),人民出版社,1988年,第117页。

主体某种精神因素的作用的过程。具体来说,强化过程又可以分为正强化和负强化。"正强化主要是指对与社会、组织发展的目标相一致的实践活动产生积极推动作用的精神动力给予肯定性的评价与刺激,促使人们进一步认可、选择这些精神因素作为动力,以巩固和增强这种精神动力","负强化主要是指对与社会、组织发展目标不一致的实践活动产生推动作用的精神给予否定性的评价与刺激,促使人们放弃选择这些精神因素作为动力,以削弱或消除这种精神"。①

　　革命精神的强化是通过精神转化为实践的结果来对革命精神产生影响的。实践的结果对革命精神的强化,既表现为对革命精神的直接强化,又表现为间接强化。革命精神的形成与发展,既依赖于革命精神的直接强化,又依赖于革命精神的间接强化,是直接强化与间接强化综合作用的结果。革命精神的直接强化是指精神转化为实践的结果对革命精神的形成发展直接产生的强化作用。一定的思想理论是不是正确,是否达到了预想的结果,这不是一个理论的问题,而是一个实践的问题,必须要用实践的结果加以检验。除了直接强化,革命精神的形成发展还有赖于革命精神的间接强化。人们运用一定的思想理论指导社会实践的目的,不仅是为了满足社会实践发展的需要,而且最终是为了使社会实践的实际结果满足一定社会实践主体的需要。当一定思想理论指导人们社会实践的实际结果满足了社会、组织的发展需要时,就会使人们获得社会、组织对其实践活动的肯定性评价及相应的物质与精神奖励。这种肯定性评价与相应的物质、精神奖励作为一种刺激,会对人们选择和确立一定的价值取向和价值观念产生间接强化作用,从而间接地促进一定革命精神的形成与发展。当然革命精神的强化并不是一次性完成的,还必须在实践中经过反复多次才能得到加强。只有被

---

　　① 骆郁廷:《精神动力论》,武汉大学出版社,2003年,第242页。

社会实践多次证实为正确的真理性认识,才会被人们真正认同、接受和信奉,才能转化为人们头脑中的坚定信念和推动社会实践活动的强大精神力量。

第四,精神家园的整合规律。马克思主义认为,人类社会历史不同于自然历史的一个重要方面,就在于社会历史领域活动着的都是具有意识的、经过思虑或凭热情行动的、追求某种目的的人。每个人都有自己活动的意识与目的,每个人的活动都会受到自身意识与目的的推动。不过,人与人往往是很不一样的。由于主客观条件上存在的差异,每个具体个人所形成的精神也往往会千差万别。"为了形成社会发展的合力,必须要有统一的社会行动。为了统一主体的行动,必须统一主体的思想。为了统一主体的思想,必须运用社会上占主导地位的思想意识对社会不同成员的思想进行统摄整合,巩固和加强社会主导思想对全体成员的影响,使社会主导思想成为社会成员普遍认同、接受和实行的思想,从而形成社会实践发展所需要的精神合力。"①中国共产党作为一个为着共同目标而组织起来的政治集团,同样需要通过整合才能产生统一的革命精神,才能将彼此间存在差异甚至矛盾的精神个体凝聚成步伐整齐的行动共同体,这就是关于精神家园的整合规律。

统一社会实践主体思想与行动并不是一个抽象的过程,而是把人们多元的思想和行为统一到一定阶级的思想和目标上来的过程,特别是统一到社会上居于统治地位的阶级的思想上来的过程。用革命精神来统摄整合社会思想也需要这样一个过程,因此也存在一些共性的地方。首先,这种统摄整合表现为一定阶级内部的思想整合,即一定阶级的政党和领袖总要运用代表本阶级根本利益的思想理论、理想目标来统一本阶级内部成员的思想,形成统一的阶级意识。其次,这种统摄整合还要运用本阶级的思想来整合

183

---

① 骆郁廷:《精神动力论》,武汉大学出版社,2003年,第231页。

其他社会成员的思想,扩大本阶级思想对其他阶级、阶层成员的思想影响,限制和消除其他阶级、阶层不利于本阶级或同本阶级对立的思想,使本阶级的思想上升为社会的统治思想,成为推动一定社会实践活动和社会发展的主导精神力量。一般而言,统治阶级思想能否成为社会的统治思想,这不仅取决于这一阶级在生产关系中的位置及其物质力量的强弱,同时还取决于其思想是否具有体现社会与时代发展要求的先进性与正确性,以及该阶级运用其思想对本阶级成员乃至全社会成员的进行统摄整合的有效性。

(三) 坚持继承和发展相结合

中国共产党的很多精神形态都是历史的产物,是在特殊的历史环境中经历特殊历史任务培育而成的,因此这些精神带有深刻的时代烙印和历史价值。但并不是说,这些精神只能掩埋在历史的故纸堆中,它们中的一些精神内核和品质,如若能进行当代转换,在今天仍具有可以借鉴的价值和意义。因此,对于党的精神家园,既要继承,又要发展,继承是"源",发展是"流"。只有首先继承,才能谈得上发展。同时,两者又互为目的,继承是为了能够使党的精神家园继续得到发展,发挥更大的作用,发展是为了更好地继承。显然,两者的关系并不是对立的,而是相互促进、相得益彰的。中国共产党人精神家园由党的性质和宗旨所决定,其价值取向是争取最广大人民的根本利益,这是永远不能改变的。但是其具体内容和表现形式必须反映时代变化和新形势、新任务的要求,因此会不断丰富、充实、完善和调整。这就是"变"与"不变"的辩证统一。

中国共产党从一诞生起,就把改造社会、造福人民作为自己的历史使命。这一使命本身也就决定了她必须具有区别于历史上一切其他组织和集团的海纳百川的开阔胸襟和纵览古今的远大视野,决定了她需要从 5000 年绵延不断的中华民族优秀传统文化和百年的党的政治文化中汲取事业发展所需要的养分和智慧,决定了这个组织中的成员特别是她的领导集团成员必须有传承这些优秀文化的强烈责任感、使命感和高度的自觉性。而中国共产党人对优秀文化的传承,绝不是仅仅在纸面上和形式上的传承,那是一种对文化灵魂的传承,从党的实事求是的思想路线,到以民为本、全心全意为人民服务的根本宗旨;从提倡"慎独"、提倡严以律己的自我修养,到为人民利益坚持真理、修正错误的原则立场;从坚持自我反省、自我完善、自我净化、自我革命,到以惩前毖后、治病救人的态度开展党内批评;从自强不息、立足自力更生等艰苦奋斗精神,到海纳百川、广泛吸收借鉴人类社会创造的优秀文化成果;从提倡言行一致、表里如一的诚信人格,到要求清正廉洁、两袖清风的执政意识等,无处不体现着对传统美德和优秀文化的忠实践行。正因为这样,中国共产党不但具备了事业发展的雄厚群众基础,而且始终占领着具有强大号召力和凝聚力的道义制高点。

当然,作为一个活动于现代社会条件下的先进的马克思主义政党,中国共产党对传统文化的继承本身也是批判地继承,即在发展中根据时代进步的内在要求进行改造和创新,赋予传统文化以新的活力和生命力。像毛泽东对"实事求是"内涵的深刻阐述,与古代典籍中对"实事求是"的理解;对"重于泰山"或"轻于鸿毛"的人生观的深刻阐述等都已经不可同日而语,都已经有了一种新的更高的意境和内涵。我们所讲的"红船精神""井冈山精神""延安精神""两弹一星精神""焦裕禄精神""载人航天精神""丝路精神"等,就是这种文化的集中概括和典型体现,这些既传承中华民族优秀传统文化,又体现新的时代条件下社会发展要求的文化瑰宝,又为后面一代一代共产党人提供了不竭的精神动力。所以,我们今天讲中国共产党人的文化传承,讲的是对中华民族优秀传统文化的传承,也是对中国共产党红色文化的传承,二者在当代中国共产党人的实践中是有机统一的。

185

三、新时代中国共产党人精神家园建设的整体思路

建设和守护好中国共产党人的精神家园,是我们党加强自身建设的永恒课题,对于维系中国共产党人历史、现在和未来的精神血脉,对于推动中国共产党永葆活力、党和人民事业永续发展影响重大、意义深远。我们一定要按照习近平的指示要求,高举理想之旗,把牢思想之舵,把建设守护好中国共产党人精神家园与传承和弘扬红色基因结合起来,把建设守护好中国共产党人精神家园与开展"不忘初心、牢记使命"主题教育结合起来,把建设守护好中国共产党人精神家园与奋力推进改革发展各项事业结合起来,自觉做共产主义远大理想和中国特色社会主义共同理想的坚定信仰者和忠实实践者。

(一)把建设守护好中国共产党人精神家园与传承和弘扬红色基因结合起来

伟大的精神家园是中国共产党人战胜困难、拒绝变质的利器,成就了中国共产党的百年辉煌与壮丽。而在物欲横流、价值多元的当下,伟大的精神家园显得弥足珍贵。那么,共产党人究竟如何传承先烈们崇高的精神,让这些精神在新的时代条件下展示出新的光辉? 中国共产党人的精神形态丰富,产生于不同时期的精神具有不同的时代内涵和特征,但细数起来,这些不同的精神光谱中也有着共同的追求。这些共同之处正是中国共产党人精神家园恒久的价值,也是共产党人应该传承的精华。

中国共产党在百年的辉煌历程中,领导中国人民浴血奋斗,艰苦创业,

艰辛探索,开创了人类亘古未有的事业,也熔铸锻造了伟大的精神家园。在这个伟大的历史进程中,无数优秀儿女肩负着国家和民族的希望,赴汤蹈火,出生入死,英勇抗争,锐意进取,创造了惊天动地的伟业,也在千百次奋斗牺牲中锻造出璀璨夺目的精神明珠,展现出光耀未来的精神风范。他们为人民军队的创建和发展,为中华民族的独立和解放,为新中国的繁荣和富强,作出了历史性的巨大贡献。他们所经历的艰苦卓绝而又波澜壮阔的斗争,构成了中国共产党、中华人民共和国和中国人民解放军光辉历史的重要篇章。他们所创造的伟大业绩和不朽功勋,谱写了中华民族争取独立解放和繁荣振兴的壮丽史诗。他们所展示的理想情操和胸怀气度,是中国共产党人政治品格和精神风貌的生动体现。从新民主主义革命时期到社会主义建设时期,再到改革开放新时期,留下了感人至深的精神风范所绘就的一幅幅生动画卷,谱写了一个个争取民族独立、人民解放、国家富强的华彩乐章,树立了一座座传之久远、光照千秋的历史丰碑,显示了丰富多彩的人生经历,留下了脍炙人口的传奇故事。从这些红色文化中,我们可以深切地感受到中国共产党人那种震撼心灵的精神力量和光辉形象,这就是坚定的理想信念、鲜明的现实指向、深厚的为民情怀、艰苦奋斗的政治本色、勇敢牺牲的奉献精神。这些红色基因,已经成为中国共产党人精神家园建设的精神源泉,这种光辉形象,已经深深熔铸在党领导人民继往开来的新的实践中,并将代代相传、永放光芒。

建设好、守护好中国共产党人的精神家园,就要传承和弘扬红色基因,从中汲取宝贵的精神营养,获得有益的感悟、借鉴和启迪。一是充分发挥党史的"教科书""营养剂"作用。以建党百年为重大节点,全力发掘丰厚的历史资源,实施好以"红色基因"为主题的相关资源发掘宣传工程,突出我们党前赴后继、不懈奋斗的历史,深入发掘保护革命文化、红色文化、先进文化资源,积极整合红色资源,着力为红色文化立根铸魂。二是全力开展党的精神家园研究。深入开展党的历史研究和我们党的思想理论、组织发展和制度形成研究,阐明为中国人民谋幸福、为中华民族谋复兴,是我们党的初心所在、发展所托、执政所依、生命所系。教育引导广大党员干部从正确认知历史中走向未来,从延续红色基因中开拓前进,在新的历史起点上凝心聚力进行伟大斗争、建设伟大工程、推进伟大事业、实现伟大梦想。三是全力传播党的故事。精心打造一批在全国有影响力的节庆赛事、论坛讲坛、群文活动、大型展览和红色旅游品牌,着力讲好中国共产党艰难历程的生动故事,讲好革命先烈、仁人志士为中华民族独立和人民解放顽强奋斗的生动故事,讲好我们党带领全国各族人民奋力实现中华民族伟大复兴中国梦的生动故事,推动党的精神深入人心、红色基因融入血脉。[①]

(二) 把建设守护好中国共产党人精神家园与开展"不忘初心、牢记使命"主题教育结合起来

在新时代承担新使命、奋进新征程,中国共产党人如何建设好、守护好精神家园? 习近平在党的十九大作政治报告,在十九大闭幕仅一周带领新一届中央政治局常委集体瞻仰中共一大会址和南湖红船时发表的重要讲话精神,为我们指明了方向,那就是不忘初心、牢记使命、永远奋斗。这是共产党员党性修养的时代新要求。

习近平关于中国共产党人初心和使命的凝练概括,集中体现了我们党的政治性质、根本宗旨、行动纲领,具有极其深刻的意义和丰富的内涵。我们应运用历史思维、辩证思维,从历史、现实和未来的贯通中不断深化对初

---

① 李强:《建设和守护好中国共产党人的精神家园——深入学习贯彻习近平总书记瞻仰中共一大会址时的重要讲话精神》,《人民日报》,2017 年 12 月 4 日。

心和使命的认识。首先,初心和使命是理性的,又是充满感情的。我们党从诞生之日起,就把马克思主义鲜明地写在自己的旗帜上,一路走来长达百年,无论处于顺境还是处于逆境,从未动摇对马克思主义的坚定信仰。中国共产党人的初心和使命,作为最深刻的理性认识、思想结晶,凝聚升华为马克思主义中国化的理论成果——毛泽东思想、邓小平理论、"三个代表"重要思想、科学发展观、习近平新时代中国特色社会主义思想。同时,作为最真挚的情感、最深沉的情怀,凝聚和升华为全心全意为人民服务的根本宗旨,凝聚和升华为始终与人民心心相印、与人民同甘共苦、与人民团结奋斗,实现好、维护好、发展好最广大人民根本利益的赤子之心。其次,初心和使命是历史的,又是引领现实的。百年来,我们党秉持初心和使命,围绕救国、兴国、强国的历史逻辑,紧紧依靠人民,完成了新民主主义革命,实现了民族独立、人民解放;完成了社会主义革命,确立了社会主义基本制度;持续推进改革开放,开创、坚持、发展了中国特色社会主义。当代中国共产党人最重要最现实的初心展示和使命担当,就是实现党的十九大确定的"两个一百年"奋斗目标,全面建成小康社会,全面建设富强民主文明和谐美丽的社会主义现代化强国,努力实现中华民族伟大复兴的中国梦。[①]

建设好、守护好中国共产党人的精神家园,就要与开展"不忘初心、牢记使命"主题教育结合起来,教育引导广大党员、干部自觉在思想上政治上行动上同党中央保持高度一致,坚守人民立场,锻炼忠诚干净担当的政治品格,保持只争朝夕、奋发有为的奋斗姿态和越是艰险越向前的斗争精神。习近平指出:"我们干事业不能忘本忘祖、忘记初心。我们共产党人的本,就是对马克思主义的信仰,对中国特色社会主义和共产主义的信念,对党和人

---

① 舒国增:《深入理解践行中国共产党人的初心和使命》,《人民日报》,2019年7月4日。

民的忠诚。我们要固的本,就是坚定这份信仰、坚定这份信念、坚定这份忠诚。"①一是要坚持思想建党、理论强党,坚持学思用贯通、知信行统一,推动广大党员干部全面系统学、深入思考学、联系实际学,不断增强"四个意识"、坚定"四个自信"、做到"两个维护",筑牢信仰之基、补足精神之钙、把稳思想之舵。二是要认真贯彻新时代党的建设总要求,奔着问题去,以刮骨疗毒的勇气、坚韧不拔的韧劲坚决予以整治,同一切影响党的先进性、弱化党的纯洁性的问题作坚决斗争,努力把我们党建设得更加坚强有力。三是要继续教育引导广大党员干部自觉践行党的根本宗旨,把群众观点、群众路线深深根植于思想中、具体落实到行动上,着力解决群众最关心最现实的利益问题,不断增强人民群众对党的信任和信心,筑牢党长期执政最可靠的阶级基础和群众根基。四是要教育引导广大党员干部发扬革命传统和优良作风,团结带领人民把党的十九大绘就的宏伟蓝图一步一步变为美好现实。

(三)把建设守护好中国共产党人精神家园与奋力推进改革发展各项事业结合起来

在中国共产党人的视野里,精神家园并非虚无缥缈的东西,而是要和现实结合,才能焕发出牛机和活力,才能真正彰显其价值和意义。无论是新民主主义革命时期、社会主义革命和建设时期,还是进行改革开放新的伟大革命、开辟并全面推进中国特色社会主义的历史阶段,无论是弱小还是强大、顺境还是逆境,中国共产党都始终保持强烈的角色自觉、使命担当和时代紧迫感,自觉把建设守护党的精神家园与中国革命、建设、改革的实践结合起来,团结带领人民朝着实现中华民族伟大复兴的宏伟目标不懈奋进。习近平

---

① 习近平:《在全国党校工作会议上的讲话》,《求是》,2016 年第 9 期。

指出："伟大梦想不是等得来、喊得来的，而是拼出来、干出来的。我们现在所处的，是一个船到中流浪更急、人到半山路更陡的时候，是一个愈进愈难、愈进愈险而又不进则退、非进不可的时候。改革开放已走过千山万水，但仍需跋山涉水，摆在全党全国各族人民面前的使命更光荣、任务更艰巨、挑战更严峻、工作更伟大。在这个千帆竞发、百舸争流的时代，我们绝不能有半点骄傲自满、固步自封，也绝不能有丝毫犹豫不决、徘徊彷徨，必须统揽伟大斗争、伟大工程、伟大事业、伟大梦想，勇立潮头、奋勇搏击。"①

在新时代，我们不仅实现了第一个百年奋斗目标，而且要踏上全面建设社会主义现代化国家新征程、向实现第二个百年奋斗目标进发，实现中华民族伟大复兴。"新征程上，不可能都是平坦的大道，我们将会面对许多重大挑战、重大风险、重大阻力、重大矛盾，广大党员领导干部必须有强烈的担当精神。党员领导干部不仅要有担当的宽肩膀，还得有成事的真本领。既要大胆讲政治，又要善于讲政治；既要矢志抓发展，又要善于抓发展；既要勇于抓改革，又要善于抓改革；既要敢于直面矛盾和问题，又要善于化解矛盾和问题；既要有想干事、真干事的自觉，又要有会干事、干成事的本领。"②在新时代的征程上，全党同志一定要按照党的二十大对经济建设、政治建设、文化建设、社会建设、生态文明建设等作出的部署，全面完成各项任务，并在此基础上乘势而上，开启全面建设社会主义现代化国家新征程，使共产党人精神家园在实践中得到守护和光大。

建设好、守护好中国共产党人精神家园，就要与奋力推进改革发展各项事业结合起来，勇于担当作为。一是在着力推动经济高质量发展上有新作为。推动高质量发展，是当前和今后一个时期确定发展思路、制定经济政

---

① 习近平：《论坚持全面深化改革》，中央文献出版社，2018 年，第 524～525 页。
② 习近平：《在十九届中央政治局第一次集体学习时的讲话》，《人民日报》，2017 年 10 月 29 日。

策、实施宏观调控的根本要求。必须贯彻新发展理念,坚持质量第一、效益
优先,推动经济发展质量变革、效率变革、动力变革,不断增强经济创新力和
竞争力。二是着力在创新社会治理上有新作为。新时代要进一步加强和创
新社会治理,要坚持问题导向,把专项治理和系统治理、综合治理、依法治
理、源头治理结合起来,坚定不移走中国特色社会主义社会治理之路,打造
共建共治共享的社会治理格局,让人民群众有更多获得感、幸福感和安全
感。三是同时结合推进乡村振兴战略,加强乡村人居环境整治和公共卫生
体系建设,脚踏实地把既定的行动纲领、战略目标、工作蓝图变为现实。

第五章

新时代中国共产党人精神家园建设的具体路径

中国共产党在自身发展过程中,创立了别具特色的精神,形成了自己的精神家园,这是中国共产党人的思想根基,是中国共产党人永远的精神支柱。对中国共产党人而言,建设好精神家园,首要的是要守护好自身历史发展过程中创立和形成的独特精神资源。前面相关章节对如何守护我们党的精神传统作了总的分析,除此之外,还要系统把握好学习教育、认同内化、整合传播、躬行实践、制度保障等五个方面。

一、学习教育

有效的学习教育,是继承和发扬中国共产党人精神的第一步。实践证明学习教育是改造党员干部主观世界的重要工具,是保持他们思想活跃进步、纯洁干净的必备条件。中国共产党人精神作为具有普遍性的优良品质,学习教育的对象既包括中国共产党的党员干部,也应包括社会大众。对党员干部而言,学习我们党自身的精神和作风,是当然的责任,也是提高思想认识、淬炼精神品质的重要一环,要将我们党精神传统的学习教育贯穿到入党积极分子教育、在职干部培训、党员干部民主生活会等每一个党员教育环节。对社会大众而言,中国共产党人的精神和作风属于社会主义核心价值体系的重要内容,学习和了解也非常必要。新时代,学习我们党自身的精神传统,守护我们党自身的精神家园,应注意把握好以下三个方面。

(一)结合时代特征

实践证明,对任何一种精神传统的学习教育,都不能停留在过去的时空环境,忽视教育者和学习者身处的时代特征,否则,就会让学习者出现"时空错置"的幻觉,说服力减弱,收不到预期的效果。中国共产党人的精神主要起源于新民主主义革命时期,历经社会主义建设时期和改革时期,本身就有演变发展的过程,它们本身就具有时代性,而时代性也不断赋予其新的生命力和存在价值。因此,结合时代特征进行党的精神传统教育,不仅必要,而且可能。也就是说,除了从党员干部教育的视角彰显中国共产党精神的时代价值外,还要对共产党的精神进行当代转换,让共产党的精神具有更适合时代要求的内涵。中国共产党的很多精神形态都是历史的产物,是在特殊的历史环境中培育而成的,因此这些精神带有深刻的时代烙印和历史价值。但这并不是说,这些精神只能掩埋在历史的故纸堆中,它们中的一些精神内核和品质,如若能进行现代化的转变,在今天仍具有可以借鉴的价值和意义。

如果要对中国共产党人的精神传统进行比较的话,可能没有哪一种精神出现的频率,能够比得上艰苦奋斗精神;没有哪一种精神,能够像艰苦奋斗精神那样被赋予如此之多的含义和意义;没有哪一种精神,能够像艰苦奋斗精神那样经历了不断的演变和发展。艰苦奋斗对中国共产党的重要意义,艰苦奋斗精神的永恒价值,在新的历史条件下不仅没有褪色,反而愈加彰显。对中国共产党人而言,保持艰苦奋斗的政治本色,意味着保持一种精神状态,一种生活准则,一种利益观念,意味着追求一种高尚的人生目标和人类共同的价值追求。

今天,我们正处于一个反思和怀疑的时代。如果要问需不需要艰苦奋斗的精神,相信绝大多数都会说需要。但要问我们需要什么样的艰苦奋斗精神,可能一百个人就有一百个不同的回答。一些人可能会对继续倡导艰苦奋斗抱有怀疑和警惕,一些人则喜欢以各种揶揄的态度来解构艰苦奋斗。对艰苦奋斗的反思,有助于我们进一步厘清艰苦奋斗的内涵和要求。时代的变化发展,我们已经无法直接套用井冈山时期、延安时期的规范来要求今天的党员干部,很难用旧时代的话语来说服今天的社会大众。我们要在历史的基础上,根据新的时代条件和发展要求,对艰苦奋斗精神进行新的解读。

结合艰苦奋斗精神的发展史,可以得出一个结论:艰苦奋斗精神由"不变"和"变"两部分组成,不变的是基质,它类似于房屋的地基,地基垮塌了,艰苦奋斗这座房子就垮塌了;变的是外在的形式和增加的内容,之所以变,是适应时代发展的要求和人的自身发展的需要。有人说,艰苦奋斗精神要跟上时代发展,适应时代的发展要求,必须要有彻底的改变,否则艰苦奋斗就可能沦为无用的道德高调。笔者认为,这种"一切皆流、一切皆变"的看法其实是偏颇的,误解了事物特别是精神现象变与不变之间的辩证关系。艰苦奋斗精神的时代内涵,既包括不变的基质,也包括因应时代变化而增加的内容,以及适应时代要求的新形式,是"变"与"不变"的有机统一。[①]

"艰苦奋斗"这个词拆开来,就是艰苦和奋斗。艰苦一般指环境,奋斗则

---

① 罗东凯主编:《中国共产党人的精神家园》,广东人民出版社,2012年,第180页。

是指人的思想和行为。艰苦和奋斗合到一起,产生的是化学反应,升华为一种具有普遍性的精神品质,超越了具体的环境和个体。对中国共产党人来说,艰苦奋斗这种精神品质"不变"的基质,源自于基本的价值指向,来自它的源头,贯穿其始终,包括吃苦耐劳、自强不息、无私奉献、乐观豁达等。艰苦奋斗的"变",是指在新的历史条件下,艰苦奋斗的内容有了增加和充实,艰苦奋斗的形式有了新的要求。从人类精神发展的历史来看,这种"变"再正常不过了。其实,中国共产党人的艰苦奋斗精神,一直都在演变,总体上也都在发展。新的时代条件下,艰苦奋斗精神应该具有以人为本、科学理性、拒腐防变等新的内容和要求。在新的历史条件下,艰苦奋斗的"艰苦"环境在一定程度上已经不再,"奋斗"的地位和作用则相应更加凸显。跟过去相比,物质层面的艰苦奋斗与我们渐行渐远,但精神层面的艰苦奋斗正日益显现其价值和光辉。

实事求是地说,在新的历史条件下,是否仍然要保持和发扬艰苦奋斗精神,社会上有不同的声音。党员干部内部也有分歧。囿于党的纪律要求,党员干部对艰苦奋斗精神不敢公开表示异议,但私下里有不少相悖的观点提出,并在行为上直接体现出来。这给社会大众留下了很不好的"说一套、做一套"的印象,认为党和政府高调倡导艰苦奋斗,但自己不能践行,是"只许州官放火,不许百姓点灯",直接影响党和政府在群众中的威信。要改变这种状况,真正发扬艰苦奋斗精神,首先要加强思想教育,纠正部分党员干部中有关艰苦奋斗的错误观念(如过时论、小节论、行乐天性论、权力回报论等),正本清源。

结合时代特征,对中国共产党的精神进行当代转换,典型的还有抗美援朝精神和抗战精神等,它们是在特殊的战争环境中形成的,是战争培育而成的,但并不代表这些精神就不能为和平年代共产党人所用,其中爱国主义的内核、不畏牺牲、艰苦奋斗的精神等,都可为今天的建设提供精神动力。

习近平指出："伟大的抗美援朝精神是全国各族人民同仇敌忾、克敌制胜的强大精神力量。今天，我们要把弘扬伟大的抗美援朝精神同弘扬以爱国主义为核心的民族精神和以改革创新为核心的时代精神结合起来，巩固全党全国各族人民在新形势下团结奋斗的共同思想基础，最大限度地凝聚全民族力量，万众一心地为夺取全面建设小康社会新胜利、坚持和发展中国特色社会主义而不懈奋斗。"①将抗美援朝爱国主义精神与改革创新精神结合起来，抗美援朝精神就焕发出适合当下的价值。同样，以"天下兴亡、匹夫有责的爱国情怀，视死如归、宁死不屈的民族气节，不畏强暴、血战到底的英雄气概，百折不挠、坚韧不拔的必胜信念"为主要内涵的抗战精神，可以"激励中国人民克服一切艰难险阻、为实现中华民族伟大复兴而奋斗"。②

（二）领会精神实质

学习党的精神传统，全面学习和理解是必要的，但更重要的是把握精神实质，不能沉迷于细枝末节。因为精神传统的学习，本质是一个解释的过程，过多地注重枝节问题，结果可能是将精神矮化，甚至避重就轻，舍本逐末，人为增加学习理解的难度，不利于对精神传统的正确解读。

比如，对实事求是精神的把握，关键点是强调理论与实际相结合，实践是检验真理的唯一标准，不受制于任何陈见，敢于突破任何不符合时代特征和本土要求的陈规。领会了这一点，就把握了实事求是的精髓，就可以领略实事求是精神的魅力和妙处，而实事求是的特征和要求，就可以简洁明了地

---

① 习近平：《在纪念中国人民志愿军抗美援朝出国作战 60 周年座谈会上的讲话》，《人民日报》，2010 年 10 月 26 日。
② 习近平：《在纪念中国人民抗日战争暨世界反法西斯战争胜利 75 周年座谈会上的讲话》，《人民日报》，2020 年 9 月 4 日。

推导出来。从历史上看,但凡哪个时期中国共产党真正做到了实事求是、求真务实,那么这个时期共产党就会少犯错误,就比较顺利。反之,如果哪个时期共产党人脱离了实际,那么就可能遭遇挫折。大革命后毛泽东上了井冈山,开辟了工农武装割据的新路,符合中国实际,最终成就了新民主主义革命。西柏坡"两个务必"的庄严宣告,告诫广大党员和干部不要被胜利冲昏了头脑。建设和改革时期,邓小平一再强调:"实事求是是马克思主义的精髓。要提倡这个,不要提倡本本。我们改革开放的成功,不是靠本本,而是靠实践,靠实事求是。"①社会主义建设和改革开放之所以能有伟大的成绩,就在于中国共产党领导各族人民在实践中不断纠错、不断改进、不断调整,做到了越来越符合实际。可以说,讲老实话、办老实事、做老实人,这是中国共产党人的优良作风和工作作风,也是贯穿于中国共产党人精神之中的重要线索。

习近平深刻指出:"实事求是,是马克思主义的根本观点,是中国共产党人认识世界、改造世界的根本要求,是我们党的基本思想方法、工作方法、领导方法。"他强调,坚持实事求是,"就要深入实际了解事物的本来面貌","就要清醒认识和正确把握我国仍处于并将长期处于社会主义初级阶段这个基本国情","就要坚持为了人民利益坚持真理、修正错误","就要不断推进实践基础上的理论创新"。② 这些重要论述,进一步丰富和发展了党的实事求是的思想路线。立足中国特色社会主义新时代这一我国发展新的历史方位,我们要联系马克思主义中国化的历史进程,联系中国共产党成立百年来的历史进程,联系改革开放 40 多年的历史进程,联系党和国家正在做的事情,从理论和实践的结合上,提高贯彻党的实事求是思想路线的自觉性。

---

① 《邓小平文选》(第三卷),人民出版社,1993 年,第 382 页。
② 习近平:《坚持实事求是的思想路线》,《学习时报》,2012 年 5 月 28 日。

牺牲奉献是中国共产党人最靓丽的名片。从加入中国共产党、宣誓为共产主义奋斗的那天起,就意味着选择了奉献和牺牲。而正是因为有了众多共产党人的牺牲奉献,才有了革命的胜利、建设的成就和改革的辉煌。中国共产党百年波澜壮阔的历史,其实就是一部共产党人为民族解放、国家富强、人民幸福而英勇牺牲、无私奉献的历史。王若飞、瞿秋白、彭湃等早期的共产党人为革命毁家纾难,背井离乡,视死如归;抗日战争和解放战争战场上的共产党人抛头颅、洒热血,只为民族的光明未来;社会主义建设时期的共产党人排除万难、顽强拼搏,只为中国早日发展壮大;改革开放时期的共产党人顶住重重压力,甚至冒着生命危险创新求真,只为国家早日富强。雷锋、王进喜、焦裕禄、孔繁森、郑培民等共产党人,用他们的牺牲与奉献谱写了中国共产党人伟大的道德文章,让人高山仰止。现如今,我们进入中国特色社会主义建设的新时代,前无古人,任重道远。无数中国共产党人如优秀前辈一样,正高举奉献的旗帜,推动伟大事业的前进,促成全社会良好风气的形成和发展。吃苦在前,克己奉公,多做奉献,这是中国共产党人亘古不变的信条。

从历史和实践的角度来讲,中国共产党的伟大精神由一个个鲜明具体的"坐标"组成,进而形成了一个可以长久涵养后人的"精神谱系"。这个精神谱系炫目多彩,前后相接,多以地点、事件或代表人物命名,已经或正在命名的就有 30 来种。[①] 中国共产党人的精神谱系,犹如鲜活生动的历史链条,把中国共产党的伟大精神串联起来,展示出来。它是中国共产党领导人民在实践中集体奋斗和创造的产物,是在不同历史时期波澜壮阔的行程中积累和发展起来的,它们的价值和作用跨越时空,相互之间是共存的。党的十八大以来,习近平概括并大力倡导亲民爱民、艰苦奋斗、科学求实、迎难而

---

① 陈晋:《传承和弘扬中国共产党的"精神谱系"》,《光明日报》,2016 年 6 月 29 日。

上、无私奉献的焦裕禄精神,并说它同井冈山精神、延安精神、雷锋精神等一起,"过去是、现在是、将来仍然是我们党的宝贵精神财富"。阅读党的精神谱系,我们很容易感受到先辈和英烈们无私奉献、前仆后继的崇高人格境界,体会到党的优良传统和精神作风,理解到党和人民的事业为什么有那样大的前进动力和感召力。从根本上来说,中国共产党人的伟大精神,是近代以来中华民族精神主航道里跳动得最为激昂耀眼的浪花,是中国共产党人的世界观、人生观、价值观的生动展示,是当代中国精神中的红色基因和红色文化的源头,是实现中国梦必须弘扬的中国精神的先进内核和宝贵精华。领会了这些精神实质,也就守护了党自身发展过程中创立和形成的独特精神资源。

(三)发挥榜样力量

教育要宣传正面形象,树立典型形象,使人民群众学习有榜样,并以此为目标不断努力。心理学的研究成果表明,人类的学习很大程度上是"模仿"的过程,榜样的作用必不可少。榜样的作用在于,能够将精神形象化、具体化,更好地发挥感召力、增强说服力。发挥榜样的作用,通过榜样进行学习教育,是我们党的优良传统,形成了一套较为成熟的做法,具有深厚的群众基础。比如,雷锋形象对于艰苦奋斗精神诠释的效果,可以说超过任何一种方法,在今天仍然发挥着重要作用。榜样就是群众身边的"意见领袖",随处可见,并不神秘。在新的时代条件下,面向新的对象开展榜样教育,必须要在继承历史传统,吸取历史教训的基础上,研究榜样的生成与接受规律,推陈出新,有所突破。比如,榜样的选择要贴近群众,不能制造"人工榜样",不能再搞"高大全"的、脱离实际的榜样,要更多地发现群众身边朴实感人的榜样;教育方法要符合受众心理和社会期待,要制度化、日常化,和风细雨,不搞运动式、表态式、"一阵风"的榜样教育；对雷锋、焦裕禄这样的传统榜样，要结合时代特征，对其形象朴实化、人性化，对其内涵进行符合精神实质和时代要求的诠释。

时代楷模是在某个特定的社会历史时期内，对人们的思想和行为产生巨大而深远影响的、值得人们学习、值得人们尊敬、值得人们传颂的人物。在这里时代不仅仅是一个时间概念，更多的是指能影响人的意识的所有政治、经济、文化等客观环境。时代楷模也是对这样一种榜样人物的崇高评价。党的十六大以来，我们党高度重视思想道德建设，作出一系列重大部署，采取有力措施加以推动。各地区、各部门认真贯彻中央要求，以建设社会主义核心价值体系为根本，大力弘扬民族精神和时代精神，深入推进社会主义核心价值观宣传教育，广泛开展道德模范评选表彰和学雷锋活动，深化拓展群众性精神文明创建和志愿服务，公民道德素质和社会文明程度不断提升，涌现出像郭明义、沈浩、杨善洲等一批又一批先进典型和道德模范，彰显了当代中国人民的良好精神风貌。张丽莉、吴斌、高铁成等一个又一个英雄人物接连涌现、灿若群星，在中华大地广为传颂，在人民群众中引起强烈反响。他们用自己的爱心和善行，用自己的坚守和执着，在危急时刻做出了英雄壮举，在生死关头展现了人间大爱，感动了全社会，感动了全中国。他们被誉为"最美教师""最美司机""最美卫士"，是"最美的中国人"。他们的"美"，美在爱心、美在善良、美在奉献，体现了当代社会的道德高度，不愧为当今中国的"时代楷模"。他们的先进事迹和高尚品德，根植于中华民族深厚的道德积淀，根植于中国特色社会主义伟大事业的实践沃土，是雷锋精神的接力传承，是社会主义核心价值观的生动诠释，是中国社会思想道德主流的真实写照。

发挥榜样的作用，另外很重要的一条是，教育者必须以身作则，严格要求自己，使自身成为具有高尚精神的优秀分子，用教育者本身的行动进行教育。毛泽东始终强调，要对全党同志不断地进行教育，使他们永远保持革命精神。邓小平指出："我们在新民主主义革命时期，就已经坚持用共产主义的思想体系指导整个工作；用共产主义道德约束共产党员和先进分子的言行。"①那时，我们党尚且以共产主义思想体系作为精神武器，取得了革命的胜利；今天当我们已进入共产主义社会的低级阶段——社会主义社会时，我们更没有丝毫理由抛弃以共产主义思想体系为核心的革命精神和口号，开历史的倒车。他说："要提高全党同志建设社会主义现代化强国的信心，通过各个岗位的党员的模范行动影响和吸引群众，振奋精神，团结一致，专心致志，稳步前进，实现我们的宏伟目标。"②这里讲的"模范行动"，也就是指榜样的作用。共产党人要在弘扬好的传统作风上做表率，领导干部要带头学习理解、宣传倡导、身体力行，用这种精神把全体党员、干部和人民动员起来、振奋起来。

领导干部能否自觉主动地率先垂范，直接关系到党的精神传统能否在全党发扬光大。作为党的领导干部，最有力的动员、最生动的教育不是发文件、下通知，而是自身的模范带头行动。如果领导者革命意志衰退、追求享乐、害怕艰苦，就会上行下效，把社会风气带坏。当领导干部不能自律、行为失范、缺乏人格力量时，苦口婆心的反复说教就会显得苍白无力。"身教重于言教，人们更愿意从现实中共产党员的行为里寻找答案。如果高谈几十年前的人与事，而对党风和社会风气的每况愈下视而不见，这必然会产生反作用。"③榜样的力量是无穷的。只要各级领导干部特别是高级干部在发扬精神传统方面作出表率，就一定会在全社会形成良好风气。自古以来，官员就有道德方面的要求，好官员的前提首先就是德行好。在中国共产党人身

---

① 《邓小平文选》（第二卷），人民出版社，1994年，第367页。
② 同上，第369页。
③ 钟健英：《谈新形势下的革命传统教育》，《理论学习月刊》，1989年第10期。

上更是如此,共产党人是社会的先进分子,这种先进不仅是能力水平上的先进,还必须是道德水准上的先进,必须发挥先锋模范的作用。因此,对于共产党人来说,道德上追求更高的境界,生活上追求高尚的情趣,自觉远离低级趣味,就容易做到个人干净、清正廉洁。习近平在十八届中共中央政治局第三十七次集体学习时指出,"法律是成文的道德,道德是内心的法律"①,共产党员只有守住道德底线,弘扬中华民族传统美德,发扬社会主义新风尚,践行社会主义核心价值观,才能守规矩、不逾矩,在自觉遵守党纪国法和守护精神传统方面发挥模范作用。

二、认同内化

精神并不是天生的,而是在后天的工作和学习中逐渐形成的。一般情况下,它的形成过程要经过认同和内化两个阶段。从认同与内化的互蕴关系来看,认同是内化的前提条件,而内化在一定程度上是对认同的升华,也即认同后把其转化为内心坚定的理念。新时代建设好、守护好中国共产党人的精神家园,核心在于认同党的精神,并将其内化为自身的价值观和行为准则。

(一)强化认同

认同是一个内涵丰富的概念,可以简单地概括为对某一种事物的认可、

---

① 《习近平在中共中央政治局第三十七次集体学习时强调 坚持依法治国和以德治国相结合 推进国家治理体系和治理能力现代化》,央视网,http://news.cctv.com/2016/12/10/ARTIH0QWSk20xgEsq4LXrVn1161210.shtml?winzoom=1。

赞同,并产生归属感,可以归纳为"自我概念",产生"我"、"我们"和"他"、"他们"的区分。认同包括情感认同、身份认同、文化认同、政治认同、价值认同等相互交叉的方面。对于中国共产党人而言,党员身份获得的前提是对中国共产党所持的价值立场、党员身份等方面的认同,党员必须对其身份、立场、价值等产生归属感和忠诚感,这也就是我们党历来特别强调的"思想上入党"。对中国共产党人而言,最高、最重要的认同是对党的理想和精神的认同,这是一种自觉的、理智的认同。

认同党的精神和价值,是每一个党员的责任,是守护党的价值的基本体现,也是合格党员的基本条件。对于每一个共产党人来讲,都要切实加强自身的思想建设,坚定对党的精神传统的认同,并经常对照党章党规党纪,检视自己的理想信念和思想言行,不断掸去思想上的灰尘,永葆政治本色。

首先,思想建设是政治认同之本。所谓政治认同,就是在政治社会化过程中,人们以一定的政治态度、政治目标确定自己的政治身份,将自己归属于某一政党成员、某一政治过程的参与者、某一政治信仰的追求者,自觉以组织和过程要求规范自己的政治行为,并借以支持这个组织的路线、方针、政策。① 政治认同在社会政治生活中有十分重要的作用,是把人们组织在一起的重要凝聚力量。任何一个政治组织只有得到成员广泛的认同,才能获得充沛的生命力并能长期存在下去;一个人只有在产生认同感的基础上,才能对一个政治组织或一种政治信念表现出最大的热忱和忠诚。中国共产党作为一个政治组织、执政党,只有在获得全体党员强烈认同的基础上,才能产生强大的凝聚力、生命力、战斗力。全体党员只有明确自己作为中国共产党党员的政治态度、政治身份,才是一个政治合格的党员,才能站稳政治立场,真正支持我们党的路线、方针、政策。政治认同归根到底是思想认识层

---

① 薛中国:《关于"政治认同"的一点认识》,《光明日报》,2007 年 3 月 31 日。

面的问题,无论是对我们党奋斗目标的认同,还是对体制、政策的认同,都必须通过思想政治教育的方式来实现。增强政治认同,从根本上讲必须强化党的思想建设,把政治认同的思想政治教育贯穿于党员政治生活的全过程,激发党员为共同事业奋斗的热情和信心。

其次,对照实践标尺检查自己。建设和守护中国共产党人的精神家园,要清醒认识党员干部当下的精神现状,每一个党员也都要进行深刻的反思,进行认真自查。无论是精神状态总体状况的调查,还是党员干部个人精神的反思与自查,都不能靠印象、凭感觉,更不能仅仅"察其言"。正确的做法是根据明确的标准,对照标准一一审查,找到实际存在的差距,进而通过思想建设来不断缩小差距。一方面,建设和守护好中国共产党人的精神家园,最为重要的是靠党员干部个人的内在自律自省。每一个党员干部都应当勤于自查、勤于自省,对照标准查找自己的不足,努力做到三省吾身,绷紧思想建设这个弦,通过个人的内在自律机制实现精神家园的日趋坚定。另一方面,在日常工作生活中,各级党组织都要根据标准,经常性地对每一个党员干部进行考察、督促,形成一种外在的鞭策约束机制。党员干部之间也要对照标准,开展相互批评、相互提醒,共同把党的精神家园建设好、守护好。

最后,加强党员对党的忠诚教育。苏联解体、东欧剧变,在一定程度上反映了普通党员对党态度的冷淡和漠视。苏联共产党的失败经历,对于我们不仅仅是前车之鉴,更是一种警醒。我们党在创立之初,许多人是抱着对党的事业忠诚而加入中国共产党的,尽管有一些人抱着不同目的加入中国共产党,翻开当时的报纸,也许可以看到许多脱党声明,但经过"四一二"和"七一五"反革命政变,经过生死考验和大浪淘沙,剩下的许多坚定分子绝对是抱着对党的事业忠诚而坚持为党服务的优秀分子,正是这群优秀分子,成就了中国共产党历史的辉煌。当前,有些党员的入党动机并不是十分纯粹,如果每个党员都抱着这样的态度,对于党的未来发展是非常危险的,也使党成了某种利益群体的集合,从而丧失党的根本立场和宗旨。在这样的背景下,加强党员对党的忠诚教育则成了必然之举。加强党员对党的忠诚教育,不仅涉及党的民主集中制原则、党章等组织原则问题,更为重要的是要求每个党员从心理上去接受和认同中国共产党,真正地去理解、关心党的历史和党的理论、路线、方针、政策等,最为关键的是要有感情,把党的事业看作是自己的事业,关心党的每一步发展。习近平指出:"我们干事业不能忘本忘祖、忘记初心。我们共产党人的本,就是对马克思主义的信仰,对中国特色社会主义和共产主义的信念,对党和人民的忠诚。我们要固的本,就是坚定这份信仰、坚定这份信念、坚定这份忠诚。世界社会主义实践的曲折历程告诉我们,马克思主义政党一旦放弃马克思主义信仰、社会主义和共产主义信念,就会土崩瓦解。"[1]正是在这个意义上,我们讲领导干部要忠诚、干净,有担当,其中忠诚始终是第一位的。

(二)注重内化

内化,就是讲外在的精神、文化、规则等转化为自身的意识、信仰和行为准则,是从"自在"向"自为"的转变。内化是学习和认同的目的,是更加重要和艰难的过程。内化是一个比较、选择、认同、反思、强化的连续过程,在思想多样化的今天,价值观的选择和反思更加明显。对年轻的 80 后、90 后中国共产党员而言,内化我们党的精神传统,使之成为自身的精神支柱和行为守则,必然会经历与其他思想的对比过程和自身的思考(反思)过程。在这个过程中,要注意开动脑筋,多角度思考,多方面比较,多参与实践,科学理解我们党的精神传统的性质和特征,不断增进对党的精神的正确认识,以理

---

① 习近平:《在全国党校工作会议上的讲话》,《求是》,2016 年第 9 期。

性引导内化过程,实现内化。

首先,把精神家园建立在理性认知之上。坚守精神家园,应当是在理性基础上的客观认知,是对真理的信仰。只有在理性认识基础上开展精神家园建设,才能真正实现"虔诚而执着、至信而深厚"。2013 年 5 月 4 日,习近平在同各界优秀青年代表座谈时告诫青年同志:"要把理想信念建立在对科学理论的理性认同上,建立在对历史规律的正确认识上,建立在对基本国情的准确把握上。"①这既深刻揭示了共产党人的精神信仰与寄情上帝、托付来世的宗教信仰的本质区别,也为党员干部坚定理想信念指明了正确路径。

"把理性信念建立在对科学理论的理性认同上",就是要真正理解和认识马克思主义信仰、共产主义远大理想、社会主义信念,搞清楚马克思主义、共产主义与中国特色社会主义之间的逻辑关系,搞清楚中国特色社会主义道路、制度和理论体系之间的逻辑关系,进而从根本上弄清楚我们坚守的理想信念为什么是科学的、为什么是值得我们坚守的。习近平指出:"领导干部要结合学习领会新时代中国特色社会主义思想,多读、精读一些马克思主义经典作家的著作,多读、精读一些马克思主义中国化的经典篇章,掌握贯穿其中的马克思主义立场、观点、方法,将其内化于心,真正做到对马克思主义虔诚而执着、至信而深厚,真正让理想信念成为自己心中的灯塔,凝聚精气神的灵魂。"②这虽然是对领导干部提出的要求,但也同样适用于全体党员。

"建立在对历史规律的正确认识上",就是要深入学习党史、新中国史、改革开放史、社会主义发展史,把历史作为理想信念最好的营养剂,正确认识"马克思主义为什么行""中国共产党为什么能""中国特色社会主义为什

---

① 习近平:《在同各界优秀青年代表座谈时的讲话》,《人民日报》,2013 年 5 月 5 日。
② 《习近平出席十九届中央纪委二次全会并发表重要讲话》,中国新闻网,www.chinanews.com/tp/hd2011/2018/01-11/793498.shtml。

么好",看清浩浩荡荡的历史大势,知道"历史是怎样走过来,又将怎样走下去",做到既不犯历史激进主义的急躁病,也不犯历史虚无主义的幼稚病。

"建立在对基本国情的准确把握上",就是要运用学习好马克思主义的立场、观点、方法,加强调查研究,正确认识我国发展新的历史方位、我国社会主要矛盾的变化及其对党和国家工作提出的新要求,正确处理"变"与"不变"的关系,即我国社会主要矛盾的变化,没有改变我们对我国社会主义所处历史阶段的判断,我国仍处于并将长期处于社会主义初级阶段的基本国情没有变,我国是世界上最大发展中国家的国际地位没有变,从而准确把握我国发展的重要战略机遇期和自身所处的历史方位,适应和引领中国经济新常态。

其次,坚持精神家园建设的实践性。精神家园虽然是理论层面讨论的问题,但具有很强的实践性,是理论与实践的统一。无论对于精神家园的认识,还是对于精神家园的坚守,都不是从理论到理论的"单曲循环",而应当是理论与实践的互动升华。

要把精神落实到具体实践中去。强调党员干部要坚定马克思主义、共产主义信仰,不是说要天天喊共产主义口号,去干"跑步进入共产主义"的那种事。我们要脚踏实地地为实现党在现阶段的基本纲领而不懈努力,扎扎实实做好每一项工作。把精神和每一项实际工作结合在一起,既能避免精神变成空洞的口号,又能发挥出精神的凝聚引领功能,还能进一步形成对精神家园的内在认同。

要在推进发展中增进坚守精神家园的动力。之所以信仰马克思主义和共产主义,是因为其代表了人类社会发展的未来,能够实现人的自由且全面的发展。而要想从根本上坚定党员干部对中国特色社会主义的理想信念,则必须建立在推进中国特色社会主义的发展上。改革开放以来,我国经济社会取得了迅速发展,人民生活水平显著提高,但同时也面临着一些发展问题,比如发展不平衡不充分的一些突出问题尚未解决,发展质量和效益还不高,创新能力不够强,实体经济水平有待提高,生态环境保护任重道远;民生领域还有不少短板,城乡区域发展差距和收入分配差距依然较大,群众在就业、教育、医疗、居住、养老等方面面临不少难题;社会文明水平尚需提高,社会矛盾和问题交织叠加,全面依法治国任务依然繁重,国家治理体系和治理能力有待加强;意识形态领域斗争依然复杂,国家安全面临新情况;一些改革部署和重大政策措施需要进一步落实;党的建设方面还存在不少薄弱环节。这些问题,必须着力加以解决。如果不能解决好这些问题,就会让一些党员干部对马克思主义、共产主义、社会主义产生怀疑。因此,只有逐步解决这些问题,广大党员干部才能从根本上坚定理想信念。

要实现精神家园建设的持续开展。理想信念是共产党人的精神之"钙",这一表述还有潜在的一层意思。在人的身体中,钙的流失是不可避免的,如果不坚持增加营养补充钙质,那就会导致缺钙,甚至会患上软骨病。中国共产党人精神家园随着时间的推移、环境的变化,可能会淡化甚至失守。因而精神家园建设不能是一阵子,不能搞"运动式",而必须在"常""长"二字上下功夫。要让精神家园建设成为党员干部的生活习惯,如同吃饭、睡觉一样,成为每天必须完成的功课。只有这样,精神之"钙"才能源源不断,才能永葆活力。

三、整合传播

有效传播中国共产党的精神传统,不断扩大其影响力,打造我们党的精神品牌,使之成为中国共产党乃至中国软实力的核心组成部分,是一种积极守护我们党精神家园的方式,也是一种更加适合时代需要、极具有效性的方式。整合传播是指为实现既定的传播目标,整合各方面的资源和力量,综合运用广告、直效行销、促销活动、公关等各种传播工具,以任务分工方式,更有效实现目标的传播方式。[①] 整合传播的核心是品牌传播,是互联网时代进行公关推广活动的重要方式。这里借用"整合传播"这个词汇,并不是要简单地搬用公共关系的商业化手段,来宣传推广我们党的精神传统,而只是强调在互联网时代,传播我们党的精神传统的策略和方式需要更贴近信息化、网络化的时代特征,进一步增强传播效果。

(一)党史传播

继承和弘扬党的精神,一个十分重要的方式就是对党史、国史的研究与学习。毛泽东曾称中共一大会址是中国共产党的"产床",习近平强调这里也是我们中国共产党人的精神家园,叮嘱一定要把会址保护好、利用好。中央把干部学院设在井冈山、延安和上海,一个重要的原因就是要充分利用这些丰富的历史资源来教育干部,发挥其作用,让历史告诉现在、让历史启迪未来,使现代承接传统、使现代继往开来。因此,要积极参与党史宣传工程,发掘党的历史资源,加强党的精神研究,为建设和守护好中国共产党人的精神家园作出应有的贡献。

习近平强调,坚持实事求是研究和宣传党的历史,要牢牢把握党的历史发展的主题和主线、主流和本质,旗帜鲜明地揭示和宣传中国共产党在中国的领导地位和核心作用形成的历史必然性,揭示和宣传中国人民走上社会主义道路的历史必然性,揭示和宣传通过改革开放和社会主义现代化建设实现中华民族伟大复兴的历史必然性,揭示和宣传党在革命、建设、改革各

---

① 罗东凯主编:《中国共产党人的精神家园》,广东人民出版社,2012 年,第 200 页。

个历史时期领导人民所取得的伟大胜利和辉煌成就,揭示和宣传党在长期奋斗中积累的宝贵经验、形成的光荣传统和优良作风,坚决反对任何歪曲和丑化党的历史的错误倾向。① 中国共产党的历史是一部丰富生动的教科书。用党的历史教育党员、教育干部、教育群众尤其是教育青少年,是党史工作服务党和国家大局的重要内容。要以各级党员领导干部为重点,把党史教育纳入干部教育培训的必修课,把全面了解和正确认识党的历史作为一项基本要求,教育引导党员领导干部特别是年轻干部认真学习党的历史,努力提高思想政治素质和领导水平。要着力抓好青少年这个群体,开展形式多样的党的历史知识、光荣传统和优良作风、英雄模范事迹的教育,积极推动党史教育进学校、进课堂、进学生头脑,从小培养青少年热爱党、热爱社会主义的感情。2013 年 6 月 26 日,习近平在主持政治局第七次集体学习时再次强调:"历史是最好的教科书。学习党史、国史,是坚持和发展中国特色社会主义、把党和国家各项事业继续推向前进的必修课。这门功课不仅必修,而且必须修好。要继续加强对党史、国史的学习,在对历史的深入思考中做好现实工作、更好走向未来,不断交出坚持和发展中国特色社会主义的合格答卷。"学习党史的主要目的是通过"回顾我们党走过的光辉历程,特别是通过重温我们党领导人民在我国建设社会主义的历史进程,提高我们对坚持和发展中国特色社会主义的认识,增强做好改革、发展、稳定各项工作的自觉性"。②

不忘历史、不忘初心。"现在我们正在进行实现中华民族伟大复兴的新长征,广大党员干部必须牢记党的理想信念和根本宗旨,必须弘扬伟大的长征精神,必须发扬革命战争年代那种敢战斗、不怕困难的奋斗精神,勇于战

---

① 习近平:《党史工作应进一步提供历史经验 更好地为现实服务》,人民网,http://dang-shi.people.com.cn/GB/151935/196989/196997/12215433.html。

② 习近平:《党史国史这门课必须修好》,《人民日报》(海外版),2013 年 6 月 27 日。

胜各种艰难险阻、风险挑战,奋力夺取新时代中国特色社会主义新胜利。"①
当然,通过党史宣传党的精神,也要遵循科学的方法:一要重视宣传架构的
立体性。省、市、区(县)各级应协调配合,党委、宣传部、组织部应共同推动,
党校、党史研究室、纪念馆应分工合作,传统媒体与新媒体应全面铺展。二
要突出宣传形式的多样性。通过红色讲坛、道德讲堂和宣讲团等形式宣传
党的精神传统,着力打造"红色品牌",自觉融入社会主义核心价值观建设。
三要注重宣传的整体性。党史与党建、历史与现实、精神的继承与现实发展
需要实现无缝衔接;宣传既要高大上,也要接地气,并有扎实的基础研究作
支撑。

(二)红色旅游传播

红色旅游是以中国共产党领导人民在革命和建设时期建树丰功伟绩所
形成的纪念地、标志物为载体,以其所承载的革命历史、英雄事迹和革命精
神为内涵,组织接待旅游者参观游览、缅怀学习、振奋精神、砥砺志气,坚定
信念的主题性旅游活动。红色旅游之所以受到政府重视和游客欢迎,关键
是其经济价值,核心是其精神价值。② 习近平指出:"革命传统资源是我们党
的宝贵精神财富,每一个红色旅游景点都是一个常学常新的生动课堂,蕴含
着丰富的政治智慧和道德滋养。要把这些革命传统资源作为开展爱国主义
和党性教育的生动教材,引导广大党员干部学习党的历史和人民选择中国
共产党的历史必然性,进一步增强走中国特色社会主义道路、为党和人民事

---

① 习近平:《在"不忘初心、牢记使命"主题教育工作会议上的讲话》,《求是》,2019 年第 13 期。
② 刘桂兰:《试析红色旅游的精神价值》,《中州大学学报》,2007 年第 2 期。

业不懈奋斗的自觉性和坚定性,永葆共产党人的政治本色。"①

红色旅游是党的事业、国家战略。以习近平同志为核心的党中央高度重视发展红色旅游,习近平更是身体力行地多次深入革命老区、红色旅游景区参观革命纪念设施、瞻仰革命遗址。从立党兴党强党的历史纵深,从不忘初心、更好实现党的执政使命的战略高度,精辟阐述了新形势下发展红色旅游的重大意义、根本原则、主要任务和基本要求,深刻回答了事关红色旅游持续健康发展的一系列重大问题,为红色旅游工作指明了新的前进方向、提出了新的更高要求,也为传播党的精神提供了清晰路径。

发展红色旅游是加强爱国主义和革命传统教育、培育和践行社会主义核心价值观、促进社会主义精神文明建设的重大举措。红色旅游具有与生俱来弘扬革命精神的功能和特性。在新的征程上,红色旅游要担负起传承党的精神谱系的光荣使命,教育和引导广大党员干部和人民群众增强责任感和使命感,强化认知认同,做传承党的精神谱系的践行者,努力把"红色"这篇文章做深做透,把"文化"这个灵魂挖深树牢,把"教育"这个核心把准落细,把"旅游"这个市场做实做强,使之有机结合、相得益彰。

要把传承党的精神谱系同宣示中国共产党的坚定信念有机结合起来,更好地讲述中国共产党的故事。习近平指出:"我们有本事做好中国的事情,还没有本事讲好中国的故事? 我们应该有这个信心!"②当年埃德加·斯诺写《红星照耀中国》,向西方第一次讲述中国共产党、中国红军的故事,产生了很大影响。中国共产党人怀着对真理的执着追求、对党的无限忠诚,留下无数十分精彩、十分感人的革命故事。新时代发展红色旅游,就是要用习近平新时代中国特色社会主义思想武装头脑、指导实践;就是要坚持国家

213

---

① 《习近平赴湖南调研 访韶山向毛泽东铜像敬献花篮》,中国新闻网,https://www.chi-nanews.com/gn/2011/03-23/2926435.shtml。
② 《讲好中国故事》,《解放军报》,2018 年 12 月 21 日。

站位、树立全球视野;就是要传承党的精神谱系,注重发挥红色旅游教育人民、引导社会的重要功能,肩负起增强思想引领力的责任;就是要把中国共产党的故事讲好,讲共产党人对党的忠诚,讲中国共产党坚不可摧的理想信念,向世人展示一个真实的、立体的、活生生的马克思主义政党形象,构筑中国精神、中国价值、中国力量。

近年来,红船精神的推出成为重大精神推出的典型范例。嘉兴以红色文化为框架,建立红船精神宣传的载体。在着力打造"七一"红船节系列活动品牌的基础上,做大红色旅游品牌,把嘉兴打造成为独具特色的爱国主义教育基地和休闲旅游胜地,先后举办三届中国红色旅游交易会和中国红色旅游高峰论坛、中国红色旅游推介会以及中国红色之旅万里行等系列活动,嘉兴被列入《2004—2010年全国红色旅游发展规划纲要》中12个重点红色旅游景区之一,①加大了宣传力度,提高了宣传成效,红船精神得到了进一步传承和弘扬。

(三)网络传播

政党利用互联网传播政治理念,推销政治领导人,进行政治筹款,实现政治人物与民众的互动,获取社会支持,已成为当今一大政治景观,也是政治整合传播的主要方式。根据中国互联网络信息中心(CNNIC)的统计,截至2023年6月,我国网民规模达10.79亿,互联网普及率达76.4%。其中,手机网民规模达10.76亿,我国网民使用手机上网的比例达99.8%,远高于

---

① 张秀莉、黄化:《红船精神的源起与宣传》,冯小敏主编:《守护中国共产党人精神家园——学习习近平总书记瞻仰中共一大会址、南湖红船重要讲话优秀论文选编》,上海人民出版社,2018年,第295页。

使用电视上网和电脑上网的比例。① 随着我国"村村通"和"电信普遍服务试点"两大工程的深入实施,广大农民群众逐步跟上互联网时代的步伐,同步享受信息社会的便利。我们不可否认,由于长期处于相对封闭的状态,互联网信息的开放性对我们党产生了一定程度的影响和冲击,但互联网是客观存在,必须积极面对和顺应,否则受害的还是我们自己。

总的来说,互联网利大于弊,能够与现实形成互动和互补。正如英国学者安德鲁·查德威克(Andrew Chadwick)所言,互联网能够"克服时间、空间和其他物理条件的限制,使用信息和通讯技术或网络交往,而努力实践民主,对传统的政治实践来说……不是替代,而是丰富"②。

近年来,中国共产党高度重视互联网在党的建设中的作用,通过互联网进行的政治传播也如火如荼地开展,且取得了一定成绩,积累了不少经验,互联网已经成为传播我们党精神、价值的重要途径。一大批"红色网站"兴起,与党委、政府网站一道,成为网络宣传主阵地。网络宣传质量不断提升,点击率越来越高,社会影响日益增大,传播效果不断提升。网络信息管理机制越来越完善,管理水平日渐提高,网络社会的理性程度不断增强,为中国共产党人的精神在互联网传播营造了良好环境。

我们也应清醒地看到,中国共产党人精神的网络传播仍然存在一些问题和不足,需要改进和提高。一些地方仍然存在对互联网传播认识不深、反应过度、防范过多、利用不够、容纳不力、实效不足的问题,出事怪网络、围堵网络的情况,制约了互联网作用的发挥。中国共产党人要以理性开放的态度来看待互联网,养成顺应趋势、有效利用的思维,大胆探索,敢用善用。一

---

① 《第52次中国互联网络发展状况统计报告》,中国网信网,https://www.cnnic.net.cn /n4 /2023 /0828 /c88-10829.html。

② [英]安德鲁·查德威克:《互联网政治学:国家、公民与新传播技术》,任孟山译,华夏出版社,2010年,第111页。

些地方的"红色网站"还没有掌握互联网的传播技巧和话语特点,仍然采用网民不太喜欢的语言风格,没有脱离传统的"宣传味",没有足够的互动,仍然较为封闭;一些地方的"红色网站"回避存在的社会问题,喜欢自说自话,引致网民反感和讥讽,产生了网络宣传的反效果。这不是共产党人应有的作风。习近平指出:"面对信息化不断发展,不懂网络规律、走不好网上群众路线、管不好网络阵地,被网络舆论牵着鼻子走"①,这是干部队伍能力不足、"本领恐慌"的表现。

互联网的迅猛发展,深刻改变着舆论生成方式和传播方式,改变着媒体格局和舆论生态。当前,互联网已经成为舆论斗争的主战场。习近平指出:"要依法加强网络社会管理,加强网络新技术新应用的管理,确保互联网可管可控,使我们的网络空间清朗起来。"②正能量是总要求,管得住是硬道理。要坚持积极利用、科学发展、依法管理、确保安全的方针,完善互联网管理领导体制,加强网上思想文化阵地建设,净化网络环境,使我们的网络空间清朗起来。我国网民有10亿多人,很多人大部分信息都从网上获取,必须正视这个事实,把网上舆论工作作为重中之重来抓。要坚持巩固壮大主流思想舆论,实施网络内容建设工程,发展积极向上的网络文化,改进创新网上宣传,形成网上正面舆论强势。要大力推进传统媒体和新兴媒体融合发展,尽快从相"加"阶段迈向相"融"阶段,从"你是你、我是我"变成"你中有我、我中有你",进而变成"你就是我、我就是你",着力打造一批新型主流媒体和传播载体,以内容优势赢得发展优势,不断增强传播力、引导力、影响力、公信力。要深入开展网上舆论斗争,严密防范和抵制网上攻击渗透行为,分析网上斗争的特点和规律,运用正确战略战术,组织力量对错误思想观点进行批

---

① 习近平:《努力造就一支忠诚干净担当的高素质干部队伍》,《求是》,2019 年第 2 期。
② 中共中央文献研究室编:《习近平关于全面深化改革论述摘编》,中央文献出版社,2014 年,第 84 页。

驳,牢牢掌握网络舆论战场上的主动权。网上负面言论少一些,对传播我们党的精神只有好处没有坏处。

(四)仪式传播

对中国共产党精神传统整合传播的另一个重要途径是仪式。仪式是人类在某一特定时刻进行的具有象征意义的活动程序,具有庄严性、神圣感和精神性。仪式与精神密不可分,利用仪式传播精神和理念,是人类的一大特色,比如宗教仪式、政党纪念活动等;反过来,将精神传播仪式化,赋予其神圣性,也是人类的一大发明。仪式与信息化的传播方式结合,可以更有效地传播精神和理念。利用仪式化的纪念活动总结、提炼和传播自己的精神理念,凝聚人心,振奋精神,是我们党的一大特点。"建党纪念,往往要总结党的自身建设经验和执政经验;国庆纪念,往往要总结新中国经济社会发展经验;建军纪念,往往要总结人民军队发展与人民军队建设经验;重大历史事件纪念,往往要从历史事件出发提炼一些带经验性、规律性的东西。"①这些提炼出来的经验,基本上都是我们党的精神的具体体现。利用纪念活动等仪式对中国共产党的精神进行传播,是中国共产党的重要经验,必须坚持和发扬。

习近平强调:"要建立和规范一些礼仪制度,组织开展形式多样的纪念庆典活动,传播主流价值,增强人们的认同感和归属感。"②党的十八大以来,党中央突出重视全国性的仪式感教育,党的建设主题、党代会的主题和现实教育实践主题三位一体、联动发力,通过建立国家公祭日、烈士纪念日,组织

217

---

① 陈金龙:《改革开放与民族精神》,广东教育出版社,2008年,第54页。
② 《习近平在中共中央政治局第十三次集体学习时强调 把培育和弘扬社会主义核心价值观作为凝魂聚气强基固本的基础工程》,《人民日报》,2014年2月26日。

宪法宣誓庄严仪式等,营造了浓厚的党内初心教育、民族精神教育的氛围,激励中国共产党人不断前进。2017年10月31日,习近平带领十九届中共中央政治局常委,首次集体瞻仰上海中共一大会址、浙江嘉兴南湖红船,回望建党历史,重温入党誓词,阐述初心情怀。仪式简洁流畅、简朴隆重,郑重宣示新一届党中央领导集体的坚定信念,激荡起中国共产党人的初心力量和豪情壮志。

在庄严仪式感中激发磅礴初心力量。[①] 在百年艰苦奋斗、苦难的辉煌历程中,中国共产党不断运用仪式感教育提升党员教育水平、增强党性锻炼、提高党的凝聚力、战斗力和感召力,已经形成党内教育的闪亮品牌和光荣传统。一是在书写创造历史中抒发初心力量。我们党自诞生以来,高度重视重大时间节点的纪念活动。党的十九大,为全党上了超大规模的一次"公开课"。会风彰显党风,党风引领民风、社风,营造着浓郁深厚的庄重仪式感。党的十九大闭幕仅一周,习近平带领新一届中共中央政治局常委集体瞻仰红色印迹等一系列活动。中国共产党正是通过一次又一次的庄严仪式,在新的历史起点上发出了充满自信与豪情的动员令和宣言书。二是在瞻仰缅怀历史中唤起初心力量。2014年12月13日,习近平出席南京大屠杀死难者国家公祭仪式并发表重要讲话。同年9月3日和9月30日,还分别举行了抗战胜利纪念日和首个烈士纪念日纪念活动。党中央领导集体每年瞻仰人民英雄纪念碑,缅怀先烈先贤,以仪式教育的方式,激发起中国共产党人的历史意识和文化自觉。以习近平同志为核心的党中央正是通过这种简朴而隆重、直接而深刻的教育仪式,警醒全党同志铭记建党历史,时刻毋忘学习革命先辈的崇高精神。三是在回望追忆历史中找回初心力量。党历来坚持以史育人,全面梳理、正确认识党的光辉历程、优良传统和宝贵经验,大力弘

---

① 朱亮高:《领悟庄严仪式 践行崇高使命》,《光明日报》,2018年1月17日。

扬中华优秀传统文化、革命文化和社会主义先进文化,将红色基因熔铸在全面从严治党过程之中,让党性教育融入日常学习工作之中。长征是宣言书、宣传队、播种机,在党的历史上具有特别神圣的意义。习近平在纪念红军长征胜利80周年大会上强调:"每一代人有每一代人的长征路,每一代人都要走好自己的长征路。""不论我们的事业发展到哪一步,不论我们取得了多大成就,我们都要大力弘扬伟大长征精神,在新的长征路上继续奋勇前进"。[①]

领悟庄严仪式、激发崇高使命,作为全党开展思想政治工作的宝贵经验,在党的各项建设中具有不可替代的重要作用,必须持之以恒、常抓不懈、常做常新。在新形势下,各级党组织要在各类组织生活、主题教育中提高仪式感教育的重视程度,使其在党的精神传承中发挥新的更大的作用,通过举办纪念庆典活动,不断增强对党的精神家园的认同感和归属感。

四、躬行实践

宋代诗人陆游诗云:"纸上得来终觉浅,绝知此事要躬行。"守护中国共产党的精神传统,最终的落脚点和检验标准在于践行,内化于心,外化于行。躬行实践是中华民族的优良传统,也是中国共产党历来倡导的优良品质。躬行实践,就是将党的精神传统落实到行动上,以实际成效来验证中国共产党的精神传统的品质,为党的事业作出应有的贡献,打消社会上对中国共产党的一些顾虑和非议。近年来,部分党员干部在践行党的精神传统上出现了问题,有的还非常严重,甚至走向了贪污腐败的深渊,被绳之以法,严重影响了党的形象,也断送了个人前途和政治生命。这些问题的出现,也进一步

① 习近平:《在纪念红军长征胜利80周年大会上的讲话》,《人民日报》,2016年10月22日。

说明自觉践行我们党的精神传统的重要性。

（一）防微杜渐，筑牢思想防线

中国古代向来有君子克己修身、慎独慎微的政治传统，封建士大夫特别注重用"礼"的标准严格约束自身的思想和行为。这种慎独慎微、严于律己的思想直到今天依然有着非常重要的价值。封建士大夫尚能如此，今天的共产党人也应该躬身践行。2013 年 6 月 20 日，习近平在与团中央新一届领导班子成员集体谈话时指出："团的干部必须锤炼优良作风，既要有干事创业的激情，更要有脚踏实地的作为。要深刻领会中央八项规定的精神实质，养成慎始、慎独、慎微的意识，走好人生每一步。"①2014 年 3 月 18 日，习近平在兰考县委常委扩大会议上的讲话中又特意指出：干部不论大小，都要努力做到慎独慎初慎微，"不以恶小而为之"。可以说，慎独慎微对于今天的共产党员特别是党员领导干部修身律己发挥着重要作用。

守护党的精神家园首先要善于做"微分"。"明者见危于无形，智者见祸于未萌。"唐代名臣魏征在给唐太宗的《谏太宗十思疏》一文中指出："凡百元首，承天景命，莫不殷忧而道著，功成而德衰。有善始者实繁，能克终者盖寡。岂取之易而守之难乎？"魏征提出了一个几千年中国封建统治者最大的难题：为什么封建统治者做不到善始善终。除了制度因素外，最简单的原因是统治者执政久矣，容易温水煮青蛙，躺在功劳簿上睡大觉，缺乏忧患意识、问题意识，对小危、小祸不予重视，或者修身、修心不能有恒，结果小问题酿成大问题，大问题变得不可收拾。毛泽东在 1913 年的《讲堂录》手稿中指

---

① 《习近平同团中央新一届领导班子成员集体谈话》，人民网，http://politics.people.com.cn/n/2013/0620/c1024-21916944.html。

出:"人立身有一难事,即精细是也。能事事俱不忽略,则由小及大,虽为圣贤不难。不然,小不谨,大事败矣。"①其实,一名领导干部的蜕化变质往往都是从生活作风不检点、生活情趣不健康开始的,往往都是从吃喝玩乐这些看似小事的地方起步的。如果领导干部生活作风上不检点、不正派,在道德情操上打开了缺口,出现了滑坡,那就很难做到清正廉洁,很难对社会风气起到正面引导和促进作用。

习近平高度重视"为官者"的"善始善终"问题。早在福建工作时,他就指出:"持身必须以清廉为准则,凡利禄名誉'苟非吾之所有,虽一毫而莫取'。当官做领导,手中握有一定的权力,因此在钱财、名利问题上犯错误的可能性总会比一般人大。如果平时不刻意'慎独',不注意防范'找上门来'的错误,老是怀着侥幸心理去为不可为之事,非栽跟头不可。"②在浙江工作时,他强调领导干部既要"干事",更要"干净"。"领导干部手中握着权力,权力用得好可以用来干大事,为人民谋利;用得不好就会被污水沾染,有时不知不觉就会陷入了'温水效应'之中。这样的教训是十分深刻的。领导干部一定要时刻清醒头脑,时刻注重自重、自省、自警、自励,时刻注意自身的形象,干干净净地做人、踏踏实实地做事,真正做到为民、务实、清廉。"③

守护党的精神家园也要善于做"积分"。"天下大事必成于细"。毛泽东早年在其《讲堂录》中指出:"万里之程,一步所积;千尺之帛,一丝所积。"④邓小平曾经指出:"我们的事业总是要求精雕细刻,没有一样事情不是一点一滴的成绩积累起来的。"⑤如果看不上尺寸之功,到头来只会群众不满意,党员形象受损害。只有做好每一项具体工作,积小成为大成,积小胜为大

① 毛泽东撰:《讲堂录》,北京出版社,2017年,第47页。
② 习近平:《摆脱贫困》,福建人民出版社,2014年,第39页。
③ 习近平:《之江新语》,浙江人民出版社,2007年,第256页。
④ 毛泽东撰:《讲堂录》,北京出版社,2017年,第48页。
⑤ 《邓小平文选》(第一卷),人民出版社,1994年,第287页。

胜,才能成就宏伟大业。其实,每个人的生活都是由一件件小事组成的,养
小德才能成大德,积小才方可成大才,聚小业后能谋大业。日积月累,人身
上的好思想、好品德、好业绩就会越来越多。党员干部善做"积分",就必须
形成"积少成多"的思维定力,在工作中多做有益于党、有益于人民的事情,
自觉维护党的形象。

曾担任福建省委书记的项南提出过一个观点:工作要从一点一滴做起,
经验要一点一滴积累。凡事反求诸己,立足自力更生,就能丢掉包袱,轻装
前进。如能持之以恒,滴水就能穿石。贫困地区要收到经济、社会、生态三
个方面的效益,没有愚公移山的精神,不从治山治水这个"笨"工作上下功
夫,是改变不了贫困落后的面貌的。习近平指出:"领导干部加强修养、提升
境界,不是一蹴而就的,也不是一劳永逸的,需要坚持不懈地持续努力"①,讲
的就是"积分"的道理。他指出:"小事当慎,小节当拘,确是对领导干部的金
玉良言。每个领导干部都应慎独慎微,从小事小节上加强自身修养,从一点
一滴中自觉完善自己,懂得是非明于学习、境界升于自省、名节源于修养、腐
败止于正气的道理,始终保持共产党员的本色。"②

(二)知行合一,树立精神表率

对党的精神传统躬行实践,还要在行为上全面落实和体现党的精神要
求,兢兢业业地做好本职工作,努力在平凡的工作岗位上做出不平凡的业
绩,发挥好模范作用。毛泽东深刻指出:"对于马克思主义的理论,要能够精

① 习近平:《领导干部要认认真真学习 老老实实做人 干干净净做事》,《学习时报》,2008 年
5 月 26 日。
② 习近平:《之江新语》,浙江人民出版社,2007 年,第 38 页。

通它、应用它,精通的目的全在于应用。"①习近平也着力指出:"学习的目的全在于应用。领导干部加强学习,根本目的是增强工作本领、提高解决实际问题的水平。"②这些讲的都是学习与应用、与运用的关系。我们必须一以贯之地将学习与运用有机统一起来,自觉坚持在运用中学习、在学习中运用;必须将学习与提升党员干部的精神状态结合起来,与改造主观世界结合起来,与积极的修身养性结合起来。只有这样,才能通过学习不断提升全党的精神品位,塑造党的清新脱俗的形象。

党员干部通过加强深化学习党的精神传统,通常会对自我有一个新的认识和评价,进而发现自己主观世界和党性修养中存在的问题,产生改造主观世界和加强党性修养的强烈要求。对此,江泽民曾深刻指出:"领导干部加强学习,不仅可以开阔眼界、增长学识、增强为党和人民工作的本领,而且有利于陶冶情操、提高道德修养。思想境界提高了,道德修养加强了,对个人的名誉、地位、利益等问题就会想得透、看得淡,摆在合适的位置上,就能自觉地把精力最大限度地用来为国家富强和人民幸福勤奋工作,而不去斤斤计较个人得失,更不会去利用手中的权力与民争利、牟取私利。"③通过学习强化道德修养、党性修养,前提是党员干部对所学的东西特别是党的基本理论、基本原理、基本经验、基本路线、基本纲领能够真正做到笃信不疑、真学真信。如果某一位党员干部对党的创新理论、党的路线方针政策不能深入学习,学习之后也不相信,那他就不能自觉站在党的立场、观点、方法上去考虑分析问题和进行有效的自我认知、自我评判,也就不能自觉发现自己在主观世界中存在的问题和党性修养上的差距,很容易自我欺骗地沉浸在"自我感觉良好"的神话里而不能自拔。

---

① 《毛泽东选集》(第三卷),人民出版社,1991 年,第 815 页。
② 《习近平谈治国理政》(第一卷),外文出版社,2018 年,第 406 页。
③ 《江泽民文选》(第三卷),人民出版社,2006 年,第 422 页。

社会主义核心价值观是中国特色社会主义的价值目标,是引领当代中国发展进步的精神旗帜。党员干部是推动社会主义核心价值体系建设的核心主体,在培育和践行社会主义核心价值观中导向鲜明、影响特殊、作用突出。在中共中央办公厅印发的《关于培育和践行社会主义核心价值观的意见》中,特别强调"党员干部要做培育和践行社会主义核心价值观的模范"。当前,建设和守护党的精神家园,必须把模范践行社会主义核心价值观作为重要切入点和直接衡量标准。

党员干部模范践行社会主义核心价值观,将核心价值观理念渗透到每一项工作环节之中,将社会主义核心价值观内化为党员干部的内在价值体系,不仅有助于坚守共产党人的精神家园,不断强化党性,提升道德建设水准,彰显党员干部的道德人格力量,而且有助于党员干部在社会主义核心价值观建设中发挥主导作用,以优良党风促政风、带民风。

一是切实做到为民、务实、清廉。模范践行社会主义核心价值观,对党员领导干部来说,最根本的就是做到为民、务实、清廉。为民,就是坚守为人民服务的宗旨,任何时候都坚持把人民利益放在第一位,始终与人民心连心、同呼吸、共命运,为人民办实事、做好事、解难事。务实,就是求真务实,既坚守求真务实,又善于求真务实,把求真务实贯彻到工作中去。清廉,就是清正廉洁,慎权、慎微、慎友,就是慎而又慎地对待和行使党和人民赋予的权力,做到头脑清醒察于"微",治患疾于"未",断诱惑于"始"。切实做到为民务实清廉,党员干部才能以人格力量感召群众,以实际行动引领风尚,产生影响和带动全社会的功效。倘若党员干部忘记为人民服务的宗旨,忘记党的执政理念,搞形式主义,做华而不实的表面文章,搞权钱交易、贪污腐败、贪赃枉法,就完全背离了党员干部的基本道德要求,也就更毋论引领社会风尚了。

二是自觉践行无私奉献精神。始终保持无私奉献的革命热情,始终保持党员的先进性和纯洁性,是党员干部永远的政治本色和政治灵魂。从国家层面倡导"富强、民主、文明、和谐",主要是结合社会主义初级阶段这个中国最大的实际,凝聚全国各族人民的力量和智慧,汇聚各方面的积极因素和资源,实现中华民族伟大复兴的中国梦。党员干部必须讲奉献精神,只有甘于奉献,才能矢志爱国,才能精忠报国;只有甘愿奉献,才能真正做到权为民所用、利为民所谋、情为民所系。

三是坚守公平公正的执政理念。公平公正,是党员干部在利益分配、资源分配和各种财物分配应坚守的职业操守和社会公德,更是全面推进依法治国的基本要求。因而,公平公正永远是人民群众追寻的最基本的价值尺度。从社会层面倡导"自由、平等、公正、法治",主要是要求党员干部要自觉坚持以人民为中心的发展思想,坚守个人品德、职业道德、社会公德,在一切工作中坚持尊重人的主体地位,尊重知识、尊重劳动、尊重人才、尊重创造,真正在规划、决策、落实等各个方面体现公平正义,体现社会主义法治精神。

四是模范践行诚实守信的准则。诚实守信在现代社会具有特殊的意义,对于经济发展、社会和谐都具有重要影响。党员干部践行社会主义核心价值观,尤其是要模范践行诚实守信这一"黄金准则"。党员干部既是普通群众又是特殊群体,既是自己思想和灵魂的坚守者,也是诚实守信的传播者。在诚实守信方面,分为生活和工作两个层面。从生活层面,党员干部要积极倡导诚实守信,把诚信作为人性本色,待人诚实友善,做事诚心诚意。在工作层面上,党员干部要追求政务诚信,体现出诚信政府、责任政府的价值取向。在决策上,要考虑群众的信赖和利益。在民生服务上,要承诺践诺;在处理群众上访和突出矛盾时,要实事求是、公平公正。特别是在日常工作中,不搞形式主义,不做面子工程,不沽名钓誉,不投机取巧,不愚弄群众,做一个言必行、行必果、果必利于群众的好党员好干部。①

(三)直面问题,勇于自我革命

建设和守护好中国共产党人的精神家园,还必须直面现实问题,积极同违背党的精神传统的不良行为做斗争,自觉维护党的形象。习近平指出:"先进性和纯洁性是马克思主义政党的本质属性,我们加强党的建设,就是要同一切弱化先进性、损害纯洁性的问题作斗争,祛病疗伤,激浊扬清。全党要以自我革命的政治勇气,着力解决党自身存在的突出问题,不断增强党自我净化、自我完善、自我革新、自我提高能力,经受'四大考验'、克服'四种危险',确保党始终成为中国特色社会主义事业的坚强领导核心。"②

"勇于自我革命,是我们党最鲜明的品格,也是我们党最大的优势。中国共产党的伟大不在于不犯错误,而在于从不讳疾忌医,敢于直面问题,勇于自我革命,具有极强的自我修复能力。"③现在,我们党拥有9900多万名党员、500多万个基层党组织,是世界上第一大党。这么一个党,处在执政地位、掌控执政资源,很容易在执政业绩光环的照耀下,出现忽略自身不足、忽视自身问题的现象,陷入"革别人命容易,革自己命难"的境地。没有什么外力能够打倒我们,能够打倒我们的只有我们自己。前途命运都掌握在自己手上。要兴党强党,保证党永葆生机活力,就必须实事求是地认识和把握自己,以勇于自我革命的精神打造和锤炼自己。

马克思主义的世界观、人生观、价值观的形成绝不只是从概念到概念的逻辑演绎,还必须在艰苦的社会实践中进行反复甄别和比较。历史证明,仅

---

① 郭广银主编:《全面从严治党》,江苏人民出版社,2015年,第127~128页。
② 《十八大以来重要文献选编》(下),中央文献出版社,2018年,第355页。
③ 习近平:《论坚持全面深化改革》,中央文献出版社,2018年,第325页。

仅凭课堂上的灌输，单靠书本，是造就不了真正的马克思主义者的。在旧中国的历史大背景下，老一辈无产阶级革命家是带着对国家或个人出路的寻求，在反复的比较中接近和掌握马克思主义的。同样，新时代的党员干部也注定要在社会主义现实运动曲折发展的风浪中，通过认真和独立的思考去理解马克思主义。毛泽东讲过："人的正确思想只能从社会实践中来""一个正确的认识，往往需要经过由物质到精神，由精神到物质，即由实践到认识，由认识到实践这样多次的反复，才能够完成"。[①] 只有积极营造出是非明确、老实人不吃亏、投机钻营者不得利的良好氛围，才能造就培育和弘扬中国共产党人精神的最好土壤。如果我们的思想教育只是讲应该这样，不应该那样，而现实提供给人们的图景却常常相反，那又岂能不使人产生价值观念的错位和颠倒？毕竟人们的价值和是非评判更多的还是来源于现实的教导。所以，新时代党的精神教育，要敢于直面现实问题，要敢讲真话，同时更要举全社会之力一扫社会上的不正之风。当人们看到错误的东西在现实中到处碰壁，被绝大多数人所不齿，头脑中原有的那些错误认识自然就会逐渐发生改变。

坚持自我革命精神，关键要有正视问题的自觉和刀刃向内的勇气。"天下之患，莫大于不知其然而然。"自我革命本身就是冲着问题去的，讳疾忌医是自我革命的天敌。无论什么时候，问题总是客观存在的，怕就怕对问题熟视无睹、视而不见，结果小问题变成大问题，小管涌演变为大塌方。只有努力在革故鼎新、守正出新中实现自身跨越，才能不断给党和人民事业注入生机活力。习近平指出："敢于直面问题、勇于修正错误是我们党的显著特点和优势。要教育党员干部以刀刃向内的自我革命精神，广泛听取意见，认真检视反思，把问题找实、把根源挖深，明确努力方向和改进措施。检视问题

---

① 《毛泽东文集》(第八卷)，人民出版社，1999年，第321页。

要防止大而化之、隔靴搔痒，避重就轻、避实就虚；防止以上级指出的问题代替自身查找的问题、以班子问题代替个人问题、以他人问题代替自身问题、以工作业务问题代替思想政治问题、以旧问题代替新问题。针对查摆出来的问题，要对症下药，切实把问题解决好。"①党的十九大强调："我们党要始终成为时代先锋、民族脊梁，始终成为马克思主义执政党，自身必须始终过硬。"②怎样才算过硬，就是要敢于进行自我革命，敢于刀刃向内、敢于刮骨疗伤、敢于壮士断腕，防止祸起萧墙。这就是为什么我们党要不断进行自我革命的根本意义所在。

实践证明，中国共产党能够带领人民进行伟大的社会革命，也能够进行伟大的自我革命。同时，我们也要看到，这只是全面从严治党的一个良好开端，全面从严治党还远未到大功告成的时候，决不能陷入抓一抓、松一松，出了问题再抓一抓、又松一松的循环，必须持之以恒推动全面从严治党向纵深发展。居安思危、日慎一日，方能善始善终。全面从严治党必须坚定向前。我们要坚持问题导向，保持战略定力，排除错误思想干扰，以"越是艰险越向前"的英雄气概和"狭路相逢勇者胜"的斗争精神，坚定不移抓下去。

党要领导人民推进伟大社会革命、实现民族伟大复兴，就必须发扬自我革命精神，深入推进全面从严治党的决心不能动摇、要求不能降低、力度不能减弱。要认真贯彻落实党的十九大提出的新时代党的建设总要求和重大部署，在整体推进党的各项建设的同时，重点解决党内出现的新问题，着力解决好人民群众反映强烈的形式主义、官僚主义问题，一些干部不敢为、不愿为、不会为的问题，一些基层党的建设弱化、虚化、边缘化的问题等，确保我们党永葆马克思主义政党本色、永远走在时代前列、永远做中国人民和中

---

① 习近平：《在"不忘初心、牢记使命"主题教育工作会议上的讲话》，《求是》，2019 年第 13 期。
② 习近平：《决胜全面建成小康社会 夺取新时代中国特色社会主义伟大胜利——在中国共产党第十九次全国代表大会上的报告》，人民出版社，2017 年，第 16 页。

华民族的主心骨。

五、制度保障

坚持制度跟进,强化思想建设的硬性约束,是守护中国共产党人精神家园的重要途径和有力保证。坚持思想建党和制度治党紧密结合,同向发力,不断健全和完善党员教育管理制度,进一步疏通出口,通过有效的新陈代谢机制,将不再认同党的精神和价值的人员清除出去,保持党的肌体健康。

(一)健全党员教育管理制度

1.坚持制度跟进,强化思想建设的硬性约束

关于思想建党,习近平提出"坚持思想建党和制度治党紧密结合"的重要观点。他进一步要求:"思想教育要结合落实制度规定来进行,抓住主要矛盾,不搞空对空。要使加强制度治党的过程成为加强思想建党的过程,也要使加强思想建党的过程成为加强制度治党的过程。"①这对于新时代党的精神家园建设具有重要的指导意义。

2.制度建设防止思想教育"空对空"

思想建设和精神传承属于意识形态范畴,具有隐形的特点,看不见摸不着。在现实中,有些党员干部嘴上口号喊的很多,但实际行动却乏善可陈。有些党员干部台上强调坚定理想信念,表明清正廉洁的决心和要求,但是在

---

① 习近平:《在党的群众路线教育实践活动总结大会上的讲话》,《人民日报》,2014 年 10 月 9 日。

台下把理想信念忘得一干二净,追求奢靡生活,肆意贪污腐败。如果思想教育沦为"喊口号",那就是"空对空",不仅无法夯实思想根基,不能产生凝魂聚气的功效,而且容易产生负面影响,在人民群众中失去信任。同时,由于缺少抓手,不少地方党政领导班子不会抓、不愿抓思想教育,一定程度上导致思想建设的空泛。因而党的思想建设和精神传承,必须把看似"隐形"的要求"显化"出来,把看似"虚"的要求做"实"。实现这一转化,必须借助制度的力量,制定和实施思想建设的制度规定。制度建设带有根本性、全局性、稳定性和长期性,思想教育的制度安排,让党的精神家园建设得到应有重视,让精神传承变成"实打实"的要求。

3. 提高思想教育制度安排的科学性

制度建设最基本的要求是科学性,如果制度规定不具有科学性,那本身就是不完美甚至是"恶"的制度,不仅得不到党员干部的认同,而且无法贯彻实施。因而制度建设不在多,而在于精,在于务实管用。思想教育本身就容易空洞化,如果相应的制度建设不科学,仍然失之于空,那就难以产生制度的预期效果。由此,思想教育的制度建设,更应当注重科学性,把制度本身的科学性放在首位。提高思想教育制度的科学性,一是要增强制度制定过程中的民主性。制度建设要从实际出发,切不可凭空想象、闭门造车。要广泛听取党员干部的意见,让党员干部参与制定过程,从而提高制度的合理性、认同度。二是要搞好制度之间的配套衔接。思想教育的制度安排由很多具体的制度规定构成,涉及多个方面,要注意相互之间的协调一致,杜绝相互矛盾和抵触而造成无所适从,让制度发挥出促进思想教育的合力。

4. 确保思想建党的制度规定做到实处

制度的刚性是制度建设的基石,制度的执行力决定制度的生命力。思想教育的制度建设,如果流于形式得不到执行,根本无法起到应有的作用。我们不仅要在思想教育的制度设计过程中尽可能量化、具体化,使制度更具可操作性、可执行性,更重要的是建立制度执行的监督检查机制、制定严格的奖惩措施,确保制度在执行过程中得到全面贯彻和遵守,不发生走样和变形,使制度成为硬约束而非"橡皮筋"。把思想教育的制度规定落到实处,要特别强调两个关键点。一方面,领导干部要带头严格执行制度,严格按照规定办事,确保制度面前人人平等、执行制度没有例外,不留"暗门"、不开"天窗",从而形成以上率下、层层落实的良好局面。另一方面,要突出"一把手负责"的制度执行机制,把敢不敢、善不善严格执行制度作为一把手工作能力的重要考量指标,对于制度落实严重不到位的地区和部门,党组织一把手要承担相应的责任,从而形成严格执行落实制度的倒逼机制。①

5.坚持从严管理,构建精神建设新常态

管理监督好党员干部,是对党员干部负责,也是对党的事业负责。2014年底,习近平在江苏视察时,就从严管理干部提出"管理全面、标准严格、环节衔接、措施配套、责任分明"②的要求,强调切实改变重使用轻管理现象,为加强干部管理工作提供了基本遵循,也为党的精神家园建设指明了方向和路径。

6.坚持标准要严格,体现先进性

坚持党章规定的合格党员和好干部标准,始终保持党员干部队伍的先进性和示范性,让党员干部既有才更有德,既能干成事还要不出事,不能仅仅是不违纪违法就行了。一是严明政治纪律,重视对党忠诚度。遵守政治纪律和政治规矩,首先必须维护党中央权威。"对党忠诚要害在'绝对'两个字,就是唯一的、彻底的、无条件的、不掺任何杂质的、没有任何水分的忠诚。党员、干部要用这样的标准要求自觉,自觉在思想上政治上行动上同党中央

---

① 郭广银主编:《全面从严治党》,江苏人民出版社,2015年,第128~130页。
② 习近平:《主动把握和积极适应经济新常态 推动改革开放和现代化建设迈上新台阶》,《人民日报》,2014年12月15日。

保持高度一致,党叫干什么就坚决干,党不允许干什么就坚决不干。"①二是
严抓履职尽责,重视工作担当度。教育引导党员干部对事业高度负责、善做
善成,对工作真抓实干、依法办事,对危难险重任务勇挑重担、攻坚克难。坚
决整治不思进取、得过且过、慵懒散拖、推诿扯皮、离岗脱岗等不作为行为,
坚决整治拍脑袋决策、搞政绩工程、不依法行政等乱作为行为,坚决整治面
对歪风邪气不坚决斗争、重要考验面前摇摆退缩、遇到困难矛盾绕着走、面
对失误推卸责任等不担当行为。三是严格作风要求,重视群众公认度。巩
固和扩大党的群众路线教育实践活动成果,锲而不舍转作风改政风。坚持
心系群众、务实为民,坚决反对形式主义、官僚主义、享乐主义和奢靡之风。
坚持深入基层、深入实际,直接联系服务群众,坚决反对高高在上、衙门习
气。坚持品行端正、情趣健康,坚决反对有悖社会公德、家庭美德的行为。

7. 坚持环节要衔接,增强系统性

运用全局的观念、统筹的方法、联动的措施,推动管理手段协同实施、管
理节点前后贯通、管理成果综合运用,让党员干部管理无时不在、无处不在、
无所不在,避免出现管理真空和漏洞。一是把上级管理和自身管理结合起
来。上级管理重在强化监督,完善干部述职述廉办法,把遵守政治纪律、落
实作风建设规定等列为重要内容,试行测评结果在适当范围公开。自身管
理重在慎独慎微,严格执行党规党纪,教育引导党员干部对照"三严三实",
加强自我警醒、自我约束。二是把行为管理和思想管理统一起来。大力弘
扬党的优良传统和思想政治工作优势,抓住党员干部在是非观、义利观、权
力观、事业观上的现实表现,抓住党员干部在信念信仰、担当精神、法治意
识、道德水准等方面的行为特征,加强党员干部的行为管理、思想管理。推
行党员干部在纪念建党等政治活动中佩戴党徽、重温入党誓词和本人入党

232

---

① 《十八大以来重要文献选编》(中),中央文献出版社,2016 年,第 197 页。

志愿书等做法。健全党性定期分析制度,倡导党员干部通过书面汇报等形式,主动向党组织报告思想。规范党的组织生活,党员领导干部要带头参加双重组织生活、主题党日活动,带头上党课,不断增强党的意识、党员意识。

8.坚持责任要分明,保证管到位

从严管理党员干部,责任落实是关键。只有责任分明、职责清晰,才能把任务落到实处。如果不明确责任、不落实责任、不追究责任,一切要求都难以落地、难以见效。为此,一方面,明确管理责任,建立党委(党组)统一领导、班子成员分工负责、职能部门具体落实的管理责任体系。在党委(党组)的统一领导下,按照党员干部管理权限,进一步落实纪检监察部门担负的与党员干部作风建设、权力行使监督、违纪查处等有关的责任,组织部门担负的与干部选拔任用、教育培训、考核考察、管理监督等有关的责任,宣传部门担负的与干部理论武装、舆论引导等有关的责任。另一方面,严肃管理责任追究,健全责任倒查和问责追究机制。对履行党员干部管理职责不到位,导致党员干部违反有关规定、部门单位连续或多次出现党员干部违背党的传统、造成较大负面影响的,视情节严重对责任单位和责任人进行严格追责。

(二)完善党员新陈代谢机制

党员是党组织的细胞。党员质量是保持党的先进性、纯洁性的基础。列宁强调:"徒有其名的党员,就是白给,我们也不要","我们的任务是要维护我们党的坚定性、彻底性和纯洁性"。[1] 在党员管理上,要将严把入口与畅通出口相结合,通过有序的吐故纳新,将不认同党的精神和价值的人员及时清除出去,保持党的肌体健康。需要注意的是,党员队伍的吐故纳新、优胜

233

---

① 《列宁专题文集 论无产阶级政党》,人民出版社,2009年,第222页。

劣汰需要靠制度来选择,才能让清退不合格党员成为常态。

处置不合格党员不是件简单的事。虽然各地积极进行探索实践,然而大多数是因为当事人触犯了国家法律,开除党籍的进展才能相对顺利。当然不能靠适用普通公民的法律来衡量共产党员的优劣。部分党员虽然不触犯法律、不犯大错,但小错不断,严重损害了党在群众心目中的形象;有些人虽然组织上入党,但思想上没有入党,即使不犯错也没有作为、发挥不了模范带头作用,给其他追求上进的党员同志"拖后腿"等。对这部分人,缺乏有效的处理机制,仅警示教育又起不到作用。因此,需要建立制度实现党内生态系统的优胜劣汰,让清退不合格党员不仅仅是个别行为,而应成为普遍的、常态的机制。

这个机制可以用"管道"原理来形象地解释。有管才有"道",没有规矩,不成方圆,没有管就没有"道"。管道的入口进什么,出口就出什么。管道原理表明,入口进污水则出口出脏水,党风好则民风正。守护党的精神家园,首先要规范党员发展和管理,为此中央专门制定了文件,即要求把住党员发展入口,畅通出口,使党的肌体不断推陈出新、吐故纳新;守护党的精神家园,还需要整顿党风,最终引导并改善民风。毛泽东在《讲堂录》手稿中指出:"在上者为政教,在下者为风俗。变之自上者,效速而易迁;变之自下者,效迟而可久。"① 毛泽东在观察中国大历史中发现,民风、民俗的改变有赖于社会精英风气的改变,良好的党风、民风、民俗都需要自上而下给予引导。

为了畅通党员管理出口,建立有效的新陈代谢机制,需要着力做好以下三方面的工作:

一是定期清理管道中的渣滓。政党的肌体如同管道,运行久了,必然留下沉疴、污垢、病菌,如不定期清理,轻者发生病变,重者危及生命。因此,维

---

① 毛泽东撰:《讲堂录》,北京出版社,2017年,第27页。

护党的纯洁性和先进性就好比对管道进行经常性护理,祛除留存的渣滓,才能保持管道通畅,运行良好。今天,坚持全面从严治党,守护党的精神家园,必须"聚精会神抓党建",必须从思想上、组织上清理不纯洁的成分,始终保持党的肌体健康、充满活力。习近平指出:"自我净化,就是要过滤杂质、清除毒素、割除毒瘤,教育引导全党坚定理想信念宗旨,自觉抵御各种腐朽思想侵蚀,提高政治免疫力,同时聚焦突出问题,自觉向体内病灶开刀,清除一切侵蚀党健康肌体的病毒。"①

二是合理利用管道接口的热胀冷缩。管道原理告诉我们,要合理利用管道接口中的热胀冷缩规律。用这个规律来思考党的精神家园建设,则需要把建立和完善激励机制与科学的惩处机制有机结合起来。如果把激励比喻为"温度",惩处则是"冰度",守护党的精神家园就需要一手抓"冰度",一手抓"温度",两手都要硬,既解决党内规矩不严、思想和纪律松懈的问题,也解决为官不为、不思进取的问题。要完善党的精神建设的激励机制,对弘扬党的精神和价值的党员干部,各级党组织要在干部的提拔使用、优秀党员评选表彰等方面给予更多地支持和保护。同时还要建立健全对违背党的精神传统的问责惩处机制,加强对党员是否守护党的精神和价值的监督检查,完善干部的选拔考核制度,对那些不能坚守党的精神和价值的党员干部进行严肃查处。

三是破除管道中的"中梗阻"。管道最怕"中梗阻",一旦出现"中梗阻",管道就会堵塞。因此,守护党的精神家园需要有效解决工作中存在的政令不畅、责任虚化、作风散漫、禁令空转等"中梗阻"问题。首先要解决中央政令畅通的"最先一公里"(或"最先一步")问题,防止政令被有关部门搁

235

① 《习近平在十九届中央纪委三次全会上发表重要讲话强调 取得全面从严治党更大战略性成果 巩固发展反腐败斗争压倒性胜利》,《人民日报》,2019 年 1 月 12 日。

置,出现政策"悬浮"现象;在基层,则要解决政令畅通的"最后一公里"(或
"最后一步")问题,既防止"小微权力"变异,也防止"小微环节"失序,出现
政策落实"走样"现象,如贯彻执行上级决策部署不及时、不认真、不负责,或
以各种理由和借口使决策部署得不到及时有效落实,使党的精神和价值遭
到侵蚀。

用桶打水,不如修管道。坚守党的精神和价值关键在制度。为了走出
历史周期率,毛泽东强调"让人民起来监督政府,政府就不敢懈怠",邓小平
指出,"一手抓民主,一手抓法制"。沿着这些思路,党的十八届三中全会提
出了坚持和完善中国特色社会主义、推进国家治理体系和治理能力现代化
的全面深化改革总目标。党的二十大报告指出:"经过不懈努力,党找到了
自我革命这一跳出治乱兴衰历史周期率的第二个答案。"①当前,建设和守护
好中国共产党人的精神家园,不仅仅在于搞多少主题教育,而在于整体布
局,建立一个"不忘初心、牢记使命"的制度环境。诚如是,就会像黄炎培当
年在延安参观后感慨的那样——"我认为中共朋友最可贵的精神倒是不断
地要好,不断地求进步。这种精神充分发挥出来,前途希望是无限的!"②

---

① 习近平:《高举中国特色社会主义伟大旗帜 为全面建设社会主义现代化国家而团结奋
斗——在中国共产党第二十次全国代表大会上的报告》,人民出版社,2022年,第64页。
② 黄炎培:《八十年来》,文史资料出版社,1982年,第148~149页。

参考文献

一、著作

1.《马克思恩格斯选集》(第一——四卷),人民出版社,1995 年。

2.《马克思恩格斯全集》(第 1、3、20、25、39 卷),人民出版社,1984、2002、1971、1988、1974 年。

3.《列宁选集》(第一——四卷),人民出版社,1995 年。

4.《毛泽东选集》(第一——四卷),人民出版社,1991 年。

5.《毛泽东文集》(第一——八卷),人民出版社,1991、1993、1996、1999 年。

6.《毛泽东著作选读》(下册),人民出版社,1986 年版。

7.《毛泽东外交文选》,中央文献出版社、世界知识出版社,1994 年。

8.《邓小平文选》(第一——三卷),人民出版社,1993、1994 年。

9.《邓小平年谱(1975—1997)》,中央文献出版社,2004 年。

10.《江泽民文选》(第一——三卷),人民出版社,2006 年。

11.《胡锦涛文选》(第一——三卷),人民出版社,2016 年。

12.《习近平谈治国理政》(第一——三卷),外文出版社,2018、2017、

2020 年。

13. 习近平:《之江新语》,浙江人民出版社,2007 年。

14. 习近平:《摆脱贫困》,福建人民出版社,2014 年。

15. 习近平:《干在实处 走在前列》,中共中央党校出版社,2014 年。

16. 习近平:《做焦裕禄式的县委书记》,中央文献出版社,2015 年。

17. 习近平:《论坚持全面深化改革》,中央文献出版社,2018 年。

18. 习近平:《决胜全面建成小康社会 夺取新时代中国特色社会主义伟大胜利——在中国共产党第十九次全国代表大会上的报告》,人民出版社,2017 年。

19. 习近平:《高举中国特色社会主义伟大旗帜 为全面建设社会主义现代化国家而团结奋斗——在中国共产党第二十次全国代表大会上的报告》,人民出版社,2022 年。

20.《习近平关于党的群众路线教育实践活动论述摘编》,党建读物出版社、中央文献出版社,2014 年。

21. 习近平:《在"不忘初心、牢记使命"主题教育工作会议上的讲话》,人民出版社,2019 年。

22.《习近平总书记系列重要讲话读本》,学习出版社、人民出版社,2016 年。

23.《习近平关于全面从严治党论述摘编》,中央文献出版社,2016 年。

24.《习近平关于严明党的纪律和规矩论述摘编》,中央文献出版社、中国方正出版社,2016 年。

25.《周恩来选集》(上卷),人民出版社,1980 年。

26.《周恩来统一战线文选》,人民出版社,1984 年。

27.《刘少奇选集》(上卷),人民出版社,1995 年。

28.《刘少奇论党的建设》,中央文献出版社,1991 年。

29.《习仲勋文集》,中共党史出版社,2013年。

30.薄一波:《若干重大决策与事件的回顾》(下),中共党史出版社,2008年。

31.《建国以来重要文献选编》(第九册),中央文献出版社,1994年。

32.《三中全会以来重要文献选编》(上),人民出版社,1982年。

33.《十四大以来重要文献选编》(下),人民出版社,1999年。

34.《十六大以来重要文献选编》(上),中央文献出版社,2005年。

35.《中国共产党第十七次全国代表大会文件汇编》,人民出版社,2007年。

36.《中国共产党第十八次代表大会文件汇编》,人民出版社,2012年。

37.《十八大以来重要文献选编》(上、中、下),中央文献出版社2014、2016、2018年。

38.《中国共产党历次党章汇编(1921—2002)》,中国方正出版社,2006年。

39.《中国共产党历史》(第一卷),中共党史出版社,2011年。

40.《中华人民共和国国史全鉴》(第五卷),团结出版社,1996年。

41.萧超然、晓韦主编:《当代中国政党制度论纲》,黑龙江人民出版社,2000年。

42.杨德山:《中国共产党的政党学说:一个学说史视角的梳理和分析》,中共党史出版社,2005年。

43.[英]安德鲁·查德威克:《互联网政治学:国家、公民与新传播技术》,任孟山译,华夏出版社,2010年。

44.[美]德里克:《革命与历史:中国马克思主义历史学的起源,1919—1937》,翁贺凯译,江苏人民出版社,2008年。

45.[美]费正清:《伟大的中国革命》,刘尊棋译,世界知识出版社,

2000 年。

46. [美]费正清、罗德里克·麦克法夸尔主编:《剑桥中华人民共和国史(1949—1965)》,上海人民出版社,1991 年。

47. [美]沃尔特·惠特曼:《草叶集》,邹仲之译,上海译文出版社,2015 年。

48.《新编诸子集成》(上册),中华书局,2004 年。

49. 陈金龙:《改革开放与民族精神》,广东教育出版社,2008 年。

50. 戴立兴、黄宇、龚上华:《精神——新时代中国共产党的伟大精神》,人民日报出版社,2018 年。

51. 戴焰军等:《中国共产党人的文化传承》,江西人民出版社,2019 年。

52. 杜维明:《儒学第三期发展的前景问题》,台湾联经出版事业公司,1989 年。

53. 冯小敏主编:《守护中国共产党人的精神家园——学习习近平总书记瞻仰中共一大会址、南湖红船重要讲话优秀论文选编》,上海人民出版社,2018 年。

54. 郭广银主编:《全面从严治党》,江苏人民出版社,2015 年。

55. 黄炎培:《八十年来》,文史资料出版社,1982 年。

56. 刘永佶:《官文化批判:中国文化变革的首要任务》,中国经济出版社,2012 年。

57. 罗东凯主编:《中国共产党人的精神家园》,广东人民出版社,2012 年。

58. 骆郁廷:《精神动力论》,武汉大学出版社,2003 年。

59. 吕元礼:《政治文化:传统与现代的会通》,人民出版社,2004 年。

60. 沙健孙主编:《中国共产党通史》(第一卷),湖南教育出版社,1996 年。

61. 王毅:《讲党课:中国共产党的伟大精神》,人民出版社,2019 年。

62. 肖力、邢洪儒:《中国共产党精神建设研究》,光明日报出版社,2012 年。

63. 杨少华:《引领时代前行的永恒动力——中国共产党革命精神研究》,人民出版社,2014 年。

64. 赵理富:《政党的魂灵》,武汉大学出版社,2008 年。

65. 祝灵君:《中国共产党人的党性与党性修养》,人民出版社,2019 年。

二、报刊文章

1. 习近平:《弘扬"红船精神" 走在时代前列》,《光明日报》,2005 年 6 月 21 日。

2. 习近平:《领导干部要认认真真学习 老老实实做人 干干净净做事》,《学习时报》,2008 年 5 月 26 日。

3.《习近平在大庆油田发现 50 周年庆祝大会上强调 结合新的实际大力弘扬大庆精神铁人精神》,《人民日报》2009 年 9 月 23 日。

4. 习近平:《努力克服不良文风 积极倡导优良文风》,《求是》,2010 年第 10 期。

5. 习近平:《在纪念中国人民志愿军抗美援朝出国作战 60 周年座谈会上的讲话》,《人民日报》,2010 年 10 月 26 日。

6. 习近平:《扎实做好保持党的纯洁性各项工作》,《求是》,2012 年第 6 期。

7. 习近平:《坚持实事求是的思想路线》,《学习时报》,2012 年 5 月 28 日。

8. 习近平:《紧紧围绕坚持和发展中国特色社会主义学习宣传贯彻党的十八大精神》,《人民日报》,2012 年 11 月 19 日。

9. 习近平:《在同各界优秀青年代表座谈时的讲话》,《人民日报》,2013年5月5日。

10. 习近平:《党史国史这门课必须修好》,《人民日报》(海外版),2013年6月27日。

11. 习近平:《在全国组织工作会议上的讲话》,《人民日报》,2013年6月30日。

12. 习近平:《在纪念毛泽东同志诞辰120周年座谈会上的讲话》,《人民日报》,2013年12月27日。

13.《习近平在中共中央政治局第十三次集体学习时强调 把培育和弘扬社会主义核心价值观作为凝魂聚气强基固本的基础工程》,《人民日报》,2014年2月26日。

14. 习近平:《在中国国际友好大会暨中国人民对外友好协会成立60周年纪念活动上的讲话》,《人民日报》,2014年5月16日。

15. 习近平:《在党的群众路线教育实践活动总结大会上的讲话》,《人民日报》,2014年10月9日。

16. 习近平:《主动把握和积极适应经济新常态 推动改革开放和现代化建设迈上新台阶》,《人民日报》,2014年12月15日。

17. 习近平:《在党的十八届五中全会第二次全体会议上的讲话(节选)》,《求是》,2016年第1期。

18. 习近平:《在庆祝中国共产党成立95周年大会上的讲话》,《光明日报》,2016年7月2日。

19. 习近平:《在纪念红军长征胜利80周年大会上的讲话》,《人民日报》,2016年10月22日。

20. 习近平:《在中国文联十大、中国作协九大开幕式上的讲话》,《人民日报》,2016年12月1日。

21.《习近平在瞻仰中共一大会址时强调 铭记党的奋斗历程时刻不忘初心 担当党的崇高使命矢志永远奋斗》,《人民日报》,2017 年 11 月 1 日。

22. 习近平:《在 2018 年春节团拜会上的讲话》,《人民日报》,2018 年 2 月 15 日。

23. 习近平:《努力造就一支忠诚干净担当的高素质干部队伍》,《求是》,2019 年第 2 期。

24. 习近平:《在"不忘初心、牢记使命"主题教育工作会议上的讲话》,《求是》,2019 年第 13 期。

25. 习近平:《增强推进党的政治建设的自觉性和坚定性》,《求是》,2019 年第 14 期。

26. 习近平:《在纪念中国人民抗日战争暨世界反法西斯战争胜利 75 周年座谈会上的讲话》,《人民日报》,2020 年 9 月 4 日。

27. 习近平:《在党史学习教育动员大会上的讲话》,《求是》,2021 年第 7 期。

28. 李强:《建设和守护好中国共产党人的精神家园——深入学习贯彻习近平总书记瞻仰中共一大会址时的重要讲话精神》,《人民日报》,2017 年 12 月 4 日。

29. 刘云山:《在中央党校 2015 年春季学期开学典礼上的讲话》,《人民日报》,2015 年 3 月 2 日。

30. 陈晋:《传承和弘扬中国共产党的"精神谱系"》,《光明日报》,2016 年 6 月 29 日。

31. 邓名瑛:《建设中华民族共有精神家园的几点思考》,《文史博览》,2011 年第 7 期。

32. 冯虞章:《发扬革命传统与建设社会主义精神文明》,《清华大学学报》(哲学社会科学版),1996 年第 4 期。

33. 胡军、陈敢:《后革命氛围中的革命历史叙事》,《广西社会科学》,2010 年第 4 期。

34. 刘桂兰:《试析红色旅游的精神价值》,《中州大学学报》,2007 年第 2 期。

35. 彭晓春:《抓好制度执行这个关键》,《求是》,2015 年第 3 期。

36. 曲青山:《让理想信念的明灯永远在心中闪亮》,《人民日报》,2016 年 5 月 9 日。

37. 石仲泉:《论思想建党》,《北京日报》,2015 年 2 月 6 日。

38. 舒国增:《深入理解践行中国共产党人的初心和使命》,《人民日报》,2019 年 7 月 4 日。

39. 夏春涛、罗文东:《中国共产党思想建设的光辉历程和基本经验》,《江苏大学学报》(社会科学版),2011 年第 4 期。

40. 薛中国:《关于"政治认同"的一点认识》,《光明日报》,2007 年 3 月 31 日。

41. 姚桓、孙宁:《建设社会主义核心价值体系需要弘扬中国共产党的革命精神》,《新视野》,2012 年第 1 期。

42. 尹建军:《守护好共产党员的精神家园,推动全面从严治党向纵深发展》,《光明日报》,2018 年 1 月 17 日。

43. 张苗苗、刘建军:《党的根本宗旨的新发展——学习习近平同志关于"为人民服务"的论述》,《光明日报》,2017 年 4 月 3 日。

44. 钟健英:《谈新形势下的革命传统教育》,《理论学习月刊》,1989 年第 10 期。

45. 朱亮高:《领悟庄严仪式 践行崇高使命》,《光明日报》,2018 年 1 月 17 日。

46. 朱兆中:《论党的开放性》,《理论视野》,2006 年第 1 期。

后 记

　　习近平总书记在庆祝中国共产党成立100周年大会上的讲话中首次提出并阐述了伟大建党精神。伟大建党精神是中国共产党的精神之源,一代又一代共产党人在革命、建设和改革的百年奋斗中,不断丰富、发扬和光大伟大建党精神,构建起了中国共产党人的精神谱系,形成了中国共产党人的精神家园。正因为伟大建党精神具有特别重要的意义,这就决定了党的精神家园研究的重要性。本书正是围绕新时代建设守护好中国共产党人的精神家园这一重大课题所进行的理论思考。

　　在本书研究和写作过程中,借鉴、参阅了国内学术界同仁的有关研究成果,这些研究成果启发了我不少研究灵感,并在写作方面给予了许多具体帮助。在本书即将付梓出版之际,有幸得到了天津人民出版社的大力支持,在此一并表示谢忱!

　　中国共产党人的精神家园是随着历史和时代的前进不断发展变化的,新的时代课题提出新的挑战,需要共产党人以新的精神面貌去面对和克服。本书作为一个阶段性研究成果,只能就现实中的重点与热点问题进行研究,对于一些重要问题,如党的精神家园的立体研究、党的精神家园的实证研究、党的精神家园的转化研究等,还有待于今后的深入探索。只有不断加强研究和总结,才能更好展现中国共产党人不断丰富发展的精神世界。

限于水平,书中难免存有不足或疏漏之处,恳请专家和读者批评指正。

罗会德

2023 年 12 月于上海